30일에 마스터하는
사주명리학
초급

30DAYS

초급 · BEGINNER

30일에 마스터하는
사주명리학

김동완

사주명리학자

 동학사

PROLOGUE

사람들이 자주 이런 질문을 한다.

"교수님은 왜 사주명리학이란 학문을 하시나요?"

역사를 거듭하면서 「인간의 행복」은 인간에게 큰 화두였다. 「행복(幸福)」, 국어사전에는 「복된 좋은 운수」, 「생활에서 충분한 만족과 기쁨을 느끼어 흐뭇한 상태」라고 나온다. 내가 사주명리 학이란 학문을 공부하고 강의하며 상담하는 이유는 바로 「인간의 행복」 때문이다. 내담자가 사주명리 상담을 통해 「행복」하기를 바라고, 그들의 행복한 모습을 보면서 상담자인 나 또한 행복 해진다. 제자들을 가르치는 일 또한 마찬가지이다. 그들이 사주명리학이란 학문을 배우면서 자 신에게 내재되어 있었지만 모르고 있던 새로운 나를 알아가고, 주변의 가족과 친구들을 이해하 는 모습과 스스로 성장하면서 자신의 행복함을 증폭시켜 나가는 모습에 스승으로서 덩달아 행 복해진다.

북서부 아메리카 인디언 치누크족에는 「포틀래치(potlach)」라는 풍습이 있었다. 포틀래치는 음 식과 선물을 「나누다」, 「베풀다」, 「소비하다」는 의미로, 인디언 사회에서는 각자의 생산물을 공 동체 전원과 나누는 것이 의무였다. 생산물이 남지 않도록 경계하였는데, 이들은 남는 잉여물 로부터 재앙이 일어난다고 믿었기 때문이다. 백인 문명으로부터 보다 발전된 생산 도구가 유입 되었는데도 불구하고 결코 생산력을 늘리지 않았다. 총기가 유입되었어도 그저 집안에 장식용 으로 걸어 두었고 여전히 활로 사냥을 했다. 인디언들은 물소 한 마리를 잡았다면 그들의 영혼 을 위해 기도를 올렸다.

"물소야 미안하다. 너를 죽여야 우리 식구가 살 수 있다. 정말 미안하다."

원시부족 인디언들은 사냥이나 생산 능력이 떨어지는 등의 경제적 능력이 없지 않았다. 자연과 더불어 살고자 하는 생각이 매우 강했기 때문에, 자연의 균형을 함부로 파괴하거나 무너뜨리는 일은 하지 않았다. 족장이나 우두머리 등 지배계층이 되려면 자신들이 필요 이상의 것을 소유하지 않고 부족원들에게 나누고 베풀어야 리더로서 더욱 굳건히 신임하였다. 즉 포틀래치를 통해 리더의 지위를 확고히 하는 동시에 부의 공평한 분배와 순환이라는 긍정적 효과를 얻게 되었다.

사주명리학에는 「운(運)」이라는 것이 있다. 운(運)이란 자신의 노력 이외의 환경을 말한다. 자신의 노력과 상관없이 발생되는 것이 운이다. 자신이 부자라고 그 부가 모두 자신의 것이라 착각하면 안 된다. 부자의 재산과 권력자의 권력은 운에 의해 많은 부분 만들어졌다. 자신의 노력만으로 만들어진 것이 아니라 가정과 사회, 국가의 환경에 따른 운에 의한 것인 만큼 사회와 국가와 지구에 나누어야 한다. 당신의 운은 가정과 사회와 국가와 지구가 만들어주었기 때문이다.

나누어라. 베풀어라. 함께 더불어 살아라. 당신에게 다가온 부와 권력, 당신에게 찾아온 운, 그것은 바로 가정, 사회, 국가, 지구의 것이다.

일러두기

이 책은 하루 2~3시간씩 공부하여 한 달 30일이면 사주명리학 기초를 마스터할 수 있게 구성하였다. 『30일에 마스터하는 사주명리학』의 첫 번째 시리즈이다. 이론과 상담까지를 모두 염두에 두고 내용을 구성하였으며, 사주명리학 이론인 오행, 음양, 천간, 지지, 신살, 물상 등의 기초 이론이지만 명리학 전문가나 상담가에게도 유용하고 중요한 내용이다.

사주명리학이 단순히 미래를 내다보고 준비하는 학문이 아니라, 사람들에게 자신의 타고난 장점을 정확하게 분석하여 희망찬 미래를 만들어 갈 수 있도록 도와주는 학문임을 설명하고 있다. 이것이 바로 이 책을 공부하는 목표이다.

1 이 책은 사주명리학의 이론과 해설을 30일로 구성하였다.

2 이 책은 만세력을 싣지 않고 앱을 통해 간단하게 사주팔자를 뽑는 방법을 설명하고 있다.

3 이 책은 중요한 사주명리의 기초 이론을 설명하는 동시에 유명인, 역사인물의 사주 샘플을 통해 이론과 임상의 결과를 비교할 수 있게 하였다.

4 이 책은 기초이론이지만 현실 상담에 중요한 오행의 성격과 직업적성, 건강 분석, 신살의 성격과 직업적성, 천간과 지지의 성격과 직업적성 등 전문가의 상담에 유용하게 활용할 수 있는 이론들을 구성하였다.

5 이 책은 오행, 천간, 지지, 신살, 물상 등의 이론을 실제 사주의 예시를 통해 자세하게 설명하고 자연스럽게 반복 설명하여 학습효과를 높였다.

6 이 책은 김동완 교수가 운명에 대한 이야기, 인간에 대한 이야기를 중간중간에 들려주어 사주상담가, 사주전문가의 자세, 인간과 인간 사이에 더불어 사는 세상, 행복을 나누는 세상을 만드는 사주명리의 근본 자세 등을 강조하고 있다.

30일에 마스터하는 사주명리학 **CONTENTS**

선행 학습

1 운명학(運命學)이란 무엇인가?

사주명리학(四柱命理學) 공부에 들어가기에 앞서 운명학(運命學)이 무엇인지 알아야 한다. 운명학은 많은 사람들이 학문으로 받아들이기 전에 무속인이나 점쟁이, 도사를 떠올린다. 심지어 사이비라고 매도하는 경우도 있다. 일반적으로 역학(易學)을 운명학이라고 생각하는데 앞으로의 일, 그중에서도 특히 사람의 운명을 예측하기 때문이다. 역학은 넓은 의미로 주역, 사주명리학, 풍수학, 성명학, 육효학, 인상학 등을 모두 포괄한다. 운명학보다는 넓은 의미를 갖고 있지만, 사실 비슷한 의미로 쓰인다. 운명학에 대한 일반인의 가장 큰 오해는 운명을 바라보는 시각에서 비롯한다. 사전적 의미는 인간을 지배하는 필연적이고 초월적인 힘, 또는 그 힘으로 말미암아 생기는 길흉화복, 타고난 운수나 수명이다. 하지만, 운명(運命)이란 단어는 움직일 운(運), 목숨 명(命) 또는 삶 명(命)으로 이루어져 있다. 즉, 「목숨을 변화시킨다」, 「삶을 움직인다」, 「사람을 변화시킨다」는 의미이다. 따라서 운명은 결코 타고난 삶 그대로 살다 간다는 뜻이 아니다. 때문에 운명학은 타고난 운명을 알아보는 학문이 아니라 인간 삶의 변화를 예측하는 학문이다.

사주명리학(四柱命理學)은 정확하게 말하면 역학의 한 종류이지만, 일반적으로 역학 또는 생활역학이라고 한다. 사주명리학 역시 운명학처럼 사람의 운명을 족집게처럼 알아맞힌다는 오해를 자주 받는다. 그래서 사주를 보려면 신기(神氣)가 있는 무속인이나 도사, 도인을 찾아가야 한다고 생각한다.

과연 역학을 공부하면 사람의 운명을 한 치의 오차 없이 정확하게 알아맞힐 수 있을까? 만약 그렇다면 사람의 운명은 태어나서 죽을 때까지 100% 결정되어 있어야 한다. 한 사람의 운명이 태어난 순간부터 죽을 때까지 자신의 의지와 노력에 상관없이 결정되어 있다면, 사람의 사주팔자란 100% 결정되어 있어서 누구도 자신의 운명을 바꿀 수 없다는 말인가? 태어나는 순간 삶이 결정된다고 말하는 사람들 중에는 나쁜 운을 피하려면 부적을 쓰거나 굿을 해야 한다는 사람들이 많다. 다시 말해 부적이나 굿으로 타고난 운명을 바꿀 수 있다는 말인데, 이는 앞뒤가 맞지 않는 모순이다. 역학을 부정적으로 보는 사람들뿐만 아니라 긍정적으로 받아들이는 사람들 역시 운명은 타고난 것이므로 바꿀 수 없다고 생각하는 경우가 많다. 그러나 모든 것이 결정되어 있다면 그래서 어떠한 노력으로도 삶을 변화시킬 수 없다면 역학자나 사주명리학자가 왜 필요하겠는가?

예를 들어, 남자 사주에 여자가 많다고 하면 남자 인생에 여자가 많은 것은 결정되어 있는 것이다. 사주팔자 당사자가 어떻게 대처하느냐에 따라 그의 인생에서 장점으로 최대한 살릴 수도 있고 단점으로 곤란해질 수도 있다. 이런 사주를 잘못 이끌어간다면 바람둥이, 제비족, 여러 번의 이혼 등으로 힘든 삶을 살 수도 있지만, 여성들이 많이 왕래하는 산부인과 의사, 여성 팬이 많은 연예인 등으로 능력을 크게 발휘할 수도 있다.

사주명리학에 역마살이라는 「살(殺)」이 있다. 철학관이나 점집에 가면 역마살이 있어 「객사한다」, 「가출한다」, 「노숙자가 된다」라고 겁을 주면서 굿이나 부적을 강요 당하는 살이다. 역마살이 단점으로서 역할을 한다면 집을 나가 떠돌 수도 있지만 장점으로 발휘한다면 유학을 떠나거나 외교관, 비행사, 스튜어드(스튜어디스), 군인, 여행가 등 많이 움직이고 돌아다니는 직업에서 능력을 발휘할 수도 있다. 이렇듯 사주명리학을 포함한 운명학을 알면, 나의 장점과 단점을 동시에 어떻게 살리고 억제하느냐에 따라 운명이 달라질 수 있다.

운명학은 과거를 마치 족집게처럼 맞히는 것처럼 보여주면서 미래를 부정적으로 풀이하고 겁과 협박으로 굿이나 부적 등을 요구하여 돈벌이 수단으로 사용하는 사이비 미신의 술수가 아니다. 사람은 누구나 태어나는 순간 사주팔자가 정해지고, 이 사주팔자는 평생 바꿀 수 없다. 그러나 어느 누구의 사주든 간에 사주팔자에는 장점과 단점이 공존한다는 것을 알아야 한다. 자신의 타고난 장점을 얼마나 잘 살리고 단점을 어떻게 보완하느냐에 삶의 희망이 달려 있다. 모든 사주팔자에는 반드시 긍정적인 면과 희망이 존재한다는 것을 인식하고 그것을 읽어내어 운명을 예측하는 것이 사주명리학의 근본 정신이며, 소중한 자신만의 삶으로 잘 살아갈 수 있도록 도와주는 것이 사주 상담가의 몫이다. 다음은 정현종 시인의 「방문객」이란 시다. 상담가들이 읽고 또 읽어 마음에 새겼으면 좋겠다.

사람이 온다는 건 / 실은 어마어마한 일이다.

그는 / 그의 과거와 / 현재와 / 그리고 / 그의 미래와 함께 오기 때문이다.

한 사람의 일생이 오기 때문이다.

부서지기 쉬운 / 그래서 부서지기도 했을 / 마음이 오는 것이다 ‒ 그 갈피를

아마 바람은 더듬어볼 수 있을 / 마음,

내 마음이 그런 바람을 흉내낸다면 / 필경 환대가 될 것이다.

사주명리학(四柱命理學)은 사주학(四柱學), 명리학(命理學), 자평학(子平學), 팔자학(八字學), 추명학(推命學), 사주추명학(四柱推命學), 사주팔자학(四柱八字學), 자평명리학(子平命理學) 등 다양하게 불리는데, 사람이 태어난 연월일시를 각각 천간(天干)과 지지(地支)로 나타내고, 이것의 음양오행 배합과 상호관계를 파악하여 그 사람의 운명을 판단한다. 일반적으로 사주팔자(四柱八字)라고 하는데, 사주(四柱)는 4개의 기둥이란 의미로 태어난 연월일시 즉 연주, 월주, 일주, 시주를 나타내고, 각 기둥마다 2자씩 모두 8자이므로 이를 사주팔자라고 한다. 그런데 대중들은 사주팔자를 사람이 타고난 운명의 이치라고 받아들인다. 하지만, 사주명리학은 사람이 타고난 사주팔자의 음양오행을 분석하여 그 사람의 길흉화복과 성격, 적성, 특성, 개성 등을 판단하고 다양한 인간관계를 풀이한다. 태어난 연월일시 4개의 기둥[사주]만 알면 자신의 인생을 전반적으로 상세하게 알 수 있기 때문에 사주팔자는 삶을 분석하고 풀이하는 대표적인 수단으로 자리잡게 되었다.

사주(四柱)의 주가 기둥 주(柱)인 이유는, 사람이 태어난 연월일시는 각각 천간(天干)과 지지(地支)가 결합한 육십갑자로 나타내는데, 한자는 세로쓰기를 하기 때문에 연월일시의 육십갑자를 모두 적으면 마치 4개의 기둥이 서 있는 형상과 같기 때문이다. 태어난 해의 육십갑자는 연기둥[年柱], 태어난 달의 육십갑자는 월기둥[月柱], 태어난 날의 육십갑자는 일기둥[日柱], 그리고 태어난 시간의 육십갑자는 시기둥[時柱]으로, 연월일시의 4개의 기둥이 있다 하여 사주(四柱)라고 한다. 또한, 사주에서 각각의 기둥은 천간 한 글자와 지지 한 글자씩 두 글자로 이루어져 있고, 모두 4개의 기둥이 있으므로 다 합쳐서 8글자가 되기에 팔자(八字)라고 한다.

	시	일	월	연
천간(天干)	丁(정)	丙(병)	乙(을)	甲(갑)
지지(地支)	卯(묘)	寅(인)	丑(축)	子(자)
	시주(시기둥)	**일주(일기둥)**	**월주(월기둥)**	**연주(연기둥)**

사주를 보기 위해서는 가장 먼저 사주팔자를 세워야 한다. 자신이 태어난 연월일시를 정확하게 알면 만세력을 이용하여 사주팔자를 찾을 수 있다. 만세력은 쉽게 말해 달력의 하나로 사주명리학에서는 없어서는 안 될 중요 자료인데, 요즘은 인터넷을 통해 컴퓨터나 핸드폰으로 앱을 다운받아 사용할 수 있다.

명리학(命理學)이란 삶의 이치를 알아가는 학문이므로, 사주명리학은 생년월일시 4개의 기둥을 가지고 한 사람 삶의 이치를 분석하는 학문이라고 보면 된다.

먼저, 사주명리학이란 학문을 통해서 나 자신이 누구인지를 아는 것이 가장 중요하다. 나는 누구인가? 성격의 장점과 단점은? 성격에서 보완할 점은? 나의 직업적성은? 나에게 적합한 학과는? 나의 직무 역량은? 나의 건강은? 나와 부모, 나와 주변 사람과의 관계는? 이렇듯 다양한 인간사를 자신의 관점에서 살펴보는 것, 이것이 사주명리학으로 나를 분석하는 이유이다. 그러므로 자신의 사주를 분석하여 단점을 보완하고 장점은 살려서 미래를 희망차게 살아가야 한다. 이렇듯 이 학문은 자신을 이해하고, 주변 사람과 관계를 맺으면서 앞으로 자신의 삶을 희망차게 개척해 나가도록 돕는다.

나의 삶이 이 세상, 이 우주에서 가장 중요하듯이 내 주변 사람들의 삶도 똑같이 중요하다. 그 어떤 사주와도 바꿀 수 없는 것이 나의 사주이고, 내 주변 사람들의 사주이며, 이 지구에 살아가는 지구인 각자의 사주이다.

천국과 극락이 있다 해도 내가 존재하지 않는 천국과 극락이라면 아무런 의미가 없듯이, 나의 사주는 그 무엇하고도 바꿀 수 없는 소중하고 중요한 존재이다.

3 사주 읽기

(1) 핸드폰으로 만세력 프로그램 사용하는 방법

① 앱이나 포털사이트에서 「만세력」을 검색하여 프로그램을 찾는다.

② 만세력 프로그램에 이름, 태어난 연월일시를 입력한다. 생일이 양력인지 음력인지 선택한다.

③ 사주를 입력하면 다음처럼 사주팔자(四柱八字)가 나온다.

(예) 1993년 5월 16일 (양) 오전 6시 (음 3월 25일)

시	일	월	연
편관	비견	비견	편관
癸 계수	丁 정화	丁 정화	癸 계수
卯 묘목	酉 유금	巳 사화	酉 유금
편인	편재	겁재	편재

④ 일반적인 만세력 프로그램에서 일반적으로 파란색은 목(木), 빨간색은 화(火), 노란색은 토(土), 흰색은 금(金), 검정색은 수(水)로 표시한다. 위의 샘플 사주팔자는 목(木) 1개, 화(火) 3개, 토(土) 0개, 금(金) 2개, 수(水) 2개로 구성되어 있다.

⑤ 만세력 프로그램에는 오행과 육친만 표시되기 때문에 오행과 육친의 개수로 분석하기에는 한계가 있다. 사주팔자의 오행과 육친의 점수를 분석해야 정확하다.

시	일	월	연
편관 10(7.5%)	비견 30(25%)	비견 10(7.5%)	편관 10(7.5%)
癸 계수	丁 정화	丁 정화	癸 계수
卯 묘목	酉 유금	巳 사화	酉 유금
편인 15(10%)	편재 15(10%)	겁재 30(25%)	편재 10(7.5%)

- 오행의 성격 점수=총 130점

  연간 10점, 월간 10점, 일간 30점, 시간 10점

  연지 10점, 월지 30점, 일지 15점, 시지 15점

- 오행의 성격 %=총 100%

  연간 7.5%, 월간 7.5%, 일간 25%, 시간 7.5%

  연지 7.5%, 월지 25%, 일지 10%, 시지 10%

- 점수 기준=태과다 100점~130점, 과다 60점~100점, 발달 30점~60점

- % 기준=태과다 75%~100%, 과다 50%~75%, 발달 25%~50%

⑥
- 오행의 건강 점수=총 110점

  연간 10점, 월간 10점, 일간 10점, 시간 10점

  연지 10점, 월지 30점, 일지 15점, 시지 15점

- 육친의 점수=총 110점

  연간 10점, 월간 10점, 일간 10점, 시간 10점

  연지 10점, 월지 30점, 일지 15점, 시지 15점

- 점수 기준=태과다 80점~110점, 과다 50점~80점, 발달 30점~50점

⑦ 성격과 직업적성은 태과다 〉 과다 〉 발달의 순으로 분석한다.

- 태과다가 있으면, 태과다가 성격과 직업적성이다.
- 태과다가 없고 과다가 있으면, 과다가 성격과 직업적성이다.
- 태과다가 없고 과다도 없으면, 발달이 성격과 직업적성이다.

⑧ 건강은 태과다, 고립, 과다의 오행에 해당하는 건강문제가 발생할 가능성이 높다.

⑨ 오행의 성격, 직업적성, 건강은 책을 천천히 읽고 따라가다 보면 저절로 이해할 수 있다.

⑩ 일간(일천간)을 30점(25%)을 주는 이유는 성격과 직업적성에서는 일간의 특성이 강하게 나타나기 때문이다. 다만, 오행의 점수를 분석할 때 천간의 특성을 함께 분석하기가 복잡하여 오행 점수와 %를 분석하지만 정확하게 일간은 천간으로 30점(25%)의 성격과 직업적성을 분석하고 해석해야 한다. 예를 들어, 갑목(甲木) 일간과 을목(乙木) 일간일 때 양목과 음목을 똑같은 목(木) 오행으로 분석하면 해석에 오류가 생긴다. 일간은 갑목(甲木)과 을목(乙木)의 차이가 분명히 있다. 일간의 병(丙)과 정(丁), 무(戊)와 기(己), 경(庚)과 신(辛), 임(壬)과 계(癸)도 마찬가지다.

⑪ 연천간, 월천간, 시천간 오행의 양오행과 음오행을 나누어서 분석하지 않는 이유는, 엄밀히 따지면 양과 음의 오행을 모두 분석해야 하지만 각각 10점(7.5%)의 분석에 해당하므로 양과 음의 영향력이 크지 않기 때문이다. 그러므로 30점(25%)에 해당하는 일간만 정확도를 높이기 위해 목화토금수(木火土金水) 오행의 양일간 또는 음일간으로 분리하여 분석한다.

사주명리학 지지와 점성학 별자리의 절기

명리학			점성학		
인 (寅)	입춘~경칩	2월 6일 전후~3월 6일 전후	물고기 자리	우수~춘분	2월 20일 전후~3월 20일 전후
묘 (卯)	경칩~청명	3월 6일 전후~4월 6일 전후	양 자리	춘분~곡우	3월 20일 전후~4월 20일 전후
진 (辰)	청명~입하	4월 6일 전후~5월 6일 전후	황소 자리	곡우~소만	4월 20일 전후~5월 20일 전후
사 (巳)	입하~망종	5월 6일 전후~6월 6일 전후	쌍둥이 자리	소만~하지	5월 20일 전후~6월 20일 전후
오 (午)	망종~소서	6월 6일 전후~7월 6일 전후	게 자리	하지~대서	6월 20일 전후~7월 20일 전후
미 (未)	소서~입추	7월 6일 전후~8월 6일 전후	사자 자리	대서~처서	7월 20일 전후~8월 20일 전후
신 (申)	입추~백로	8월 6일 전후~9월 6일 전후	처녀 자리	처서~추분	8월 20일 전후~9월 20일 전후
유 (酉)	백로~한로	9월 6일 전후~10월 6일 전후	천칭 자리	추분~상강	9월 20일 전후~10월 20일 전후
술 (戌)	한로~입동	10월 6일 전후~11월 6일 전후	전갈 자리	상강~소설	10월 20일 전후~11월 20일 전후
해 (亥)	입동~대설	11월 6일 전후~12월 6일 전후	사수 자리	소설~동지	11월 20일 전후~12월 20일 전후
자 (子)	대설~소한	12월 6일 전후~1월 6일 전후	염소 자리	동지~대한	12월 20일 전후~1월 20일 전후
축 (丑)	소한~입춘	1월 6일 전후~2월 6일 전후	물병 자리	대한~우수	1월 20일 전후~2월 20일 전후

※ 날짜는 양력 기준이다.

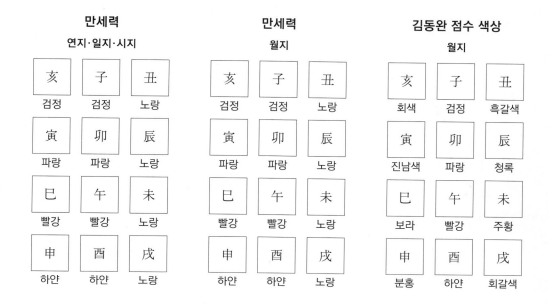

만세력	만세력	김동완 점수 색상

연지·일지·시지 / 월지 / 월지

亥 검정	子 검정	丑 노랑
寅 파랑	卯 파랑	辰 노랑
巳 빨강	午 빨강	未 노랑
申 하양	酉 하양	戌 노랑

亥 검정	子 검정	丑 노랑
寅 파랑	卯 파랑	辰 노랑
巳 빨강	午 빨강	未 노랑
申 하양	酉 하양	戌 노랑

亥 회색	子 검정	丑 흑갈색
寅 진남색	卯 파랑	辰 청록
巳 보라	午 빨강	未 주황
申 분홍	酉 하양	戌 회갈색

(2) 사주명리학(四柱命理學)의 기초

사주명리학의 기초를 이해하려면 음양(陰陽), 오행(五行), 천간(天干), 십간(十干), 지지(地支), 십이지(十二支)를 알아야 한다. 음양, 오행, 천간, 지지 이 4가지는 사주명리학에서 가장 중요한 기초이자 핵심이다. 반복해서 암기하고 이해하도록 노력하자.

1) 음양

음양(陰陽)이란 사주명리학에서만이 아니라 주역, 한의학 등 동양의 다양한 학문에 등장하고, 춘추전국시대 음양가의 이론적 근간이 될 정도로 동양에서 중요한 학문의 중심이다. 여기서는 다른 학문보다는 사주명리학에서의 음양을 중심으로 설명한다. 사주명리학은 음양의 조화와 변화를 중요하게 여긴다. 음이 강하면 양이, 양이 강하면 음이 조화를 맞추어야 한다. 그러므로 음과 양 어느 것 하나 없어서는 안 된다. 사주명리학에서의 음양은 천간에서의 음양, 지지에서의 음양, 오행에서의 음양, 신살에서의 음양, 육친에서의 음양, 점수 분석에서의 음양 등 다양한 모습으로 음양을 구분할 수 있다.

① 천간의 음양

양(陽) = 갑(甲) 병(丙) 무(戊) 경(庚) 임(壬)

음(陰) = 을(乙) 정(丁) 기(己) 신(辛) 계(癸)

② 지지의 음양

양(陽) = 자(子) 인(寅) 진(辰) 오(午) 신(申) 술(戌)

음(陰) = 축(丑) 묘(卯) 사(巳) 미(未) 유(酉) 해(亥)

사주 샘플

천간지지가 양으로만 이루어진 사주

1946년 8월 6일 (음) 오전 8시

시	일	월	연
丙	戊	丙	丙
辰	寅	申	戌

천간지지가 음으로만 이루어진 사주

1983년 3월 28일 (양) 미(未)시

시	일	월	연
癸	乙	乙	癸
未	卯	卯	亥

2) 오행

사주명리학에서 오행이 차지하는 비중은 매우 크다. 오행은 음양과 마찬가지로 사주팔자의 기초를 이루는 중요한 요소이다. 사주명리학자마다 오행을 분석하는 것이 다른데, 어떤 학자는 용신으로 분석하고, 어떤 학자는 근묘화실론(根苗花實論)으로 분석하기도 한다. 저자의 대덕이론 특징은 태과다, 과다, 발달, 고립, 무존재의 5가지 분류법으로 오행분석법을 활용하고 있다. 오행에서는 성격, 직업적성, 건강 등을 알아볼 수 있다. 성격과 직업적성은 태과다, 과다, 발달로 분석한다. 태과다가 있으면 태과다를 우선으로 성격과 직업적성을 분석하고, 태과다가 없고 과다가 있으면 과다에서 성격과 직업적성을 분석한다. 태과다와 과다가 없으면 발달에서 성격과 직업적성을 분석한다. 건강은 태과다와 고립에서 우선 분석하고, 태과다와 고립이 없으면 과다의 오행에 건강이 나타난다.

- 성격, 직업적성, 직무역량 → ① 태과다 오행, ② 과다 오행, ③ 발달 오행,
  ④ 월지(계절) 오행, ⑤ 일천간 오행
- 건강 → ① 태과다 오행 · 고립 오행, ② 과다 오행

오행은 우주만물을 형성하는 원기(元氣)이며 변화를 상징하는 것으로 목(木), 화(火), 토(土), 금(金), 수(水) 5가지이다. 오행은 단순한 나무, 불, 흙, 쇠, 물이 아니라 무형 유형의 다양한 형태를 띠는 모든 형상을 말한다. 오행 목화토금수를 통해 계절, 시간, 방향, 색상, 성격, 직업적성, 직무역량, 건강 등 다양한 인간의 삶을 분석할 수 있다.

① 오행의 계절과 하루

오행	목(木)	화(火)	토(土)	금(金)	수(水)
계절	봄	여름	환절기	가을	겨울
하루	아침	점심	사이	저녁	밤

봄에 태어나면 목(木)의 기운이, 여름에 태어나면 화(火)의 기운이, 가을에 태어나면 금(金)의 기운이, 겨울에 태어나면 수(水)의 기운이, 환절기에 태어나면 토(土)의 기운이 있다.
아침에 태어나면 목(木)의 기운이, 점심에 태어나면 화(火)의 기운이, 저녁에 태어나면 금(金)의 기운이, 밤에 태어나면 수(水)의 기운이, 사이에 태어나면 토(土)의 기운이 있다.

② 오행의 색상과 방향

오행	목(木)	화(火)	토(土)	금(金)	수(水)
색상	청(파랑)	적(빨강)	황(노랑)	백(하얀)	흑(검정)
방향	동	남	중앙	서	북

사주에 목(木)이 많으면 파란색 기운이 강하고, 화(火)가 많으면 빨간색 기운이 강하고, 토(土)가 많으면 노란색 기운이 강하고, 금(金)이 많으면 하얀색 기운이 강하고, 수(水)가 많으면 검정색 기운이 강한 사주이다.

사주에 목(木)이 많으면 동쪽 방향의 기운이 강하고, 화(火)가 많으면 남쪽 방향의 기운이 강하고, 토(土)가 많으면 중앙의 기운이 강하고, 금(金)이 많으면 서쪽 방향의 기운이 강하고, 수(水)가 많으면 북쪽 방향의 기운이 강한 사주이다.

③ 오행의 육체적 건강

오행	목(木)	화(火)	토(土)	금(金)	수(水)
건강	간 담 뼈	소장 심장 순환기내과 (혈관)	비장 위장 비뇨기과	대장 폐 뼈	신장 방광 산부인과

30일에 마스터하는
사주명리학

초급 · BEGINNER

DAY 1~
DAY 30

DAY

1

오행(五行) ── 목(木)

이타(利他)주의자이면서 자유(自由)주의자 조용필

조용필이 새 앨범을 내고 한창 바쁜 나날을 보내고 있었다. 어느 날 매니저에게 시골 요양원으로부터 전화 한 통이 왔다.

"저희 요양병원에 있는 14살 지적장애우 소녀가 한 번도 자기 감정을 보이지 않다가 조용필 씨의 「비련」이라는 노래를 듣고 처음으로 눈물을 흘렸습니다."

소녀가 입원 8년 만에 감정을 표현하자 가족들은 돈은 원하는 대로 드릴테니 직접 와서 비련을 불러줄 수 있겠냐고 간곡하게 부탁하였다. 당시 최고의 인기가수 조용필은 행사 하나에도 엄청난 돈을 벌 수 있었다. 그런 그가 예정된 4개의 행사를 모두 취소하고 위약금을 물면서까지 소녀가 있는 병원으로 갔다. 그가 시골병원에 노래하러 가리라고는 그 누구도 상상하지 못했다.

시골병원 환자들은 조용필이 소녀의 손을 잡고 비련을 불러주자 멍하니 바라보며 감동의 눈물을 흘렸다. 그리고 또 하나의 기적이 발생했다. 아무 표정이 없었던 소녀가 감정을 억누르지 못하고 펑펑 울었고, 부모도 함께 눈물을 흘렸다. 다른 환자들까지 우는 바람에 시골병원은 울음바다가 되어버렸다.

작은 공연을 마친 조용필은 소녀를 안아주었고 사인한 앨범을 선물하고 떠나려 하자, 부모는 허겁지겁 달려와 "돈을 어디로 보내면 될까요?"라고 물었다. 그러자 조용필은 담담하게 말했다.

"따님의 눈물이 제가 벌었던 돈보다 또 앞으로 벌게 될 돈보다 더 값지고 비쌉니다."

이 말을 하고 그는 떠났다.

木

목(木)의 성격 분석

장 점

이웃이나 약한 사람들을 배려하고
자유를 추구한다.

간섭을 거부하는, 경청하는, 고요한, 교육적인,
긍정적인, 너그러운, 단순한, 더불어 사는, 도와
주는, 따뜻한, 매너 있는, 명예 추구, 문과 성향
이 강한, 미래지향적, 배려하는, 보호하는, 봉사
하는, 부드러운, 사람 중심적인, 사랑하는, 섬기
는, 섬세한, 성장에 관심이 큰, 순수한, 예의 바
른, 온유한, 용서하는, 이상주의, 이타적, 인간에
대한 애정이 있는, 인정욕구가 강한, 자비로운,
자유로운, 착한, 치유하는, 친절한, 칭찬하는, 편
안한, 함께하는, 헌신적인, 희생적인

단 점

우유부단하고 간섭과 반복을 거부한다.

간섭을 거부하는, 거절하지 못하는, 계획
성이 부족한, 관리 부족, 구속 거부, 규칙
을 깨는, 끈기 부족, 뒷심 부족, 디테일을
거부, 뛰쳐나가는, 마무리 부족, 맺고 끊음
이 약한, 반복을 싫어하는, 반항하는, 보증
을 서는, 비계획적, 비규칙적, 비실용적,
쉽게 포기, 원칙을 깨는, 인정에 좌우되는,
자유분방한, 자제력이 부족, 저항하는, 정
에 이끌리는, 조언 거부, 즉흥적

직 업 적 성

상상·창조·자유를 추구하고,
문과 성향이 강하다.

강연, 강의, 광고, 교육, 기획, 문
학, 미술, 복지, 상담, 아이디어,
예술, 인문, 인사, 정치, 창조, 철
학, 컨설팅, 코칭, 패션, 홍보, 심
리, 경영, 법학

별 명(애칭)

도우미, 마더(마더 테레사),
봉사하는 사람, 천사, 콩
쥐, 평강공주, 울보

상 징 동 물

강아지, 반려견

DAY 1 >> 오행(五行) — 목(木)

1   목(木)의 성격 특성

- 목(木)은 화(火)처럼 뻗어 나가려는 성분, 활동성 있는 성분은 같지만 땅에 뿌리를 두고 뻗어 나가기 때문에 안정감이 있다. 하지만, 화(火)는 사방으로 언제 어디로 어떻게 튈지 모르는 폭탄이나 불꽃놀이, 폭죽처럼 안정감이 떨어진다.
- 목(木)은 사방으로 가지를 뻗지만, 방향이 정해지면 근본(즉 뿌리)을 땅에 굳게 박고 천천히 뻗어 나가면서 자신을 찾아간다.
- 목(木)은 기본과 근본을 지킬 줄 아는 성향이기에 선(善)과 도덕의 상징이라고 볼 수 있다. 그래서 본성을 인(仁)이라 한다.
- 목(木)은 뻗어 나가고 싶은 자신의 욕망과 명예욕, 자존심을 가능한 한 쉽게 표출하지 않으면서 목적을 성취해 나간다. 다만, 목(木)의 발달이나 과다에 따라서는 차이가 있다.
- 목(木)은 꼼꼼하고 치밀한 것에는 흥미가 없다. 단순하고 자유로워서 복잡하고 꼼꼼하게 분석 연구해 나가는 것에는 재능을 발휘하기 어렵다.
- 목(木)은 누구보다 먼저 시작하고 모든 일에 앞장서는 진취적이고 적극적인 사람이며, 전체를 폭넓게 바라보고 이해하여 적재적소에 일을 배치하거나 큰 틀에서 구조화시키는 것에 탁월하다. 하지만, 한 분야를 섬세하고 꼼꼼하게 분석하는 것은 어렵다.

2   목(木)의 발달(發達)

(1) 목(木)의 발달(發達)_ 정의

- 목(木)의 개수가 3개(월지 포함은 2개)이거나 점수가 30, 35, 40, 45 정도이어야 목(木)이 발달했다고 볼 수 있다.
- 발달을 살피려면 인월(寅月)과 인시(寅時)에 대한 분석을 잘해야 한다.
- 목(木)이 발달한 사람은 목(木) 기운의 장점이 잘 나타난다. 사주에 목(木) 기운이 적당히 자리잡고 힘을 갖추어야, 목(木)의 특성이 가장 좋게 작용하여 안정적이고 꾸준한 성향의 장점이 나타난다.
- 목(木)의 발달은 오행의 안정적이고 안전한 특성이 많이 나타나는데, 이는 각자의 욕망을 욕

심부리지 않고 적당하게 살아가는 오행 특징을 의미한다.

(2) 목(木)의 발달(發達)_ 성격

- 목(木)은 굵고 곧은 것, 뻗어 나가려는 의지 · 의욕 · 성장 · 명예 등을 상징한다. 목(木)이 발달한 사람은 한마디로 명예와 자존심을 소중하게 생각하고, 대인관계도 무난하며, 자신의 생각과 소신을 자신감 있게 표현한다.
- 목(木)이 발달하면 항상 희망을 품고 살아간다. 다만, 목(木)이 너무 많으면 희망이 욕망으로 과도하게 변하기도 한다.
- 목(木)이 발달한 사람은 집중도가 매우 높다. 목(木)은 소년기와 같다. 그만큼 순수한 성격의 소유자다. 아이들이 어떤 일에 몰두할 때 주변 상황을 크게 신경쓰지 않고 행동하는 것처럼 자신의 목표가 설정되면 주변 상황이나 어려움에도 흔들리지 않고 하나의 생각, 즉 목적한 방향으로 꾸준하게 밀고 나간다.

3	목(木)의 과다(過多)

(1) 목(木)의 과다(過多)_ 정의

- 목(木)의 개수가 4개 이상이거나 점수로는 50점 이상이어야 목(木)의 과다(過多)라고 볼 수 있다.
- 목(木)의 과다(過多)는 사주에서 목(木) 오행이 너무 많거나 크게 작용하는 것을 의미한다. 목(木) 기운의 특성이 크게 나타나기 때문에 그로 인한 심리적 특징을 분석할 수 있다.

(2) 목(木)의 과다(過多)_ 성격

- 목(木)의 과다(過多)는 명예욕과 욕망이 강하여 무엇인가를 벌이려는 기질이 있다.
- 목(木)이 과다(過多)한 사람은 주변 의견을 무시하고 무엇이든 자기 뜻대로 하려고 한다.
- 자신감이 너무 넘쳐 무엇인가를 계속 추구하여 일을 계속 만드는 타입이다. 하지만 일을 벌이기만 할 뿐 끈기와 마무리가 부족하다. 즉, 시작은 멋있게 하지만 쉽게 포기한다.
- 자신감이 넘치니 자칫 안하무인처럼 보이고, 욕심이 너무 많다 보니 항상 일에 집착하여 목적 달성을 분명히 해낼 거라는 생각에 쉽게 벌이고 마무리하지 않는다.
- 작은 어려움이더라도 닥치면 쉽게 좌절하고 포기하기 때문에 시작마저도 안 한 채 생각에만 머물기도 한다. 이는 목(木)의 소년기 성격을 그대로 반영하는 것이다. 소년기의 특징은 어

떤 일이든 모험을 쉽게 하고 포기도 쉽게 한다.

- 다만, 목(木)이 발달(發達)한 경우에는 부드러운 특징의 작용을 많이 하는데, 과다(過多)한 경우에는 강한 특징의 작용을 많이 한다.
- 발달(發達)이나 과다(過多) 모두 목(木)의 근본 성질은 크게 다르지 않음을 명심해야 한다.
- 목(木)의 성질은 미래지향적이다. 과다한 경우는 복잡하고 섬세한 것을 싫어한다. 그저 미래만 향하여 돌진한다. 하나의 목표를 끈기 있게 밀고 나가면 대성할 수 있다.
- 사주팔자에 목(木)이 많은 사람은 지배받고 간섭받는 직장을 거부하기 때문에 일반 직장에 들어가면 견디지 못하고 짧은 기간 안에 그만두고 다른 직장을 찾아 헤매거나 독립선언을 한다. 자신이 책임자, 지도자가 되는 자기 사업이나 자유로운 직장을 선호한다. 일반 직장인보다 자유로울 수 있는 직업은 연예인, 예술인, 방송인, 공무원, 선생님, 교수님, 세일즈맨 등으로 볼 수 있다.
- 그러므로, 목(木)이 과다(過多)한 사람은 한마디로 독립적이고 자유롭다.

4 갑목(甲木)과 을목(乙木)

(1) 갑목(甲木)_ 성격과 심리

- 나무[木]는 하늘을 향해 곧게 뻗어 오르므로, 갑목(甲木)이 사주에 있으면 뻗어나가는 나무처럼 활동적이고 적극적이며 앞장서려는 기질이 강하고 스케일이 크다.
- 명예를 소중히 생각하여 배려적이고 진취적이며 자유를 좋아하고 인간애가 강하다.

	긍정적 분석	부정적 분석
성격 심리 특성	• 진취적이며 리더십이 강하다. • 지혜롭고 현명하며 총명하다. • 타인을 배려하고 인정할 줄 안다. • 미래지향적이어서 희망과 발전 가능성을 모두 염두에 둔다. • 자유롭고 독립적이며 새로운 시작을 추구한다. • 예의가 바르고 대인관계가 무난하다. • 인자한 성품과 따뜻한 마음의 소유자이다. • 자신의 의견을 설득하고 관철시키는 데 논리적이다. • 추진력이 강하다.	• 구속을 싫어한다. • 고집이 세고 자존심도 강하며, 은연중에 자기 생각을 관철시킨다. • 상대로부터 공격 받으면 상처 받기 쉽다. • 자신의 의지대로 안 되면 상처를 크게 받는다. • 결정적인 순간에 자신의 의견을 내세우지 못하고 마음속에만 담아 둔다. • 능력보다 인간성에 치중하기 때문에 일의 추진력이 늦다. • 타인에 대한 무조건인 배려와 인정으로 손해 볼 수 있다. • 이해가 되지 않으면 마음을 바꾸지 않는다.

(2) 을목(乙木)_ 성격과 심리

• 안정적이고 배려적이며 인정이 많고 의존적이다.

• 섬세함과 성취욕이 함께 있는 성향이다.

• 정제된 꾸밈을 좋아하고 외적인 부분보다는 내적인 면이 강하다.

• 어떤 일이든 무리하지 않는 편이지만 을목(乙木)이 사주에 너무 많거나 어릴 적 분리불안 장애가 있었거나 스트레스가 심한 사람은 사치스럽고 의타심이 매우 강하다.

	긍정적 분석	부정적 분석
성격 심리 특성	• 끈기가 강하여 넘어져도 다시 일어선다. • 현실적인 안목이 탁월하고, 상황에 유연하게 대처한다. • 인정이 많고 부드러우며, 배려심이 깊고 섬세하다. • 자신을 낮추고 예의가 있으며 겸손하다. • 인자하고 쾌활하다. • 가까운 사람들과 대화하기를 좋아하여, 주변 사람들한테 인기가 많다. • 어디에서나 잘 적응하고 누구하고도 잘 어울린다. • 순간적인 판단 능력이 뛰어나 대처가 빠르다. • 자신의 감정을 잘 드러내지 않으면서 분위기에 순응한다.	• 신경이 예민하고 까탈스러우며 주변 반응에 민감하다. • 인내심이 부족하여 참을성이 없다. • 과장된 면이 있어 속마음을 알기 어렵다. • 의존심이 강하고 이기적인 타입이다. • 잘 토라지고 변덕이 심하다. • 처세술이 뛰어나고 매사에 정치적으로 행동하는 타입이다. • 자책감이 있고 결정적인 순간에 판단 능력이 떨어지며 감정 기복이 있다. • 주변 사람들한테 의지하려는 기질이 강하다. • 주변 환경에 민감하고, 강한 압력이나 억압에 좌절하거나 순응한다

5　목(木) 유형 부모의 특성

• 목(木) 유형의 부모는 따뜻한 인간애로 자녀에 대한 애정이 깊지만 사춘기 자녀의 저항에 혼란스러움을 느끼기도 한다.

• 목(木) 유형의 부모는 때로는 지나치게 헌신적이어서 아이의 일을 대신 해주다 보니, 아이가 실수나 실패를 통해 배워야 할 세상 이치를 놓치게 하기도 한다.

• 목(木) 유형의 부모는 아이에게 꼭 해야 할 말도 상처받을까 망설이고 부모가 바라는 것도 직접 요구하지 못하고 우회적으로 표현하려고 한다.

• 금(金) 성향의 아이한테는 미래의 계획을 제시하거나 세우는 데 있어서, 목(木) 유형의 부모

가 불안하고 결단력이 약해 보일 수 있다.

- 목(木) 유형의 부모 밑에서 자란 아이들은 성인이 되고 나서 부모의 헌신, 깊은 이해심과 사랑에 대해 고마워한다. 그러나 그런 부모님이 베푼 지나친 사랑과 관심이 부담스러웠다고 말하는 경우도 많다.

	긍정적 분석	부정적 분석
부모 특성	• 자녀에게 칭찬과 인정을 잘한다. • 자녀를 좋아하고 친구 같은 관계로 지내기를 좋아한다. • 자녀가 무엇이 필요한지 쉽게 알아차린다. • 자녀의 삶이 더 좋아지도록 노력한다. • 자녀를 관대하고 따뜻하게 돌본다. • 자녀에게 사려 깊고 멋진 부모처럼 보이고 싶어한다. • 자녀에게 상처를 주지 않으려고 노력한다. • 자녀에게 나의 조언이 큰 힘이 될 거라 생각하고 노력한다. • 아이를 좋아하고 부모 역할을 즐겁게 하면서 자녀의 관심을 북돋아준다.	• 우유부단한 성향이 높아 아이의 잘못된 행동이나 말에 끌려다닌다. • 「안 돼」라는 말을 쉽게 하지 못한다. • 자신의 감정을 억눌러서 하려는 말을 못한다. • 당당하고 위엄있는 태도를 보이지 못한다. • 자녀에게 지나치게 헌신하면 쉽게 지쳐서 자신을 돌보지 못한다. • 자녀와 오랜 시간 지속적이면서 반복적으로 놀아주는 것을 힘들어한다. • 나에 대한 자녀의 관심이 멀어지면 당혹스러워 한다. • 자녀를 통제하고 의심한다. • 자녀가 부모 의지대로 안 되었을 때 신경질을 내고 날카롭게 공격한다.

6 목(木) 유형 자녀의 특성과 키우는 방법

(1) 목(木) 유형 자녀의 특성

- 목(木) 유형의 아이는 일보다는 사람을 먼저 생각하고, 머리보다는 가슴으로 먼저 느끼는 타입이다.
- 정과 마음을 준 친구와 어울리기를 좋아하여 수업을 끝내고 집에 오면 먼저 숙제부터 하는 것이 아니라 친구들과 놀고 싶은 마음이 더 강하다.
- 목(木) 유형의 아이는 인간관계가 단절되고 헤어지는 것에 대한 두려움이 매우 강하다. 그러므로 관계가 일정하게 유지되거나 단절되지 않는다는 사실이 명백할 때 학습 효율이 더 높게 나타난다.

(2) 목(木) 유형의 자녀를 어떻게 키워야 할까?

- 아이의 말에 귀기울이고 목(木) 유형인 착한 아이가 갖고 있는 문제에 관심을 갖는다.

- 세상에서 아이가 중요하고 특별한 존재라는 것을 알려준다.
- 사랑한다는 표현을 자주하여 확신을 준다.
- 아이에게 관심이 있다는 것을 자주 표현하고 확신시킨다.
- 함께하는 것을 좋아하니 재미있는 시간을 같이 보낸다.
- 비판할 일이 있으면 직접적으로 강하게 말하지 않고 부드럽고 따뜻하게 대한다.
- 일관성을 갖고 체계적으로 양육하지만, 너무 엄하게만 다루지 않도록 주의한다.
- 신체 접촉을 좋아하기 때문에 자주 안아준다.
- 매력 많고 배려하는 모습이 좋다고 말해준다.
- 고맙거나 칭찬할 것을 구체적으로 말한다.
- 아이들이 독립적으로 자랄 수 있도록 도와준다.
- 아이들도 다른 사람들과 마찬가지로 중요하다는 것을 인식시킨다.
- 다른 사람에게 베풀고 배려하는 것도 중요하지만, 아이 스스로 사랑받고 도움받는 것도 중요하다는 것을 알려준다.
- 다른 사람에게 사랑받기 위해 반드시 무언가를 줄 필요는 없다는 것을 알려준다.
- 다른 사람에게 자신이 필요한 것이 무엇인지, 자신의 감정이 어떠한지를 분명하게 말할 수 있게 한다.
- 다른 사람과 어울리는 시간도 중요하지만, 혼자만의 조용히 시간을 갖는 것도 매우 중요하다는 것을 깨닫게 한다.
- 숙제나 공부보다 친구들과 어울려 놀려는 마음을 무조건 혼내고 꾸짖지 않는다. 가능한 한 하교 후 숙제와 할 일을 먼저 한 다음, 보상으로 자유시간을 주는 것이 좋다.
- 목(木) 유형의 아이는 규칙적이지 못하기 때문에, 일정한 시간 계획을 짜는 것이 필요하다.
- 친구와 무조건 떼어 놓는 것보다 친구를 집으로 초대하여 함께 숙제하면서 놀게 하는 것도 좋은 방법이다.

7 목(木) 오행의 직업적성

- 인간에 대한 배려 또는 자유롭고 인문학적 감성을 요구하는 직업이 적성에 맞는다.

전공 분야	직업 분야
고고학, 교육학, 미학, 법학, 사회과학, 사회복지학, 상담학, 언론정보학, 의상학, 의약학, 인문학, 인문사회학, 정신심리학, 정치학, 한의학, 법학, 경영학, 사주명리학	교사나 교수 등 교육계, 기자, 농장, 디자인, 방송, 법, 비서, 사무직, 사회복지, 상담, 승려, 약초, 연예인 매니저, 원예, 음악, 의류, 의사, 의약, 인테리어, 임업, 작가, 정치, 조경, 지물, 청과, 출판, 커플 매니저, 컨설턴트, 행정공무원, 강연가·소설가·시인 등 창작분야, 연예·예술·방송·아나운서 등 문화·예술 등의 타인에게 조명을 받는 일, NGO, 인사

8 목(木)의 유명인 사주

배우_ 목(木) 발달 또는 과다 사주

1980년 3월 13일 (양) 묘(卯)시

시	일	월	연
己	乙	己	庚 (乾)
卯	酉	卯	申

도화살(桃花殺) 3개 = 묘(卯) 유(酉) 묘(卯)
귀문관살(鬼門關殺) 2개 = 묘신(卯申) 묘신(卯申)

목(木)	화(火)	토(土)	금(金)	수(水)
3개	0개	2개	3개	0개
75점	0점	20점	35점	0점

학원창업자_ 목(木) 발달 또는 과다 사주

1933년 3월 3일 (음) 오후 7시

시	일	월	연
辛	癸	乙	癸 (乾)
酉	巳	卯	酉

목(木)	화(火)	토(土)	금(金)	수(水)
2개	1개	0개	3개	2개
40점	15점	0점	35점	40점

학원창업자_ 목(木) 발달 또는 과다 사주

1961년 3월 21일 (음) 오전 7시

시	일	월	연
乙	戊	壬	辛 (乾)
卯	戌	辰	丑

목(木)	화(火)	토(土)	금(金)	수(水)
2개	0개	4개	1개	1개
45점	0점	65점	10점	10점

가수_ 을(乙) 일간 사주

1950년 2월 3일 (음) 오전 4시

시	일	월	연
戊	乙	己	庚 (乾)
寅	卯	卯	寅

목(木)	화(火)	토(土)	금(金)	수(水)
5개	0개	2개	1개	0개
100점	0점	20점	10점	0점

김대중(1924~2009, 제15대 대통령)_ 갑(甲) 일간 사주

1924년 1월 6일 (양) 오후 4시 30분

시	일	월	연
壬	甲	甲	癸 (乾)
申	申	子	亥

목(木)	화(火)	토(土)	금(金)	수(水)
2개	0개	0개	2개	4개
40점	0점	0점	30점	60점

황희(黃喜, 1363~1452, 조선 전기의 문신)_ 목(木) 발달 또는 과다 사주

1363년 2월 22일 (음) 사(巳)시

시	일	월	연	
丁	癸	乙	癸	(乾)
巳	巳	卯	卯	

목(木)	화(火)	토(土)	금(金)	수(水)
3개	3개	0개	0개	2개
50점	40점	0점	0점	40점

HIS STORY **황희 정승은 목(木) 발달로 배려의 화신이었다**

황희는 정사에서는 강직하게 자신의 할말을 하였지만 아랫사람에게는 관용과 배려가 있었다.

어느날 잠시 집에 있는데 여종들이 서로 시끄럽게 싸우다가 한 여종이 달려와

"아무개가 저와 다투다가 이러이러한 못된 짓을 하였으니 아주 간악한 년입니다."라고 일러바쳤다.

그러자 황희는 "네 말이 옳다."고 하였다.

그러자 또 다른 여종이 와서 상대 여종에 대해 험담을 하였다.

그러자 황희는 또 "네 말도 옳다."고 하였다.

옆에서 지켜보던 조카가 "판단이 너무 흐릿하십니다."라고 나서자

황희는 "그래 네 말도 옳구나."라고 하였다.

자와할랄 네루(Jawaharlal Nehru, 1889~1964, 인도의 민족운동 지도자)_ 갑(甲) 일간 사주

1889년 11월 14일 (양) 자(子)시

시	일	월	연	
甲	甲	乙	己	(乾)
子	午	亥	丑	

목(木)	화(火)	토(土)	금(金)	수(水)
3개	1개	2개	0개	2개
50점	15점	20점	0점	45점

인도의 정치가이자 민족운동지도자이다. 영국으로 유학, 해로학교를 거쳐서 케임브리지대학 트리니티칼리지를 졸업, 자연과학 학위와 변호사 자격을 취득하고 1912년 귀국하였다. 1921년 반영(反英)투쟁에서 처음 체포된 이래, 1945년까지 8차례 체포되어 9년간 감옥생활을 하였다.

1929년 국민회의파 라호르대회 의장으로 선출되어, 이 대회에서 처음으로 인도의 완전 독립으로 변경한 그는 1939년 제2차 세계대전이 일어나자 인도에 자유를 주지 않는 한 연합국에 협력하지 않겠다고 선언하였다. 간디와는 독립운동을 함께한 양대 거두였지만 간디와 다르게 민주주의 정치체제와 사회주의 경제체제를 결합하는 사민주의 체제를 만들었으며, 카스트제도를 헌법상 폐지하는 소위 네루식 사회주의를 실현하려고 하였다. 네루는 간디를 파프(아버지)라 부르며 존경했지만 때로는 간디의 지나친 고지식함과 종교적 발언에 대해 불만을 표시하기도 했다.

대표 저서 『세계사 편력(1934년)』, 『자서전(1936)』, 『인도의 발견 (1946)』 등 3권의 책은 국내에 번역 출간되었다. 『세계사 편력』은 옥중에서 외동딸 인디라 간디에게 인도 역사와 세계사를 편지 형식으로 쓴 글로 세계에서 가장 긴 편지로 기네스북에 등재되었다. 그의 신념은 「자식에게 평생에 걸쳐 독서 습관을 심어줘라.」였다.

존 레논(John Lennon, 1940~1980, 가수)_ 을(乙) 일간 사주

1940년 10월 9일 (양) 오전 8시

시	일	월	연
庚	乙	丙	庚 (乾)
辰	酉	戌	辰

목(木)	화(火)	토(土)	금(金)	수(水)
1개	1개	3개	3개	0개
30점	10점	40점	50점	0점

오노 요코_ 을(乙) 일간 사주

1933년 2월 18일 (양) 묘(卯)시

시	일	월	연
己	乙	甲	癸 (坤)
卯	卯	寅	酉

목(木)	화(火)	토(土)	금(金)	수(水)
5개	0개	1개	1개	1개
70점	0점	10점	10점	40점

HIS STORY **목(木)의 발달 또는 과다 사주**

드라마 「열혈사제」로 SBS 연기 대상을 수상한 김남길이 10년 가까이 수억 원을 들여 NGO 단체를 운영하고 있다.

"가난 구제는 힘들어도 위로는 가능하다."

그가 NGO 단체를 운영하는 이유이다.

2013년 쓰나미로 필리핀이 엄청난 피해를 입었다. 때마침 필리핀 팬이 도와달라는 편지를 보내왔고 그 방법을 고민하다가 크라우드 펀딩(crowd funding)을 요청하여 300가구에 구호품을 전달하였다.

처음에는 큰 의미 없이 지인들끼리 봉사활동의 하나로 시작한 일이었는데 이제는 NGO 단체「길 스토리」를 운영하고 있다.

"길을 걸으면서 느끼는 다양한 정서와, 함께 더불어 살아가는 사회에 대해 접근하기 시작했다."

이렇게 말하는 그에게, 배우나 똑바로 하라는 비아냥도 들렸지만 계속해서 사비로 단체를 운영하고 있으며, 자선 팬미팅을 개최하는 등 꾸준한 선행을 이어가고 있다.

김남길은 2020년 2월 16일 「집사부일체」라는 프로그램에 사부로 출연하였다. 김남길과 출연 멤버들은 만보기를 차고 걸은 만큼 학용품을 학생들에게 기부하는 미션을 수행했다. 10분 안에 목표를 이룰 경우에는 기부금을 3배로 높여준다는 제작진의 제안에 2초 남기고 미션에 성공했다. 촬영이 끝난 후 김남길은 담당 PD에게 문자를 보냈다.

"피디님 어제 촬영 정말 즐거웠고, 또한 좋은 일에 함께 하게 되어서 좋았어요. 그래서 말인데 …… 제 출연료도 학생들 선물 사는데 함께 보태주시면 좋을 것 같아요^^. 한 명이라도 더 선물해주면 좋을 것 같아서요."

DAY

2

오행(五行) ─ 화(火)

불같이 급한 성격의 인도 시인, 타고르의 화(火)

인도의 시인 타고르. 어느 날 그의 집 마당을 청소하는 하인이 3시간 넘게 지각을 했다. 화가 머리끝까지 난 타고르가 하인을 해고하겠다고 마음먹고, 허겁지겁 달려온 하인에게 빗자루를 던지며 말했다.

"너는 해고야! 빨리 이 집에서 나가라!"

그러자 하인은 빗자루를 들면서 말했다.

"죄송합니다. 어젯밤에 딸아이가 죽어서 아침에 급히 묻고 오는 길입니다."

타고르는 그 말을 듣고 인간이 자신의 입장만 생각했을 때 얼마나 잔인해질 수 있는지를 깨달았다.

우리가 세상을 살아가면서 사람한테 화가 나고, 사람에게 미움이 생길 때 잠시 숨을 고르고 상대 입장을 한번 생각해봐야 한다. 이는 화(火) 유형의 사람들이 한 번쯤은 새겨봐야 할 교훈이다.

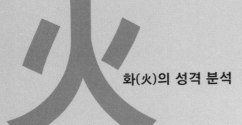 화(火)의 성격 분석

장 점

복잡하고 다양한 일들을 하나로 통합시키고 열정적이다.

감각이 뛰어난, 결단력 있는, 통합하는, 과감한, 꾸미는, 끼가 있는, 도전적인, 독창적인, 돌진하는, 동시에 하는, 드러내놓는, 듬직한, 따뜻한, 매너 있는, 매력적인, 모험적인, 발산하는, 배짱 있는, 변화하는, 보여주는, 부드러운, 불의에 저항하는, 상상력이 풍부한, 새로운, 세련된, 솔직한, 순간적인, 신비로운, 실천적인, 아름다운, 에너지가 넘치는, 열정적인, 예술적인, 의협심 강한, 자신감이 넘치는, 재치있는, 적극적인, 적응을 잘하는, 종합적인, 주도적인, 즉흥적인, 창조적인, 책임감 강한, 통찰적인, 특별한, 파격적인, 판단력이 뛰어난, 패션감각이 있는, 표현하는, 행동적인, 혁신적인, 화려한, 확장하는, 활동적인, 효율성 있는, 희생하는, 융합하는, 감정에 충실한, 다양한

단 점

산만하고 복잡하며 급하다.

ADHD 성향이 있는, 감수성이 예민한, 강압하는, 공허한, 과격한, 급한, 다혈질, 뒷심이 부족한, 마무리하지 못하는, 무례한, 무질서한, 복잡한, 불규칙한, 비판적인, 산만한, 쉽게 분노하는, 앞뒤가 없는, 외로운, 욱하는, 인내심이 부족한, 일을 벌이는, 자기 주장이 강한, 자제력이 부족한, 조증 성향, 중도 포기, 폭력적인, 허무한, 화가 많은, 흥분하는, 복잡한

직 업 적 성

행동하고, 통합하며, 표현하는 직업이 적성에 맞는다.

강연, 강의, 건축, 경영, 경찰, 군인, 디자인, 모델, 무용, 문화, 미용, 방송, 뷰티, 비보이, 사업가, 스튜어디스, 영업, 예술, 운동, 창조, 체육, 패션

별 명(애칭)

4차원, 공주, 여왕벌, 로맨티스트, 예술가, 장미꽃, 폼생폼사, 열정가, 애교쟁이, 욱사마

상 징 동 물

공작새, 반려견

1   화(火)의 성격 특성

- 화(火)는 작은 바람에 쉽게 살아나서 크게 타오르기도 하고 쉽게 꺼지기도 한다. 즉, 불[火]은 작은 불씨가 엄청나게 큰 화재를 불러올 수도, 큰불을 한순간에 꺼버릴 수도 있다.
- 하늘로 치솟아 사방으로 퍼지는 불꽃놀이처럼 직선, 곡선, 원형 등 다양하고 복잡한 모양을 연출한다. 이처럼 화(火)는 감정 기복이 심한 것이 특징이다. 어떤 상황에 있으면 자신의 감정을 그대로 표현한다.
- 불[火]은 밝게 빛나고 뜨겁다. 어디서든 분명하고 명확하게 보인다.
- 사주에 화(火)가 있는 사람은, 윗사람에게 공손하지 못한 태도를 그냥 지나치지 못하는 타입이기에 예(禮)를 상징한다.
- 화(火)가 발달(發達)한 사람은 옳고 그름을 정확하게 판단하지만, 화(火)가 과다(過多)한 사람은 앞뒤 가리지 않고 급하게 자신을 표현하거나 행동한다. 그러므로 발달한 사람은 예의가 있지만, 과다한 사람은 타인을 무시하고 자신의 성격을 자제하지 못해 오히려 무례한 사람으로 볼 수 있다.
- 불[火]은 나무 땔감을 통해 자신이 살아난다. 나무[木]를 희생시켜서 화(火) 자신의 몸을 불로 승화시킨다. 나무는 타면서 재가 되고 불꽃은 탈수록 강하게 솟구친다. 나무의 겉모습은 화려하고 뜨겁게 달아오르지만, 불꽃이 타오를수록 불 속의 검은 재는 늘어나고 빈공간은 커진다. 때문에 화(火)는 겉모습이 화려하고 다혈질로 급하게 보이지만, 속은 비어 있고 여리며 허전함이 항상 존재한다.

2   화(火) 의 발달(發達)

(1) 화(火)의 발달(發達)_ 정의
- 화(火)의 개수가 3개(월지 포함은 2개)이거나 점수가 30, 35, 40, 45점 정도이어야 화(火)가 발달했다고 볼 수 있다.
- 발달을 살피려면 미월(未月)과 미시(未時)에 대한 분석을 잘해야 한다.
- 미월(未月)은 소서(小暑)부터 입추(立秋) 전까지이며, 양력 7월 초순~8월 초순에 해당한다.

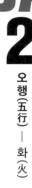
- 미월(未月)의 미토(未土)를 단순하게 토(土)라는 이유로 토(土)로 보고 해석하면 사주 해석에 큰 오류를 일으킨다. 월지(月支)의 미(未)는 화(火)로 본다.

(2) 화(火)의 발달(發達)_ 성격

- 화(火)가 발달하면 활동적이고 적극적이다.
- 자신의 감정을 표출하면서도 자신을 절제하는 능력이 있다.
- 삶의 의지가 적극적이어서 계획하고 설계한 일을 자신감 있게 처리하는 실천력이 있다.
- 불[火]이 타오르는 모습처럼 행동이 자유롭고 자신감이 넘친다.
- 인정이 많고 공손하며 예의가 바르다.
- 화려한 것을 좋아한다.
- 매 순간 자신을 낮추고 타인에게 겸손하며 양보하는 마음이 있다.
- 문장력, 예술성 등 어느 한 분야에 끼가 많다.

3 화(火)의 과다(過多)

(1) 화(火)의 과다(過多)_ 정의

- 화(火)의 개수가 4개 이상이거나 점수가 50점 이상이어야 화(火)의 과다(過多)라고 볼 수 있다.
- 화(火)의 과다(過多)는 사주에서 화(火) 오행이 너무 많거나 크게 작용하는 것을 의미한다.

(2) 화(火)의 과다(過多)_ 성격

- 화(火)의 과다(過多)는 불의 뜨거움처럼 매우 정열적이고 화려한 것을 상징한다.
- 화(火)가 과다(過多)한 사람은 꾸미는 것을 좋아한다. 특히 화(火)가 많은 여성은 자신을 꾸미는데 시간과 돈을 많이 투자한다. 오행 중 가장 화려한 화(火)의 기질을 그대로 살려서 살아간다.
- 자신을 표현하는 능력이 있기 때문에 예술적인 기(氣)도 존재하므로, 사주에 화(火)가 많은 사람은 예술적 감각을 지닌다.
- 화(火)가 많으면 동시에 여러 일을 벌이기 때문에 다양한 일을 융합하고 통합하는 능력이 뛰어나며 복잡한 일을 단순하게 해결하는 능력도 탁월하다.
- 화(火)는 작은 불씨로도 산이나 건물을 태우는 무서운 화력(火力)을 지니듯이, 과다하면 작

은 일에도 지나치게 화를 내거나 작은 일에도 목숨을 걸듯이 몰입한다.

- 화(火)가 과다(過多)하면 성격이 매우 급하고 불같아서 쉽게 화를 내고, 생각보다는 행동을 먼저 하며, 일을 벌인 후 곧 후회하는 경우가 많다. 일의 시작과 계획은 잘하지만 금방 타올랐다가 금방 꺼져 끝마무리가 약한 것이 단점이다.
- 화(火)가 많으면 복잡하고 힘든 어려운 상황을 헤쳐나가는 힘은 있지만, 상황을 돌파한 다음 곧바로 일을 수습하여 지속적으로 끌고 나가거나 마무리하여 결과물을 이루어내는 끈기가 부족하다.
- 자존심이 무척 강하여 어떤 상황에서든 자존심이 상하거나 하는 일이 막히면 그 순간 바로 욱하고 화를 내는 타입이다.

4 병화(丙火)와 정화(丁火)

(1) 병화(丙火)_ 성격과 심리

- 모험심이 강하고, 열정적으로 행동하며, 표현하고 통합하는 능력이 뛰어나다.
- 속마음이 겉으로 잘 드러나며, 이마가 넓고 시원하게 생겼고 눈이 초롱초롱 빛나는 얼굴이다.

	긍정적 분석	부정적 분석
성격 심리 특성	• 화려하고 명랑하며 솔직 담백하다. • 정열적이고 언어능력도 뛰어나다. • 단순 명확하고 현실적응력이 뛰어나다. • 수단이 좋고 예의가 바르다. • 명분과 자존감을 중요하게 생각한다. • 적극적이고 막힘이 없고 직접 실천한다. • 사람과의 관계를 잘하며 인간적이다. • 하려는 것을 시원하게 추진한다. • 주변의 복잡한 상황을 하나로 융합하고 통합하는 능력이 있다.	• 다혈질이고 흥분을 잘한다. • 분위기나 환경에 따라 자기 절제력이 미흡하다. • 허례허식과 사치를 한다. • 주변을 의식하지 않고 자기 마음대로 행동한다. • 자기 주장이 강하고 성급하다. • 자신의 감정을 너무 드러내어 말로 인한 구설이 따른다. • 허풍 과장된 성격으로 실수할 때가 있다. • 고집이 세고 감정변화가 심하여 일방적으로 행동할 수 있다.

(2) 정화(丁火)_ 성격과 심리

- 부드럽고 표현을 잘하며 현실적이다. 밝은 성격으로 적재적소에서 유머를 구사한다.
- 첫인상이 부드럽고 온화하지만 강인한 돌파력이 있고, 자기보호 본능이 강한 타입이다.

	긍정적 분석	부정적 분석
성격 심리 특성	• 온화하고 부드러운 품성으로 예의가 바르다. • 현실적이고 선견지명이 뛰어나다. • 실속 있고 진취적이다. • 섬세하고 세심하게 배려한다. • 자신을 절제한다. • 모든 일에 강한 의지와 끈기가 있다. • 주변을 배려하고 자기관리를 잘한다. • 승부욕이 강하고 적극적이다.	• 우유부단하고 의지력이 약하다. • 자기 감정을 잘 표현하지 못한다. • 겉으로는 명랑하지만, 내면에는 외로움과 근심, 염세적인 면도 있다. • 겉으로 보여지지 않는 자기보호 본능이 강하다. • 결정적인 순간에 뒤로 물러서고 포기도 한다.

5 화(火) 유형 부모의 특성

- 화(火) 유형의 부모는 자신과 비슷한 성향의 자녀와는 문제없이 교감하지만, 자신과 다른 정서를 갖고 있는 자녀한테는 강요와 압박을 한다.
- 자녀를 임신했을 때는 새로운 생명을 잉태한 신비함과 아름다움에 감격하면서 동시에 이유모를 슬픔과 우울에 빠진다.
- 화(火) 유형의 부모 밑에서 자란 아이들이 성인이 되면 자신의 부모가 매우 매력적이었고 그로 인해 행복했었다고 말할 수도 있는 반면, 부모의 감수성이 너무 예민하고 우울해서 겁이 나고 부담스러웠다고도 말한다.

	긍정적 분석	부정적 분석

부모
특성
	• 자녀와 대화를 잘하고 감정을 잘 주고받는다.
	• 자녀의 질문에 적극적으로 대답하고 긍적적인
	  피드백을 한다.
	• 자녀와 잘 놀아주고 적극적으로 행동할 수 있
	  도록 강화시켜준다.
	• 운동, 여행, 산책 등 함께 체험학습을 한다.
	• 자녀의 생각이나 행동을 쉽게 파악하여 자녀에
	  맞는 조언이나 교육을 한다.
	• 감정이 풍부하여 자녀에게도 감정의 다양함을
	  전달한다.
		• 자녀에게 큰소리로 명령할 때가 자주 있다.
		• 자녀에게 빨리빨리 하라고 자주 독촉한다.
		• 화나는 상황이 생기면 자녀의 잘못이 없어도
		  자녀에게 화를 낸다.
		• 자신이 하고 싶은 말을 참지 못하고 자녀가 상
		  처받는 것을 알면서도 쉽게 말한다.
		• 산만하고 정리정돈을 못해 자녀의 공부환경에
		  방해가 된다.
		• 끈기 있게 기다려주지 못하고 급하게 서두르고
		  닦달하는 타입이다.

(1) 화(火) 유형 자녀의 특성

- 화(火) 유형의 아이는 자신이 원하는 특별한 분위기가 필요하다. 클래식 음악이나 락 음악을 틀어놓거나 조명을 낮추는 등 자신만의 분위기를 만들어야 한다. 이런 분위기를 방해받거나 기분이 상하면 공부에 쉽게 집중하지 못한다.

- 평범한 감정 표현보다는 자신만의 특별한 감정 표현 방법이 있기 때문에 부모가 그 감정을 읽고 파악하는 것이 매우 중요하다. 편안하다고 생각해야 자신의 감정을 모두 털어놓는다.

- 밝고 명랑하다가 갑자기 우울해지는 등 감정이 불규칙하다. 자신이 정말 좋아했던 짝꿍이 이사를 가면 밤새 슬퍼하다 다음 날 학교에 지각할 수도 있다. 입고 싶은 옷, 신고 싶은 신발, 갖고 싶은 가방이나 필통 등을 못 가졌을 때는 좌절과 실망으로 우울함과 슬픔에 빠져서 약속을 못 지키는 경우도 있다.

- 이 유형의 아이들 중 외향적인 아이는 부모나 선생님, 친구들에게 기쁨을 주려고 활발하고 친절하려고 노력하며 사랑받고 싶어한다. 그러나 그것도 잠시뿐 학교나 유치원에 입고 가고 싶었던 옷이 준비되지 않으면 가고 싶었던 유치원이나 학교도 거부한다.

- 이 유형의 아이들 중 음(음팔통·귀문관살)이 많은 내향적인 아이는 부끄러움이 많고 소심하여 오랜 시간 사람들과 어울리기를 싫어한다. 특히 새로운 공간, 즉 새 유치원이나 새 학교로 등교할 때 어느 기간 정도는 적응하지 못하고 거부할 수도 있다.

- 새로운 환경에 쉽게 어울리지 못하고 머뭇거린다. 부모가 억지로 새로운 환경에 밀어 넣으면 스트레스가 심해지고 정서가 불안해진다.

- 유치원이나 학교 또는 가정에서 자신이 특별한 대우를 받지 못하고 무시당한다고 느끼거나 친구와 싸워서 기분이 울적해지면 등교 거부나 약속 거부 등 자기 감정에 따라 약속을 어길 수 있다. 배나 머리가 아프다는 핑계를 대면서 해야 할 일을 거부할 수도 있다.

- 평소에는 성격이 온순하여 부드럽고, 타인의 비위나 감정을 거스르지 않으려고 노력하는 편이다. 그러나 자신을 받아주지 않는다고 느끼는 순간 공격적으로 변하고 거칠게 비판하기도 한다.

- 자신만의 규칙이 존재한다. 이를 주변 사람이 무시하거나 억압하면 얼굴에 금방 자신의 불쾌한 감정이 나타난다. 자신의 감정을 자연스럽게 이야기하는 행동은 긍정적이지만 감정 컨트롤이 잘되지 않는 부분은 적절하게 억누르고 조절할 수 있도록 도와주어야 한다.

- 자신만의 독특한 내면세계를 함께 공유하거나 이해해주는 친구를 만나고 싶어한다. 다만,

친구가 생기면 정성을 다하지만 항상 경쟁적인 마음으로 상대의 장점을 질투한다. 늘 자신이 친구보다 더 멋져야 하고 더 특별해야 한다고 생각한다.

- 특별한 이상과 감정을 갖고 세상에 자신의 모습을 드러내거나 존재하고 싶어한다. 외향적인 아이들은 논쟁이나 토론에 적극적으로 참여하여 자신의 주장을 확실하게 펼치고, 내향적인 아이들은 자신만의 세계로 들어가 살면서 외부 세계를 신경쓰지 않는다.
- 조용한 성품이지만 자존감이 무너지면 쉽게 흥분하고 토라진다.
- 자기 생각과 주관이 뚜렷하여 좋아하는 사람, 싫어하는 사람, 좋아하는 것, 싫어하는 것을 분명하게 구분하고, 자기 감정을 매우 소중하게 여겨서 솔직하고 거침없이 표현한다. 다만 자신의 감정을 제대로 표현하지 않고 감추고 있는 사람이라면, 사주에 착한 유형이 같이 있거나 억압적인 부모 밑에서 자랐기 때문에 다른 사람을 즐겁게 하려고 애쓴다.
- 화(火) 유형의 아이는 사람을 아주 좋아하거나, 아주 싫어하는 경향이 모두 존재한다.
- 영혼을 탐색하고 심미안에 빠져들며 낭만적인 분위기를 선호하기도 하고, 연약하거나 노인 또는 동물을 보호하는 휴머니스트 기질도 강하다. 이들은 생각한다기보다는 느끼는 타입으로 신비스럽고 창조적이며 예술적인 영혼이 맑은 사람들이다.

(2) 화(火) 유형의 자녀를 어떻게 키워야 할까?

- 화(火) 유형의 아이들은 무조건 책상에 앉혀서 암기만 시키는 교육으로는 스트레스가 매우 심해진다. 동영상 같은 시청각교육이나 연극, 미술, 도자기, 실험처럼 직접 참여하는 교육으로 자신의 창조성을 발휘할 수 있는 건전한 배출구를 마련해야 한다.
- 이 유형의 아이들은 사소한 것에도 상처받을 수 있는 감수성이 예민하기에, 부모의 생각을 강요하지 않고 아주 천천히 자신의 감정을 모두 이야기할 수 있도록 대화를 나누면서 아이들이 원하는 것을 알아내어 교육에 활용하는 것이 좋다.
- 감수성이 발달하고 감정 기복이 커서 상처를 입으면 식사도 못하고 잠도 못 자는 경우가 다른 유형의 아이보다 심하다. 그렇기 때문에 안정되고 편안한 분위기를 좋아하므로 이런 분위기를 만들어주어야 한다. 만약, 식사 중에 부모가 다투거나 가족 간에 긴장감이 돌면 아이들은 음식을 삼키지 못하고, 잠자기 전에 긴장감이 발생하면 잠을 자지 못한다. 그러므로 부모는 불안한 환경이 아이들의 잘못 때문이 아니라는 것을 분명히 설명해야 한다.
- 외향적 내향적 아이들 모두 자신의 자존감에 상처를 받았을 때 좌절감과 우울감을 매우 강하게 느끼므로, 어릴 적에 부모가 너무 엄격하거나 보수적으로 아이를 돌보기보다는 자기 주장을 당당하게 표현할 수 있도록 자신감을 북돋우는 양육 방법이 필요하다.

- 특별한 무언가에 관심이 많다. 예술성, 창조성, 우주성, 영혼의 탐색, 휴머니스트 등 어른들은 상상할 수 없는 독특한 분야에 관심이 있다는 것을 알아야 한다. 아이들의 내면적 성찰은 상상력과 창조성이라고 생각해야 한다. 당장 몇 개의 단어를 외우는 것에 부모가 집중하지 않아야 아이들의 무한한 가능성을 찾을 수 있다.

- 혼자 독창적인 게임을 만들어서 자신이 만든 가상놀이 상대와 노는 것을 좋아한다. 그런 모습에 부모가 놀랄 수도 있지만 아이에게는 소중한 시간이므로 아이의 눈높이에 맞춰서 함께 놀이학습을 개발해 보는 것도 좋다.

- 자신의 감정 변화는 주변 사람들과 함께 살아가면서 조화를 이루어야 하고, 사회적으로 지켜야 하는 예의와 예절이 있음을 알려줘야 한다.

- 이 유형의 아이들과 오늘의 일에 대해 가볍게 이야기할 때, 감정 표현이 서툴더라도 부모가 먼저 아이가 감정을 표현할 수 있도록 쉬운 단어를 사용하면서 대화를 유도하는 것이 좋다.

- 이 유형의 아이들에게는 잠자기 전에 책을 읽어주는 것이 좋다. 아이에게 특별한 감정과 감동을 가질 수 있게 해주고 서로에게 깊은 의미를 준다.

- 엄격하고 보수적인 부모가 통제를 강하게 하면 자신만의 은밀한 세계에 빠져들어서 세상 밖으로 나오지 않으려고 하거나 컴퓨터, 음악, 쇼핑 등에 중독되기도 한다.

- 부모의 사소한 기대에도 엄청난 부담을 가질 정도로 복잡한 내면 세계와 민감한 감수성과 감각을 지닌다. 부모의 생각과 이상을 강요하기보다는 이 유형의 아이들만이 갖고 있는 특별함을 존중하고 끊임없이 대화를 나누는 것이 필요하다.

- 자신만의 분위기가 필요한 화(火) 유형의 아이들에게는 원하는 분위기를 만들 시간을 충분히 주어야 한다.

- 집이나 학교에서 겪는 어려운 일이 무엇인지 충분히 대화할 시간이 필요하다. 자신만의 특별한 감정 표현 방법이 있기 때문에 부모가 그 감정을 어떻게 파악하는지가 매우 중요하다.

- 자신이 특별한 대우를 받지 못하고 무시당한다고 느끼거나 친구와 싸워서 기분이 울적해지면 자기 감정에 따라 핑계를 대고 약속을 어길 수도 있다. 이런 아이들에게 억지로 약속을 지키도록 강요하기보다는 먼저 아이들이 무엇을 요구하는지를 정확히 이해하고 해결해야 한다. 특히 옷이나 물건 등 아주 사소하게 보이는 작은 사건도 놓치지 않고 주의해서 살핀다.

7 화(火) 오행의 직업적성

- 행동하고 모험하며 표현하는 직업, 다양한 학문으로 융합하는 학문이 적합하다.

전공 분야	직업 분야
공군, 무용학, 법학, 신경외과, 안과, 약학, 언론학, 의상학, 의학, 인문학, 정신과, 체육(운동), 교육학, 연극영화학, 신문방송학, 외교학, 무역학, 건축학	건축설계, 경호, 공무원, 교육자, 극장, 기자, 메이크업, 모델, 무역, 발명가, 법관, 사진작가, 설계, 성형외과 의사, 소설가, 시나리오 작가, 시인, 실내인테리어, 심리학자, 아나운서·MC·PD 등의 방송인, 언론인, 예능인, 우주연구가, 운수업, 음악·미술·무용·연주 등의 예술가, 정신과 의사 등의 상담가, 정치가, 조명, 천문기상, 천문학자, 코디네이터, 연예인, 패션디자이너, 항공, 헤어디자이너, 운동선수

8 화(火)의 유명인 사주

개그맨

1975년 7월 29일 (양) 사(巳)시

시	일	월	연
癸	丙	癸	乙 (乾)
巳	子	未	卯

목(木)	화(火)	토(土)	금(金)	수(水)
2개	2개	1개	0개	3개
20점	75점	0점	0점	35점

사업가

1966년 7월 20일 (음) 오전 9시

시	일	월	연
壬	丙	丙	丙 (乾)
辰	寅	申	午

목(木)	화(火)	토(土)	금(金)	수(水)
1개	4개	1개	1개	1개
15점	90점	15점	0점	10점

축구선수

1992년 7월 8일 (양) 사(巳)시

시	일	월	연
辛	乙	丁	壬 (乾)
巳	酉	未	申

목(木)	화(火)	토(土)	금(金)	수(水)
1개	2개	1개	3개	1개
30점	55점	0점	35점	10점

격투기선수

1975년 7월 29일 (양) 오(午)시

시	일	월	연
甲	丙	癸	乙 (乾)
午	子	未	卯

목(木)	화(火)	토(土)	금(金)	수(水)
3개	2개	1개	0개	2개
30점	75점	0점	0점	25점

김구(호 백범, 1876~1949, 한국의 정치가·독립운동가)

1876년 7월 11일 (음) 자(子)시

시	일	월	연	
甲	己	丙	丙	(乾)
子	巳	申	子	

목(木)	화(火)	토(土)	금(金)	수(水)
1개	3개	1개	1개	2개
10점	65점	30점	0점	25점

HIS STORY **문화와 예술을 사랑한 화(火) 성향의 백범 김구**

나는 우리나라가 세계에서 가장 아름다운 나라가 되기를 원한다.

가장 부강한 나라가 되기를 원하는 것은 아니라, 내가 남의 침략에 가슴이 아팠으니, 내 나라가 남을 침략하는 것을 원치 아니한다.

우리의 부력(富力)은 우리의 생활을 풍족히 할 만하고, 우리의 강력(强力)은 남의 침략을 막을 만하면 족하다.

오직 한없이 가지고 싶은 것은 높은 문화의 힘이다.

문화의 힘은 우리 자신을 행복되게 하고, 나아가서 남에게 행복을 주기 때문이다.

지금 인류에게 부족한 것은 무력도 아니요, 경제력도 아니다.

자연과학의 힘은 아무리 많아도 좋으나, 인류 전체를 보면 현재의 자연과학만 가지고도 편안히 살아가기에 넉넉하다.

인류가 현재에 불행한 근본 이유는 인의(仁義)가 부족하고, 자비가 부족하고, 사랑이 부족하기 때문이다.

이 마음만 발달이 되면 현재의 물질력으로 20억이 다 편안히 살아갈 수 있을 것이다.

인류의 이 정신을 배양하는 것은 오직 문화이다.

나는 우리가 남의 것을 모방하는 나라가 되지 말고, 이러한 높고 새로운 문화의 고원이고 목표가 되고, 모범이 되기를 원한다.

그래서 진정한 세계의 평화가 우리나라에서, 우리나라로 말미암아서 세계에 실현되기를 원한다.

정약용(호 다산, 1762~1836, 조선 후기 학자 겸 문신)

1762년 6월 16일 (음) 사(巳)시

시	일	월	연
乙	丁	丁	壬 (乾)
巳	未	未	午

목(木)	화(火)	토(土)	금(金)	수(水)
1개	4개	2개	0개	1개
10점	95점	15점	0점	10점

타고르(Rabīndranāth Tagore, 1861~1941, 인도 시인)

1861년 5월 7일 (양) 오(午)시

시	일	월	연
甲	丙	癸	辛 (乾)
午	辰	巳	酉

목(木)	화(火)	토(土)	금(金)	수(水)
1개	3개	1개	2개	1개
10점	75점	15점	20점	10점

DAY

3

오행(五行) — 토(土)

TODAY'S POINT | 토(土)는 끈기와 믿음의 상징으로,
만물을 중재하고 포용한다.

끈기 있게 아이들을 위해 헌신한 토(土)의 오드리 헵번

"어린이 한 명을 구하는 것은 축복입니다. 어린이 백만 명을 구하는 것은 신이 주신 기회입니다."

유니세프 친선 대사가 되어 굶주리는 어린이가 있는 곳이라면 어디든 마다하지 않고 달려간 오드리 헵번의 이 말은, 전 세계 신문에 헤드라인이 되었고 세계적으로 기부문화를 불러일으켰다. 소말리아에서 돌아온 이후에도 구호기금 마련을 위한 각종 인터뷰와 행사에 쫓기면서 그녀는 진통제를 달고 살았다. 1992년 11월 오드리 헵번은 로스엔젤레스의 병원에서 직장암 진단을 받고, 수술했지만 경과가 좋지 않았다. 앞으로의 시간이 단지 3개월 남았다는 시한부 선고에 병원 치료의 의미가 없어졌다.

오랫동안 살았던 스위스의 집으로 돌아와 가족과 함께 마지막을 고요하게 보냈다. 그녀는 죽기 직전 마지막 크리스마스에 유언처럼 시를 읽어주었다.

"기억하라. 만약 네가 도움을 주는 손이 필요하다면 너의 팔 끝에 있는 손을 이용하면 된다는 것을. 네가 더 나이가 들면 두 번째 손을 이용하면 된다는 것을 알게 될 것이다. 한 손은 너 자신을 돕는 것이고, 다른 한 손은 다른 사람을 돕기 위한 것이다."

토(土)의 성격 분석

土

장점

사람들과의 관계가 원만하여 중재하고 결합하며 통합한다.

갈등을 조정하는, 개방적인, 결합하는, 겸손한, 공감하는, 공개적인, 관계적인, 관대한, 균형 있는, 꿰뚫어 보는, 끈기 있는, 느긋한, 믿어주는, 받아들이는, 밝은, 사람을 잘 다루는, 서로 보완하는, 소통하는, 수용하는, 여유 있는, 연결하는, 영업적인, 온화한, 용서하는, 은근한, 의지력이 있는, 이해하는, 인간관계가 원만한, 인내심이 강한, 적극적인, 적응력이 뛰어난, 정치적인, 조정하는, 중간자적인, 중개하는, 중재하는, 중화시키는, 침착한, 컨설팅하는, 평온한, 평화적인, 포용적인, 품어주는, 허허실실 하는, 호의적인, 화해하는, 확신 있는

단점

자신의 생각을 감추고 있어 무슨 생각을 하는지 잘 모르고, 고집이 세며 비밀이 많다.

거짓스런, 게으른, 고집불통, 고집 센, 권모술수적, 나태한, 답답한, 도피적, 독선적, 미루는, 비밀스러운, 산만한, 생각을 감추는, 생각이 애매모호, 선악 구분이 모호, 속을 잘 모르는, 쌓아두는, 약속을 잘 안 지키는, 우유부단, 자기 주장을 감추는, 제멋대로, 지쳐 있는, 피로한, 현실 회피적

직업 적성

사람들과의 관계나 네트워크를 형성하여 하는 일이나, 부동산 관련의 일이 알맞다.

강연, 건설, 건축, 네트워크, 농업, 무역, 부동산, 블록체인, 상담, 서비스, 중개, 중매, 컨설팅, 코칭, 통역, 플랫폼

별 명(애칭)

돌부처, 황소, 고집불통, 성인군자, 중재자, 기름장어, 슬리퍼리맨(Slippery man), 미꾸라지, 뱀장어, 투명인간, 없는 사람, 소금쟁이, 황희 정승, 여우

상 징 동 물

곰, 나무늘보, 판다곰, 황소

DAY 3 >> 오행(五行) — 토(土)

1 토(土)의 성격 특성

- 토(土)는 오행(五行)을 다 포용한다. 나무[木]의 뿌리를 내리게 하고, 땅속 깊은 곳에 용암이란 불덩어리[火]를 감추고도 있으며, 불이 재가 되면 그 처리까지 한다. 땅속에 물[水]을 감추기도 하고 제방이 되어 물의 흐름을 원활하게 하거나 물이 사라지지 않도록 모아두기도 한다. 바위나 금속[金] 등을 땅속과 땅 위에 박아 두기도 한다. 그러므로 토(土)는 목(木), 화(火), 금(金), 수(水) 4가지 오행을 다양한 방법으로 수용하고 포용한다.

- 그러므로 토(土)는 포용력이 넓고 가슴이 따뜻한 사람이다. 자칫 너무 넓은 마음으로 순간순간 주변 상황에 쉽게 편승되는 것이 단점이다.

- 자칫 변신에 가까울 정도로 변화무쌍한 것도 바로 토(土)이다. 물, 용암, 나무(씨앗), 금속, 바위 등 수(水), 화(火), 목(木), 금(金)을 땅속에 감추고 있으면서도 전혀 땅속에 아무것도 없는 것처럼 하기도 하며, 어느 순간 화산에서 용암[火]을 뿜어내기도 하고, 물[水]을 배출하기도 하며, 나무(씨앗)[木]를 자라게 하고, 금속이나 바위[金]를 만들기도 한다.

- 주변에 목(木)이 많으면 목의 의미로, 화(火)가 많으면 화의 의미로, 금(金)이 많으면 금의 의미로, 수(水)가 많으면 수의 의미로 자신을 희생하면서 계절의 오행을 따라간다.

- 축월(丑月)은 토(土)가 아닌 수(水) 기운으로, 미월(未月)은 토(土)가 아닌 화(火)의 기운으로 다른 오행을 땅속에 모두 수용하고 포용하듯이 계절 변화에 따라 그 계절의 특색과 성분으로 변화한다.

- 목(木)이나 화(火)처럼 적극적이지도 않고, 금(金)이나 수(水)처럼 신중하거나 사고가 깊지 않아 기본적인 특성이 없는 듯 보이지만, 연해자평(淵海子平)에서 서자평(徐子平) 선생이 말씀하신 것처럼 토(土)는 충기(沖氣)로 발생하였다고도 볼 수 있다.

- 토(土)의 화합과 포용은 금(金)과 목(木)의 충(沖) 기운 수(水)와, 화(火)의 충(沖) 기운이 서로 대립하고 다투는 과정에서 토(土)가 화합과 포용으로 서로를 연결시켜 새로운 변화를 창조한 것이다. 이로써 토(土) 성분이 중간을 향하고, 중간을 선호하는 의미를 알 수 있다.

- 토(土)는 천간(天干) 갑을병정(甲乙丙丁)의 목화(木火)와 경신임계(庚辛壬癸)의 금수(金水)를 중간에서 연결하는 즉, 목화(木火)의 더운 기운과 금수(金水)의 차가운 기운을 조절하고 중화시킨다. 목화(木火)와 금수(金水) 사이에 토(土)란 오행이 있는 이유는 목화(木火)와 금수

(金水)는 서로 대립하고 있지만 목(木)과 화(火), 금(金)과 수(水)는 서로 대립보다는 주고받는 관계이기 때문이다.

- 금(金)과 수(水)가 목(木) 화(火)와는 대립각을 세우지만 금(金)과 수(水)는 서로 화합한다. 그러므로 목화(木火)는 더운 기운 즉 뻗어 나가려는 기운이고, 금수(金水)는 차가운 기운 즉 수확하려는 기운이다.

- 지지(地支)에는 계절과 계절 사이에 토(土)란 오행이 자리잡고 있다. 봄과 여름 사이에 진(辰), 여름과 가을 사이에 미(未), 가을과 겨울 사이에 술(戌), 겨울과 봄 사이에 축(丑)이란 토(土)가 계절 변화를 중화시키면서 자연스럽게 연결하고 있다.

- 또한, 수(水)에서 목(木)으로, 목(木)에서 화(火)로, 화(火)에서 금(金)으로, 금(金)에서 수(水)로 변화하는 길목에 토(土)란 오행이 갑작스런 변화나 충격을 완화시키는 작용을 한다.

2 토(土)의 발달(發達)

(1) 토(土)의 발달(發達)_ 정의

- 토(土)의 개수가 3개(월지 포함은 2개)이거나 점수가 30, 35, 40, 45점 정도이어야 토(土)가 발달했다고 볼 수 있다.

- 토(土)는 매우 민감한 오행이다. 토(土)는 목(木), 화(火), 금(金), 수(水)를 중간에서 중재하고 그들을 포용하고 화해시키는 역할도 한다.

- 특히 계절과 계절을 중재하는 환절기를 상징하는 월지(月支), 아침 · 점심 · 저녁 · 밤을 중재하는 사이(새)를 상징하는 시지(時支)는 단순하게 오행 논리만으로는 해결할 수 없다.

- 월지의 진월(辰月), 술월(戌月), 축월(丑月), 미월(未月)은 단순히 오행으로서의 토(土)가 아니라 계절에 해당하는 월의 특징을 읽어야 한다.

- 예를 들어, 축월(丑月)은 소한부터 입춘 전까지이다. 양력으로 1월 초순~2월 초순에 해당한다. 그렇다면 단순히 축월(丑月)을 토(土)로 보면 안 된다. 반드시 축월(丑月)은 수(水) 기운이 가득차서 넘친다고 보아야 한다.

- 미월(未月)은 소서부터 입추 전까지이다. 양력으로 7월 초순~ 8월 초순에 해당한다. 그렇다면 미월(未月) 또한 토(土)로 보면 안 된다. 그러므로 미월(未月)은 화(火) 기운이 넘친다고 보아야 한다.

(2) 토(土)의 발달(發達)_ 성격

- 믿음이 있고 고집이 은근히 있다.
- 모나지 않고 포용력이 있으며, 겸손하고 중후하다.
- 타인에게 관대하고 다름을 수용하며 인색하지 않다.
- 말하거나 행동할 때도 항상 조심스럽고, 신용을 중히 여기고 중용을 잘 지킨다.
- 어떤 일을 맡겨도 잘 해내리란 믿음을 주고, 끈기 있게 처리해나가는 능력도 있다.
- 은근한 고집과 끈기, 튀지 않으면서 맡은 일을 꾸준히 처리해나가는 기질이 있다.
- 토(土)는 목화금수(木火金水) 중간에서 중재하고 계절을 중간에서 연결하는 것처럼, 사람과 사람을 중간에서 연결시키거나 사람에게 무엇인가를 알려준다.

3 토(土)의 과다(過多)

(1) 토(土)의 과다(過多)_ 정의

- 토(土)의 개수가 4개 이상이거나 점수로는 50점 이상이어야 토(土)의 과다(過多)라고 볼 수 있다.
- 토(土)의 과다(過多)는 사주에서 토(土) 오행이 너무 많거나 크게 작용하는 것을 의미한다.

(2) 토(土)의 과다(過多)_ 성격

- 토(土)가 과다(過多)하면 고집이 세서 자신의 의지대로 살아가려고 하여 타인의 의견을 무시하는 경우가 많다. 때문에 쓸데없는 고집으로 자신의 생각을 쉽게 포기하지 않아 고집불통의 기질로 주변과 갈등 관계가 생긴다.
- 다만, 한번 믿으면 끝까지 믿는 경우도 있어, 종종 보증과 돈거래로 크게 어려움을 겪기도 한다.
- 쉽게 토라지고, 쉽게 화해하는 등 성격의 기복이 심하다.
- 자신의 감정을 쉽게 내보이지 않아 속마음이 어떤지 알 수 없고 비밀도 많다.
- 약속한 일이 자신에게 불리한 상황이라고 판단하면 신용을 지키지 않는다.

4 무토(戊土)와 기토(己土)

(1) 무토(戊土)_ 성격과 심리

- 성격이 대범하고 인간관계가 폭넓으며 소통하고 중재하는 포용력이 있다.

	긍정적 분석	부정적 분석
성격 심리 특성	• 대인관계가 원만하고 포용력이 있다. • 소통하고 중재하는 역할을 한다. • 은근하고 듬직하며 신뢰할 수 있다. • 인품이 중후하고 흔들림 없는 품격이 있다. • 자신이 하고자 하는 일을 계속 밀고 나간다. • 끈기와 성실함으로 일을 마무리한다. • 대범하고 관대하며 온화하다. • 느긋하고 여유가 있는 선비 같은 성품이다. • 평화로운 세상을 꿈꾸고, 누구하고나 소통하고 관계 맺고 중재하려고 한다.	• 자기 주관이 너무 강하고 고집 불통 기질이 있다. • 자기 과시와 자만심에 빠져 공상에 사로잡히기도 한다. • 고정관념이 있어 그 틀에서 벗어나지 못한다. • 너무 느긋하여 게으르기까지 하다. • 행동이 느리고 순간 대처 능력이 약하다. • 융통성이 부족하고 관계에 집착한다. • 한꺼번에 몰아쳐서 일하는 경우가 많다. • 스트레스를 받으면 회피하는 경우가 있다. • 우유부단하여 줏대 없어 보이기도 한다.

(2) 기토(己土)_ 성격과 심리

- 대인관계가 원만한데, 섬세함도 있어 사람들을 중재하고 소통한다.
- 사람들과의 관계가 좋아 적을 만들지 않으나, 상황을 보는 시야가 좁고 겉으로 드러내지 않는 능글맞은 생각을 갖고 있으며 실속이 있고 예감이 빠르다.

	긍정적 분석	부정적 분석
성격 심리 특성	• 대인관계가 무난하고 순응을 잘한다. • 많이 표현하지 않으면서도 대인관계가 뛰어나다. • 포용력이 있고 사교성이 좋다. • 섬세하고 다정다감하다. • 자기 관리 능력이 뛰어나다. • 계획적이고 치밀하다. • 자기 주관이 강하고 끈기가 있다. • 꾸준한 끈기와 부드러운 추진력으로 밀고 나간다. • 언어능력이 발달하여 표현력이 뛰어나다. • 무언가를 기록하고 보존하려고 한다.	• 질투가 강하고 이기적이며 욕심이 많다. • 자기 감정을 쉽게 드러내지 않고 감추는 것이 많아 속마음을 알 수가 없다. • 내면의 감정 변화가 심하고 자기 감정이 먼저다. • 손해 보는 일을 하지 않으려는 이기심이 강하다. • 주변에서 일어나는 상황에 순간 대처 능력이 뛰어나다. • 타인의 억압과 강압에 스트레스를 심하게 받으면 적응하지 못한다. • 의심이 많고 신경이 예민하며, 겉으로 드러나지 않는 까다로운 면이 있다.

5 **토(土) 유형 부모의 특성**

- 여유로운 부모는 늘 융통성 있게 자녀를 대하고 관심사에 흥미를 갖고 지원해주기 때문에 어렸을 때부터 부모와 일체감을 느끼고 안정감을 주어 좋지만, 자라면서 오히려 이것이 독이 되어 성인이 되어서는 부모로부터 독립하기가 힘들다고도 한다.

	긍정적 분석	부정적 분석
부모 특성	• 모든 일에 긍정적이고 희망적이어서 자녀들이 하고 싶은 것을 마음껏 하게 한다. • 자녀들과 부담없이 대화하고 소통하려고 노력한다. • 자녀와의 관계에서 현재의 갈등을 회피하고 평화로운 관계를 유지하고자 한다.	• 대인관계가 너무 넓어서 자녀와 함께할 시간이 부족하다. • 자기 생각이 뚜렷하고 고집이 세서 자녀의 의견을 무시하는 경향이 있다. • 부정적인 상황이 생기거나 스트레스를 받으면 게을러져서 자녀에게 관심을 두지 않는다.

6 **토(土) 유형 자녀의 특성과 키우는 방법**

(1) 토(土) 유형 자녀의 특성

- 토(土) 유형 아이의 학습태도는 2가지 성격 유형으로 분석할 수 있다. 「은근한 고집과 인내심 성향」, 「안정적인 현실지향 성향」 등이 학습태도에 큰 영향을 미친다.
- 「은근한 고집과 인내심 성향」은 자기 감정을 쉽게 드러내지 않지만 인정받으려는 성향이 매우 강하고, 지기 싫어하는 고집과 포기하는 좌절이 가슴 속 깊이 내재되어 있다. 그러나 함부로 드러내어 자신의 기질을 보여주지 않는다. 분위기만 맞는다면 이 유형의 아이들은 공부에 몰두하고 열정적이다. 강압이나 강요는 내면에 존재하는 고집을 발동시킨다.
- 「안정적인 현실지향 성향」은 새롭거나 특별한 공간보다 늘 지내온 같은 공간을 더 좋아하고, 불규칙적인 시간보다 규칙적인 시간과 반복되는 공부 습관이 있다. 반복해 온 일들을 쉽게 바꾸려고 하지 않는다. 다만, 어느 순간에는 아무것도 하지 않으려고 하고 아무 욕심도 없는 듯한 학습태도도 보인다.
- 지키기 어렵거나 힘든 약속임을 알더라도 쉽게 거절하지 못한다. 그러나 막상 약속시간이 다가오면 약속을 거부하려고 몸부림친다.
- 이 유형의 아이들이 등교시간에 꾸물거리고 있다면 부모나 교사, 반 친구들에게 표현하지 못하는 불만이나 분노가 쌓여 있는 등 분명한 이유가 존재한다.

(2) 토(土) 유형의 자녀를 어떻게 키워야 할까?

- 토(土) 유형 아이들은 대부분 사람들과 원만하게 잘 지내고 싶어하기 때문에 최대한 예의를 갖고 행동하는데, 하려는 일이나 원하는 것이 제대로 이루어지지 않거나 부모가 제대로 이해해주지 않을 때는 고집이 매우 세지고 공격적으로 변하므로 부모는 집에서 아이들에게 자신감을 갖고 행동할 수 있도록 많이 격려해주어야 한다. 또한, 분위기를 너무 엄격하게 만들지 않고 편안하고 자유로운 분위기에서 지속적인 관심을 갖고 자신이 세상에서 소중한 존재임을 알려주면 다른 사람과도 잘 지낼 수 있다.

- 이 유형의 아이들은 자신이 생각하는 일이나 생각을 겉으로 드러내지 않는 경향이 매우 강하다 보니, 자신의 생각이나 목표를 실천해 나가는 것이 매우 힘들다. 그러므로 어떤 일이나 목표를 감추거나 서두르지 않는 방법으로 주변 사람들과의 갈등에서 벗어나려고 하기 때문에 목표를 세우고 달성하는 과정을 미루는 경향이 매우 크다. 이들에게는 해야 할 일을 뒤로 미루는 습관을 버리게 해야 한다. 자신이 하고 싶은 일과 목표를 하나씩 나열해보고 그 중에서 먼저 해야 할 일을 몰입해서 실천해 나가도록 도와주어야 한다. 목표를 정할 때는 자유롭게 설정하면 쉽게 미루므로, 확실한 시간과 해야 할 목표량을 정확하게 정한 다음 그것을 달성했을 때 과감한 칭찬으로 자신도 충분히 스스로 정한 목표를 달성할 수 있다는 것을 격려해주어야 한다.

- 목표를 향한 과정에서 실수나 애매한 행동이 나타나더라도 일의 완성에 목표를 두고 중간 보상을 과감하게 해야 한다. 보상이 이루어진 다음 목표까지 가려면 어떻게 대처해야 하는지, 어떻게 시간 관리를 해야 하는지 등 그 과정에 대해 부모와 아이가 마음을 열고 진실하게 대화를 나누어야 한다.

- 자신이 원하는 것을 확실히 이루고 나면 매우 능률적이고 계획적으로 변하므로 뚜렷한 목표를 정하도록 도와주어야 한다. 자신이 생각하고 있는 것이 무엇인지, 자신이 원하는 학습방법이나 직업정신은 무엇인지를 정확하게 인식시켜야 한다. 그들은 자신의 자존심을 지키기 위해서 또는 소심해서 자신의 생각을 함부로 드러내지 않기 때문에 충분한 대화가 필요하다.

- 토(土) 유형의 아이들은 습관이 중요하다. 아이들이 처음부터 어떻게 습관을 들이느냐에 따라 학습태도가 매우 달라진다. 그러므로 어린 시기에 부모가 아이의 학습태도를 어떻게 잡아주느냐에 따라 평생의 학습태도가 결정되는 경우가 많다.

- 「인내력이 강하고 고집 센 평화로운 성향」의 아이들은 표현하진 않지만 은근히 경쟁심도 있어서 칭찬과 격려가 많을수록 공부에 몰두하고 열심히 한다. 같은 장소에서 같은 시간에 규칙적으로 공부할 수 있도록 도와주는 것이 좋다. 「안정적인 현실지향 성향」의 아이들은 나태해

지고 게을러지기 쉬우므로 부모가 계속적으로 참여하여 학습 분위기를 이끌어주어야 한다.

- 부모는 이 유형의 아이가 원하지 않는 것을 해야 한다면, 이것을 제거해주는 것도 훌륭한 교육방법이다. 이 아이들에게는 사소한 것부터 자신이 직접 결정하고 실천할 수 있도록 격려해주어야 한다. 그런 다음, 조금씩 강도를 높여 가는 것도 좋은 방법이다.

7 토(土) 오행의 직업적성

- 사람과 사람 사이를 중재하고 소통하는 직업이 어울리므로 땅 · 부동산 · 건축 등의 관련 분야가 적합하다.

전공 분야	직업 분야
건축학, 내과, 농공계, 부동산학, 소아청소년학, 실업계, 외과,외교학, 육군, 이공계, 자연계열, 작곡, 종교계, 지질학과, 피부학, 한의학, 흉부외과, 토목학, 무역학, 교육학, 경영학, 정치학, 관광학, 산림학, 임업학	건축, 고전골동품, 공무원, 공원묘지, 관광 안내, 교도관, 교육, 군인, 낙농, 농산물, 도공예, 독서실, 무속, 부동산, 상담, 설계, 소개업, 스포츠, 시찰, 예술, 외교관, 운동선수, 원예, 유통, 임업, 정치, 조경, 종교, 중개업자, 중매, 지압, 철학, 축산, 컨설턴트, 토목

8 토(土)의 유명인 사주

가수

1979년 3월 21일 (음) 진(辰)시

시	일	월	연
戊	甲	戊	己 (乾)
辰	寅	辰	未

목(木)	화(火)	토(土)	금(金)	수(水)
2개	0개	6개	0개	0개
80점	0점	50점	0점	0점

안무가

1988년 6월 17일 (음) 오전 3시

시	일	월	연	
己	丙	己	戊	(坤)
丑	戌	未	辰	

목(木)	화(火)	토(土)	금(金)	수(水)
0개	1개	7개	0개	0개
0점	60점	70점	0점	0점

야구감독

1976년 8월 18일 (윤/음) 오전 3시

시	일	월	연	
己	丙	丁	丙	(乾)
丑	寅	酉	辰	

목(木)	화(火)	토(土)	금(金)	수(水)
1개	2개	3개	1개	0개
15점	50점	35점	30점	0점

국제기구 기관장

1944년 6월 13일 (양) 낮 12시

시	일	월	연	
戊	戊	庚	甲	(乾)
午	申	午	申	

목(木)	화(火)	토(土)	금(金)	수(水)
1개	2개	2개	3개	0개
10점	45점	40점	35점	0점

김영삼(1929~2015, 대한민국 제14대 대통령)

1928년 12월 4일 (음) 술(戌)시

시	일	월	연
甲	己	乙	戊 (乾)
戌	未	丑	辰

목(木)	화(火)	토(土)	금(金)	수(水)
2개	0개	6개	0개	1개
20점	0점	80점	0점	30점

세종대왕(1397~1450, 조선의 제4대 왕, 재위 기간 1418~1450)

1397년 5월 15일 (양) 진(辰)시

시	일	월	연
甲	壬	乙	丁 (乾)
辰	辰	巳	丑

목(木)	화(火)	토(土)	금(金)	수(水)
2개	2개	3개	0개	1개
20점	40점	40점	0점	30점

오드리 헵번(1929~1993, 배우)

1929년 5월 4일 (양) 오전 6시

시	일	월	연
丁	己	戊	己 (坤)
卯	酉	辰	巳

목(木)	화(火)	토(土)	금(金)	수(水)
1개	2개	4개	1개	0개
35점	20점	60점	15점	0점

이황(1501~1570, 호 퇴계, 조선의 문신·학자)

1501년 11월 25일 (음) 묘(卯)시

시	일	월	연
丁	己	庚	辛 (乾)
卯	丑	子	酉

목(木)	화(火)	토(土)	금(金)	수(水)
1개	1개	2개	3개	1개
15점	10점	45점	30점	30점

장일순(1928~1994, 한살림운동본부 결성, 생명운동 전개)

1928년 9월 3일 (음) 미(未)시

시	일	월	연
辛	己	壬	戊 (乾)
未	丑	戌	辰

목(木)	화(火)	토(土)	금(金)	수(水)
0개	0개	6개	1개	1개
0점	0점	95점	25점	10점

HIS STORY 누구하고나 잘 어울리고 소통한 토(土)의 장일순 선생님

무위당 장일순(張壹淳, 1928~1994)은 대한민국의 사회운동가이자 교육자이며 생명운동가이다. 도농 직거래 조직인 한살림을 만들었고 생명운동을 시작했다. 선생님을 찾아오는 사람 누구 하나 허투루 대하지 않고 정성을 다해 따뜻하게 맞이해 주셨다. 고민을 얘기하는 사람들에게 각자에게 맞는 방향과 갈 바를 알려주셨다. 무슨 일을 하느냐보다는 어떤 삶을 살아야 할지를 강조했고 더불어 사는 삶을 말씀하셨다. 사업하는 사람들에게는 손님을, 공무원들에게는 사람을 하늘처럼 정성을 다해 섬기라고 강조하셨다.

"현재는 과거의 결과이고, 미래는 현재의 결과이다. 내일의 자기 삶이 알고 싶은 사람은 오늘 자신이 어떻게 살고 있는지를 보면 된다."

— 『좁쌀 한 알』에서

오행(五行) — 토(土)

프리드리히 니체(Friedrich Wilhelm Nietzsche, 1844~1900, 독일의 시인·철학자)

1844년 10월 15일 (양) 진(辰)시

시	일	월	연
丙	戊	甲	甲 (乾)
辰	辰	戌	寅

목(木)	화(火)	토(土)	금(金)	수(水)
3개	1개	4개	0개	0개
30점	10점	75점	15점	0점

DAY

4

오행(五行) ─ 금(金)

| 금(金)은 한번 정한 것은 끝까지 밀고 나가는 믿음직스런 완벽주의이다.

완벽주의 금(金)의 리더십 봉테일, 봉준호

"기생충은 이미 대본에 개연성부터 미술적인 요소까지 잘 짜여 있었다."

— 이선균

"내가 뭔가를 받아 적으면서 메모하는 장면이 있었다. 평소 습관대로 펜을 쥐었는데 봉준호 감독님이 엄지를 세워서 쥐라고 하시더라. 펜 잡는 것까지 디테일하게 연출하신다."

— 조여정

"봉감독은 매우 정확하다. 촬영 들어가기 전에 이미 머릿속에 완벽하게 실현된 풍경이 다 있다."

— 틸다 스윈튼

"영화 『설국열차』에서 봉감독은 이미 머릿속에 설계된 스토리 라인이 있고 그걸 편집까지 맞춰 왔다. 마치 그는 집을 지을 때 '못 한 포대 주세요'라고 말하는 대신에 '못 53개가 필요하다'라고 말하는 것 같다."

— 크리스 에반스

"영화 『마더』를 할 때, 나이로는 아들뻘이지만 아무리 어려도 정말 똑똑한 사람이다. 천재적이고 정확하다. 지금껏 많은 감독과 작업을 해 봤지만 봉준호 감독은 머릿속에 자신이 원하는 것이 확실히 잡혀 있고 우물쭈물하는 법이 없다. 「봉테일」이라는 별명대로 빈틈이 없는 사람이다. 촉수가 이리저리 정확하게 뻗어 있는 것 같다."

— 김혜자

"독특한 친구가, 자기가 세상을 살아가는 본인만이 원칙이 있다. 세상은 그렇고 그런 것이 아니야. 아닌 걸 용납을 안 한다."

— 제작사 (주)싸이더스 대표

金

금(金)의 성격 분석

장 점

구체적 현실적 단계적이고, 논리성과 공정함을 추구하며, 주로 머리로 이성적인 결정을 한다.

객관적인, 결과를 만들어내는, 경험적인, 계획적인, 공평한, 공학적인, 관찰력이 뛰어난, 구조적인, 근검한, 기계적인, 기술적인, 기준이 정확한, 꼼꼼한, 노력하는, 논리적인, 단계적인, 도덕적인, 든든한, 디테일한, 마무리하는, 모범적인, 묵묵한, 반듯한, 반복적인, 봉사정신이 강한, 부지런한, 분석적인, 빈틈없는, 성취력이 뛰어난, 손재주가 많은, 솔직한, 실속있는, 실용적인, 실천적인, 약속을 지키는, 완벽한, 원칙적인, 의협심이 강한, 이성적인, 일관성 있는, 일 지향적인, 자기만의 공간이 필요한, 자신을 통제하는, 절약적인, 정리정돈하는, 정의로운, 정직한, 정확한, 준비하는, 진지한, 집중력이 뛰어난, 책임감 있는, 청결한, 체계적인, 합리적인, 헌신적인, 현실적인,

단 점

자기 생각을 강요하고 결정된 생각에 집착하며 작은 실수도 용납하지 않는다.

간섭하는, 강박적인, 고집불통, 지나치게 진지한, 과도한 자기 확신, 구두쇠, 극단적인, 까칠한, 날카로운, 논쟁하는, 단절하는, 단점을 찾아내는, 독재적인, 보복하는, 비판적인, 선입견이 강한, 설명하려는, 손해 보는 일이 없는, 아집이 센, 엄격한, 예민한, 욕심 많은, 유연성이 부족한, 융통성이 부족한, 이기적인, 인색한, 자기주장에 집착, 자기중심적, 잔소리가 심한, 잘난 척하는, 집착, 타인에게 강요하는, 타협하지 않는, 통보하는, 통제하는, 편협한, 평가하는, 평론하는, 포악한, 폭력적인, 흑백논리가 강한

직 업 적 성

기계를 잘 다루고 손재주가 필요한 분야, 계획된 틀 안에서 움직여지는 직업이 적성에 맞는다.

건설업, 건축학, 게임, 경찰, 공학, 군인, 기계, 기술, 디자인, 로봇, 미용기술, 비보이, 스타트업, 악기, 의상, 자동차, 조각, 철강, 체육학, 판화

별 명(애칭)

원칙주의자, 사감선생님, 교관, 도덕선생님, 바른생활, 엄근진(엄격, 근엄, 진지), 완벽주의자, 잔소리쟁이, 구두쇠, 불도저, 유교보이, 유교걸, 유교맨, 봉사맨, 청소부, 꼴통, 고집불통, 버럭이

상 징 동 물

개미, 고양이, 꿀벌, 황소

DAY 4 >> 오행(五行) — 금(金)

1 금(金)의 성격 특성

- 금(金)은 바위, 돌, 금속, 광물 등을 상징한다. 물[水]은 자신의 기질과 전혀 달라 보이는 기체도 되고 고체도 되듯이 변화무쌍하고, 불[火]은 쉽게 꺼지기도 쉽게 활활 타올라 건물과 산을 삼켜버리기도 한다. 하지만, 금(金)은 쉽게 변화가 생기지 않는다. 금(金)을 변화시키려면 아주 뜨거운 고열로 오랫동안 녹여야만 가능할뿐더러 녹았던 것도 식으면 곧 다시 딱딱한 금속이 되고 만다. 쉽게 변화하지 않으면서 변화하면 또다시 제자리로 돌아오는 것이 금(金)의 특성이다. 즉, 금(金)은 자신의 마음이나 생각을 쉽게 변화시키지도 않지만 변화되었다고 판단해도 어느 순간 다시 원래의 생각이나 마음을 유지한다.

- 또한, 수많은 변화도 가능하다. 칼, 시계, 도끼, 버스, 비행기, 기차, 배, 총 등 다양한 것들을 금(金)이 만들어낸다. 하지만 자신의 가장 큰 성질을 변화시키지 않는다. 즉 쉽게 변화하지 않는다. 매우 뜨거운 열로 오랫동안 가열해야 변화하고, 겉모습이 변화한 듯 보여도 다시 원상태의 기질을 갖고 있다. 금속을 녹여 배를 만들거나 총을 만들었다면 겉모습은 전혀 다른 모습으로 변했지만 기존의 딱딱하고 차가운 성질에는 변화가 없다.

- 금(金)의 모습에서 흐트러진 모습을 찾아보기란 쉽지 않다. 한번 생각한 것, 한번 정한 것은 끝까지 밀고 나간다. 그것이 자칫 고집으로 보일 수 있지만 의리로도 평가받는다. 한번 맺은 인연을 쉽게 끊어버리지 않는 성격으로 의리가 강한 타입이다.

- 금(金)은 결단력이 있고, 맺고 끊음이 정확하다. 오행(五行) 중에 가장 단단하고, 가장 강하고, 가장 날카롭다. 적천수(滴天髓)에서 금(金)은 숙살지기(肅殺之氣)라고 하여 금(金)에게 생명을 죽이는 힘이 있다고 보았다. 그만큼 금(金)의 기운은 강하다고 본 것이다.

- 그러나 금(金) 오행만을 특별히 취급하여 숙살지기로 표현한 것은 잘못이다. 왜냐하면, 금극목(金剋木)으로 목(木)의 뼈를 치고 들어가는 것이 금(金)이고, 금(金) 때문에 뼈가 상하니 다른 오행에 비해 갑작스럽게 뼈를 치고 들어가는 사고가 생긴다. 다른 오행은 서서히 병이 악화될 가능성이 크고 눈에 쉽게 띄지 않기 때문에 관심이 덜 가고, 금(金)은 교통사고나 낙상사고처럼 갑작스런 사건 사고이기에 쉽게 띄고 생명을 앗아간다고 본다. 그러므로 어떤 특별한 오행이라고 해서 생명을 앗아가는 것이 아니다. 각 오행의 과다(過多)나 고립(孤立)에 따라 생긴 병은 병명만 다를 뿐 생명 단축에는 비슷한 통계가 나온다.

2 금(金)의 발달(發達)

(1) 금(金)의 발달(發達)_ 정의

- 금(金)의 개수가 3개(월지 포함은 2개)이거나 점수가 30, 35, 40, 45점 정도이어야 금(金)이 발달했다고 볼 수 있다.
- 다만, 신월(申月)은 조심스럽게 접근해야 한다. 신월(申月)은 화(火) 30점으로 점수를 분석해야 한다.

(2) 금(金)의 발달(發達)_ 성격

- 금(金)이 발달한 사람은 상황에 따른 대처와 판단력이 빠르다.
- 맺고 끊음이 정확하고 결단력이 있다.
- 겉보기에는 냉정해 보이지만 내면은 따뜻한 정을 품고 있다.
- 모든 일에 과감하고 시작한 일은 신속하게 추진하며 마무리도 확실하게 한다.
- 의협심이 강하고 의리가 있으며 불의를 보면 참지 못한다.
- 자신의 속마음을 내보이지 않지만, 타인을 돕고 봉사정신이 강하다.

3 금(金)의 과다(過多)

(1) 금(金)의 과다(過多)_ 정의

- 금(金)의 개수가 4개 이상이거나 점수로는 50점 이상이어야 금(金)의 과다(過多)라고 볼 수 있다.
- 금(金)의 과다는 사주에서 금(金) 오행이 너무 많거나 크게 작용하는 것을 의미한다.

(2) 금(金)의 과다(過多)_ 성격

- 금(金)이 과다한 사람은 매우 날카롭고 매몰차다.
- 금(金)의 기운이 너무 강하면 독불장군처럼 고집불통이다. 사주 구성까지도 나쁘다면 난폭하고 폭력적이다.
- 자신만의 생각을 가족이나 주변 사람들에게 강요하거나 요구한다. 자신만의 독특한 사고를 통해 일을 실현하려고 한다. 그것이 손해 보는 일이어도 끈질기게 밀고 나간다.
- 자신의 뜻대로 일이 이루어지지 않으면 가까운 사람들에게 지속적으로 잔소리를 한다. 잔소

리와 간섭이 심하다는 소리를 주변 사람들로부터 듣지만 자신은 진리를 추구하면서 옳은 생각만 하고 도덕적인 말만 한다고 믿는다. 이들의 고집은 그 누구도 변화시킬 수 없다.

- 송곳 같은 말투가 가슴 약한 사람들한테는 질리게 한다. 아주 날카롭고 매서운 말투를 하면서도 간혹 던지는 농담으로 주변 사람들을 웃기기도 한다. 그러나 순간의 유머는 그리 오래 가지 않고 원래의 날카로운 말투로 이내 돌아온다.
- 이들은 비판적인 정신이 강하기 때문에 상대의 잘못을 지적하거나 포착하는 직업인 NGO, 경찰 등의 직업이 잘 어울린다.

4 경금(庚金)과 신금(辛金)

(1) 경금(庚金)_ 성격과 심리

- 준비가 철저하고 계획적이며 원리 원칙에 따르는 완벽함을 추구하는 성향이다.
- 자신이 정한 규칙에 따라 스스로 일을 찾아 계획적으로 밀고 나가면서 철두철미하게 끝맺음을 하지만, 지나치게 단계를 밟아가는 성격이어서 복잡하고 다양한 일은 감당하지 못하고 시기를 놓치기도 한다.

	긍정적 분석	부정적 분석
성격 심리 특성	• 머리가 총명하고 자기 능력에 대한 확신과 자긍심이 높다. • 자신이 하려는 일을 끈기 있게 밀고 나간다. • 생각한 일에 대해 결단성이 있고 추진 능력이 있다. • 성실하고 정의감이 강하며 논리적이다. • 한번 시작한 일은 신속하게 처리한다. • 원리원칙적이고 계획성이 탁월하다. • 맺고 끊음을 잘하고 좋고 싫음이 분명하다. • 의리를 중시한다. • 은근하고 듬직하다. • 신뢰성이 있다. • 인품이 중후하고 자기 조직에 대한 포용력이 있다. • 부지런하고 일의 결과가 완벽하다.	• 자기가 생각한 것을 고집하고 독선적이다. • 타인의 의견을 무시하고 비타협적이다. • 좋고 싫음이 분명하여 사람과의 관계가 폭넓지 못하다. • 결벽증이 있어 자기 스스로 피곤해진다. • 까탈스럽고 사람을 가려 사귄다. • 한번 아니라고 생각하면 물불을 가리지 않는다. • 자신이 정해진 룰에 타인도 움직이길 바란다. • 자기 중심적이고 융통성이 부족하다. • 자신의 계획이 어긋날 때는 흥분하거나 화를 내며 자신을 자책하기도 한다. • 따지기를 좋아하고 주변 사람을 피곤하게 한다. • 자신의 능력을 과신하고 자신감이 넘쳐 잘난 척하는 기질이 있다.

(2) 신금(辛金)_ 성격과 심리

- 감각이 예민하고 예리하며, 모든 일에 꼼꼼하고 분석적이며 냉철하다.
- 사람과의 관계에서 잘 믿지 못하지만, 한번 믿었던 사람은 끝까지 믿고 맡긴다.

	긍정적 분석	부정적 분석
성격 심리 특성	• 자기 절제력이 뛰어나고 일을 완벽하게 마무리 한다. • 총명하고 명석하며 냉철한 판단력이 있다. • 한번 결정한 것은 끝까지 밀고 나간다. • 자기 관리 능력이 뛰어나며 실수가 없다. • 분석적이며 논리정연하고 언변이 뛰어나다. • 머리가 뛰어나고 침착하게 처리한다. • 생각이 깊고 안정적이며 침착하다. • 원리원칙에 따르고 계획적이며 치밀하다. • 섬세하고 지혜로우며 현명하다. • 올곧은 성품으로 인상은 부드럽지만 속은 곧고 단호하다.	• 자기 주관적, 자기 중심적인 성품으로 양보심 이 부족하여 타협하지 않는다. • 논리적 분석적이어서 타인의 실수를 용납하지 않는다. • 냉소적 부정적 성격으로 타인에게 비판적이다. • 작은 것 하나하나 꼼꼼하게 따지고 잔소리가 심하다. • 자신이 생각한 대로만 끌고 가려고 한다. • 욕심이 많고 이기적이며 지기 싫어한다. • 예민하고 까탈스러우며 섬세하다. • 자만심이 강하다.

5 금(金) 유형 부모의 특성

- 금(金) 유형의 부모는 자녀에게 완벽한 삶을 요구하여 작은 실수도 지적하고 비판한다.
- 금(金) 유형의 부모는 계획적이고 구체적이며 정리정돈 되어 있는 완벽한 부모다.
- 금(金) 유형의 부모 밑에서 자란 자녀는 성인이 된 후 부모를 신뢰하고 부모가 시키는 대로 하면 안전하고 불안감이 없었던 것에 고마워한다. 그러나 부모가 지나치게 간섭하고 비판적 이어서 자신의 생활을 실천하기 어려웠다고 생각하기도 한다.

	긍정적 분석	부정적 분석
부모 특성	• 학교에서 필요한 준비물을 빈틈없이 준비한다. • 자녀의 방을 깨끗하게 청소하여 정리정돈하고, 옷도 청결하게 준비한다. • 자녀의 시간표와 시험일정 등에 따라 철저하게 준비하고 처음부터 빈틈없이 관리한다. • 틀린 문제를 다시 검토하여 다시는 실수하지 않도록 복습을 반복한다. • 자녀를 철두철미하게 관리한다.	• 작은 실수도 용납하지 않고 지적 비판한다. • 칭찬은 적고 비판은 많다. • 자녀에게 맡기지 않고 부모가 직접 확인하고 검토하려고 한다. • 보수적이고 집착이 강해서 자녀의 스케줄을 반복적으로 확인하여 자녀가 스트레스를 받는다. • 자녀에게 자신의 생각을 강요하고 자기와 똑같은 모습으로 만들려고 한다.

6 금(金) 유형 자녀의 특성과 키우는 방법

(1) 금(金) 유형 자녀의 특성

- 금(金) 유형의 완벽한 아이는 작은 일도 단계적으로 꼼꼼하게 처리하기 때문에 다른 사람들에 비해 스트레스를 아주 심하게 받는다.

- 이 유형의 아이들은 부모와의 관계가 잘 설정되면 공부도 1등을 하는데, 관계가 어긋나면 최악의 상태로 유지된다.

- 갖고 싶은 물건이나 하고 싶은 일에 대한 집착이 강해서, 공부나 학습자료인 경우에는 매우 긍정적인 학습태도를 보이지만 옷, 장난감, 게임인 경우에는 한 번 집착하면 쉽게 바뀌지 않기 때문에 부모와 갈등이 심하다.

- 자신의 가방, 책상, 방에 대한 집착도 있다. 자신의 물건이 자기가 정리한 대로 있지 않으면 공부를 포기하기도 한다.

- 이 유형의 완벽한 타입은 스트레스가 다른 사람에 비해 더 많다. 때문에 두통이나 복통을 호소하는 경우가 많다.

- 한국형 공부 스타일과 잘 어울린다. 학습 분위기가 자기 스타일로 잡혀있다고 생각하면 공부도 철저히 한다. 잘 준비된 환경에서 학습이 잘되는 아이들은 한국처럼 새벽부터 밤늦게까지 오랜 시간 꾸준히 공부하는 한국형에 잘 맞는다.

- 이 유형의 아이들은 마음 속에서 공부를 해야겠다고 마음먹으면 최고의 성적을 낸다. 하지만 부모, 선생님, 친구들과 갈등이 있으면 학교를 포기하거나 공부를 포기하는 등의 극단적인 상황까지 가는 태도를 보이기도 한다.

- 금(金) 유형의 아이는 객관적인 규칙과 원칙이 먼저다. 객관적인 규칙과 원칙을 정해놓고 그

것에 따라 결정하고 판단한다. 그러나 객관적이란 의미가 본인이 정해놓은 객관성을 의미기 때문에 객관화 자체에 한계가 있다.

- 모든 것이 규칙적이고 계획한 대로 살아간다. 그러므로 억지로 한 약속이나 마음으로 거부한 약속이 아닌 진심으로 결정된 약속은 가능한 한 철저하게 지킨다. 등교시간 같은 경우는 늦는 일이 거의 없다. 이 아이들이 지각하거나 결석하면 반드시 어떤 일이 발생했다고 봐야 한다. 선생님의 꾸중이나 갈등, 친구나 선배의 구타, 다툼 등 분명한 이유가 존재한다.

- 이유가 없는 한 무조건 약속은 지킨다. 이 유형의 아이들은 원칙이 중요하다. 반듯하게 정리된 자신의 방에 안정감을 느끼고 편안해하듯이, 미래도 결정되고 계획되어야 편안해진다.

(2) 금(金) 유형의 자녀를 어떻게 키워야 할까?

- 이 유형의 아이는 다른 사람의 결정에 맞추는 것처럼 보이지만 내면에 숨겨진 마음에는 그 결정에 앞서 자신이 정한 규칙과 원칙일 때에만 움직인다는 조건이 있다는 것을 명심해야 한다. 부모나 선생님, 주변 사람들이 내려준 결정에 따라 움직이는 것처럼 행동하기도 하는데, 아무리 권위에 의해 내려진 결론이라도 자신이 결정한 규칙과 원칙에서 완벽하게 벗어났다고 판단하면 어떤 어려운 상황과 고난이 닥쳐도 거부하는 고집이 있다. 그러므로 이들에게 세상은 하나의 길만 있지 않고 객관적인 것에도 변화와 변동이 있음을 알려주어 깨닫게 해야 한다.

- 부모나 선생님, 주변 사람들에 의해 결정되었어도, 본인이 선택하여 정해졌어도 선택된 상황을 고집하지 말고 늘 융통성 있게 살펴야 한다는 것을 가르쳐야 한다. 어릴 적부터 선택할 수 있는 종류를 몇 가지 주고 그것에서 선택하는 방법을 가르쳐서, 세상은 자신이 생각한 규칙과 원칙 외에도 수없이 많은 방법과 대안들이 존재하고 선택의 조건도 다양하다는 것을 알려주어야 한다.

- 금(金) 유형의 아이는 사람에 대해 관심을 가질 수 있도록 도와주어야 한다. 특히 식사시간은 매우 중요하다. 가족이 모여 서로의 말에 귀 기울이고 유쾌하게 서로의 생각을 주고받으면 아주 좋다. 식사시간 예절이 아주 바른 아이라면, 식사시간은 예절을 배우는 시간이 아니라 가족이 서로 대화하면서 즐겁고 편안한 좋은 시간임을 알려주어야 한다. 만약 식사시간에 버릇이 없다면 부모가 식탁에서 TV나 다른 행동에 집중하고 있어 아이들이 무시당하고 있다고 여겨 정서적으로 산만해졌다고 볼 수 있다.

- 타인의 의견에 함부로 끌려다니거나 남에게 쉽게 동화되지 않는다. 자신이 옳다고 생각한 것에 과감하고 결단력이 있으며 자신의 입장을 고집한다. 자신의 생각이나 마음에 대해 집

착일 정도로 고집할 때는 그 누구도 말리기 어렵다. 이럴 때는 식사시간이나 그 외 시간에 많은 대화를 나누어야 한다. 특히 자기와 다른 가치관을 갖고 있는 사람도 많다는 것을 알고, 그들 입장도 생각해볼 수 있도록 충분한 대화와 설득이 필요하다.

- 이들 유형은 항상 자신을 분석하고 개선해 나가려고 한다. 그러다 보니 연습벌레 소리를 들을 정도로 완벽의 완벽을 위해 반복적인 연습과 학습을 한다. 이들은 같은 것을 반복하고 계획된 일을 처리해야하기 때문에 멀리 내다보지 못한다. 늘 긴장하고 있으며, 철저하게 하다 보니 자연스러운 감성이나 다양한 감수성, 창의력의 발달이 그다지 높지 않다.

- 부모나 선생님은 이들과 함께 틀에 얽매지 않는 활동을 하는 것도 좋다. 연극, 창작, 그림 활동을 하면서 실수할 수도 있고, 실수해도 괜찮으며, 실수가 필요할 수도 있음을 알려주어야 한다. 이들에게 늘 완벽해야 된다는 집착이 필요하지 않다는 것을 알려준다. 또한, 아이들이 화를 내고 거부해도, 말다툼이나 갈등, 실수를 해도 이들에게 애정이 있다는 것을 분명하게 알려주고 신뢰하고 있음을 확신시켜준다. 그렇다면 이들의 완벽주의 성향은 조금씩 여유로워질 것이다. 가끔 공부나 자신이 하는 일에서 벗어나 새로운 환경을 보여주는 것도 좋다. 의외로 자유로워지고 즐거워할 것이다.

- 이들이 약속을 어긴다면 야단치고 혼내는 것보다는 분명히 어떤 이유가 있어 그렇게 행동했음을 알아차리고 충분한 대화로 풀어야 한다. 부모에게는 아무렇지 않은 일이라도 아이에게는 매우 심각할 수 있음을 명심하면서 대화한다.

- 아이들이 죄책감을 느끼거나 화가 나 부모와의 대화마저도 단절되지 않도록 주의하면서 그들의 생각이 무엇이고, 무엇을 원하는지를 서로 이야기해보자.

7 금(金) 오행의 직업적성

- 기계적이고 반복적이며, 손재주가 필요한 일 등이 적성에 맞는다.

전공 분야	직업 분야
성형외과, 외과, 육군, 의약계, 이공계, 이비인후과, 법학, 재정계, 정형외과, 치과, 피부과, 해군, 공학(컴퓨터공학·자동차공학·기계공학·로봇공학), ICT(정보통신기술), SNS(소셜 네트워크 서비스)	경비, 경제, 경찰, 공무원, 공학, 과학, 광업, 교육, 군인, 금융, 보석, 기계, 도자기, 도축업, 디자이너, 모터사이클, 법률, 보건, 선박, 요리사, 운수업, 의료, 의상, 자동차정비, 정치, 조각, 종교, 중장비, 철도, 철물, 치과, 컴퓨터, 통계, 피부미용, 항공, 헤어, 회계

8 금(金)의 유명인 사주

가수

1994년 9월 12일 (양) 묘(卯)시

시	일	월	연	
辛	辛	癸	甲	(乾)
卯	丑	酉	戌	

목(木)	화(火)	토(土)	금(金)	수(水)
2개	0개	2개	3개	1개
25점	0점	25점	70점	10점

배우

1972년 10월 8일 (양) 오전 1시

시	일	월	연	
庚	壬	己	壬	(乾)
子	申	酉	子	

목(木)	화(火)	토(土)	금(金)	수(水)
0개	0개	1개	3개	4개
0점	0점	10점	55점	65점

영화감독

1969년 9월 14일 (양) 신(申)시

시	일	월	연	
戊	壬	癸	己	(乾)
申	辰	酉	酉	

목(木)	화(火)	토(土)	금(金)	수(水)
0개	0개	3개	3개	2개
0점	0점	35점	55점	40점

이순신(1545~1598, 조선의 명장, 충무공)

1545년 4월 28일 (양) 해(亥)시

시	일	월	연		목(木)	화(火)	토(土)	금(金)	수(水)
丁	庚	辛	乙	(乾)	1개	3개	1개	2개	1개
亥	辰	巳	巳		10점	50점	15점	40점	15점

HIS STORY **전쟁에서 도망가는 병사를 용서하지 않았던, 깐깐함이 얼굴에도 나타난 이순신 장군**

2019년 7월 7일 흥미로운 기사가 실렸다. 일제강점기에 영국 화가 엘리자베스 키스가 충무공 이순신 장군의 실제 영정을 보고 그린 그림으로 추정되는 초상화가 발견되었다는 것이다. 이순신 장군의 실제 영정은 임진왜란 직후 그려진 것으로 알려졌고 잘 보존되어 내려오다가 일제강점기에 없어졌다고 한다. 1973년 4월 28일 박정희 대통령은 「충무공의 영정 및 동상에 대한 연구」를 지시했다. 이순신의 수많은 영정 중에서 1953년 장우성이 그린 현충사 소장 영정을 문화공보부는 1973년 5월에 공인했고 그해 10월에 국가표준 영정으로 지정하였다. 공인 이유를 담은 「이충무공, 세종대왕 영정 통보」에서 장우성 본에 대해서 "현충사에 봉안되어 성역화 이후 많은 국민에게 알려져 있으며 어느 영정보다도 기품이 있어 보이므로 이를 대체하기 어려움"이라고 평가했다. 현재 공인된 이순신 영정이 이순신 장군과 실제로 닮았다가 아니라 「국민에게 알려져 있음」, 「기품이 있어 보임」이 근거였기에 실제 모습으로는 가치가 부족하다. 그렇다면 이순신 장군의 실제 용모는 어떠했을까? 이순신 장군과 당대에 같이 살았던 사람들의 문헌을 통해 그의 모습을 복원해 볼까 한다. 이순신과 같은 해에 무과에 합격한 고상안(高尙顏)의 『태촌집』에는 1594년 3월에 한산도에서 이순신 장군을 직접 보고 남긴 평가가 남아있다.

"그 언론과 지모는 실로 난리를 평정할만한 재주였으나 생김이 풍만하지도 후덕하지도 않고 관상도 입술이 뒤집혀서 개인적인 생각으로는 복 있는 장수가 아닌듯하다."

또한, 윤휴의 「통제사 이충무공유사」에는

"나의 아버님께서 공의 딸을 외부(外婦, 소실)로 취하셨기에 나는 오히려 공의 문지기와 노비 및 공을 모셨던 사람을 만날 수 있었으니 공의 용모와 기호, 자세가 어떤 사람이었는지를 물을 수 있었다. 공은 키가 크고 용기가 뛰어났다. 수염이 붉었고 두려움이 없는 사람이었다. 평소에도 본래 몹시 분노하고 탄식하고 있었기에 적을 죽이면 반드시 간을 꺼냈다."

이처럼 이순신의 용모와 체형을 묘사한 것을 보면 엘리자베스 키스의 초상화와 비슷하다. 철저한 준비, 철두철미한 계획, 완벽한 승리 등을 보면 날카롭고 완벽하며 깐깐하고 원칙주의자였을 것으로 보인다.

간디(Mahatma Gandhi, 1869~1948, 인도의 민족운동 지도자이자 인도 건국의 아버지)

1869년 10월 2일 (양) 인(寅)시

시	일	월	연
庚	丙	癸	己 (乾)
寅	寅	酉	巳

목(木)	화(火)	토(土)	금(金)	수(水)
2개	2개	1개	2개	1개
30점	40점	10점	40점	10점

HIS STORY 신발 한 짝도 허투루 버리지 않은 완벽주의자 간디의 금(金)

인도의 민족운동 지도자이자 인도 건국의 아버지 마하트마 간디는 1869년 10월 2일 인도의 항구도시에서 상인 집안의 막내로 태어났다. 18살에 도시의 대학에 입학했지만 공부를 따라갈 수 없어 한 학기만에 학교를 그만두고, 영국으로 유학 가 영국 변호사 자격시험에 통과했다. 인도로 돌아와 변호사를 시작했는데 사무실 운영비도 벌지 못해 힘들었던 간디는 남아프리카 인도인 회사에서 변호사를 구한다는 소식을 듣고 남아프리카로 떠났다.

청년 간디가 남아프리카에서 변호사로 일할 때 일이다. 어느 날 간디는 출장을 가게 되었다. 기차 시간 임박해서 기차역에 도착하였는데 기차는 떠나고 있었다. 급하게 달려 기차에 오르다 한쪽 신발이 벗겨져 기차 밖으로 떨어졌고, 기차는 이미 출발하였기 때문에 그 신발을 주울 수 없었다. 그러자 간디는 신고 있던 한 짝 신발을 떨어진 신발 옆에 던졌다. 함께 있던 친구가 몹시 의아해하면서 물었다.

"왜 나머지 신발을 벗어 던졌는가?"

그러자 간디는 잔잔한 미소를 지으며 대답했다.

"누군가 저 신발을 줍는다면 두 쪽이 다 있어야 신을 수 있지 않은가."

공자(B.C.551~B.C.479, 중국 춘추시대의 사상가 · 학자)

기원전 551년 9월 28일 (양) 신(申)시

시	일	월	연
甲	庚	乙	癸 (乾)
申	子	酉	戌

목(木)	화(火)	토(土)	금(金)	수(水)
2개	0개	1개	3개	2개
20점	0점	10점	75점	25점

HIS STORY 제자의 실수도 용납하지 않은 금(金) 성향의 공자

공자가 제자들과 함께 채나라로 가는 도중 양식이 떨어져 채소만 먹으며 일주일을 버텼다. 걷기에도 지친 공자와 제자들은 어느 마을에서 잠시 쉬어가기로 했다. 마을에 도착하자마자 공자는 피곤해서 깜빡 잠이 들었다. 그 사이 제자 「안회」는 몰래 빠져나와 동네에서 쌀을 구해와서 밥을 지었다. 밥이 다 될 무렵 공자는 잠에서 깨어났다. 일주일은 밥구경을 못하다 코끝을 스치는 밥 냄새에 밖을 내다봤는데 마침 안회가 밥솥 뚜껑을 열고 밥을 한 움큼 집어 먹고 있는 중이었다.

공자는 생각했다. 안회가 평상시에 내가 먼저 먹지 않은 음식에는 손대지 않았는데 이것이 웬일일까? 너무 배가 고파서일까? 그래도 공자인 나도 배고픈 건 매한가지인데 스승 몰래 먼저 먹다니 지금까지 겸손하고 배려 많던 안회의 모습이 거짓일까?

조금 후에 안회가 밥상을 차려 공자 앞에 내려놓았다. 공자는 안회를 어떻게 가르칠까 생각하다가 한 가지 방법이 떠올랐다.

"안회야! 내가 방금 꿈을 꾸었는데 꿈속에서 선친을 보았는데 밥이 다 되거든 먼저 조상에게 제사를 지내라고 하는구나."

공자는 제사음식은 정갈하고 아무도 손대지 않아야 한다는 것을 안회도 알고 있기에 그가 먼저 밥을 먹은 것을 뉘우치게 하려는 것이었다. 안회가 말했다.

"스승님, 이 밥으로는 제사를 지낼 수가 없습니다. 제가 솥뚜껑을 여는 순간 천정에서 흙덩이가 떨어졌습니다. 스승님께 드리자니 더럽고 버리자니 아까워서 제가 그 부분을 먹었습니다. 제가 먼저 먹은 밥으로 제사를 드릴 수는 없습니다."

공자는 잠시 안회를 의심한 것이 한없이 부끄러웠다. 그리고 후회하고 반성하며 제자들에

게 말했다.

"예전에 나는 나의 눈을 믿었다. 그러나 나의 눈도 완전히 믿을 게 못 되는구나. 예전에 나는 나의 머리를 믿었다. 그러나 나의 머리도 완전히 믿을 것이 못 되는구나. 너희들을 알아주거나 한 사람을 이해한다는 것은 진정으로 어려운 일이다."

법정(1932~2010, 대한민국의 불교 승려이자 수필가)

1932년 10월 8일 (음) 낮 12시

시	일	월	연
壬	庚	庚	壬 (乾)
午	午	子	申

목(木)	화(火)	토(土)	금(金)	수(水)
0개	2개	0개	3개	3개
0점	30점	0점	50점	50점

HIS STORY 정리정돈과 빈틈없었던 무소유 법정스님

법정 스님은 2008년 입적하기 전 『아름다운 마무리』라는 산문집을 냈다. 스님은 입적하기 전날 밤, "내 것이라고 하는 것이 남아있다면 모두 맑고 향기로운 사회를 구현하는 활동에 사용해달라. 이제 시간과 공간을 버려야겠다."고 말씀하셨다. 또한 자신의 이름으로 출판한 모든 출판물은 더 이상 출간하지 말 것을 당부했다. 법정 스님은 평소에도 "번거롭고 부질없으며 많은 사람에게 수고만 끼치는 일체의 장례의식은 행하지 말고 관과 수의를 따로 마련하지 말며 편리하고 이웃에 방해되지 않는 곳에서 지체 없이 평소의 승복을 입은 상태로 다비해주고 사리를 찾으려 하지 말며 탑도 세우지 말라."고 말씀하셨다.

DAY

5

오행(五行) — 수(水)

생각 많고, 혼자 놀기 좋아하고, 사색의 시간을 즐겼던 수(水)의 이건희 회장

정신과 의사 장혜신 박사는 자신의 책 『남자 VS 남자』에서 이건희 회장을 「황제의 열등감」이라는 키워드로 풀어냈다. 이건희 회장을 강박증 성향에 해당하는 「정상에 선 쓸쓸함」이 아닌 「황제의 열등감」으로 분석한 것이다. 강박 성격의 사람은 감정 기능이 빈약하고 감정 표현이 드물며 주로 사고(思考)와 원칙을 사용한다. 이건희 회장의 취미가 「연구와 생각」이었다. 그의 방은 한 벽에 침대, 한 벽에는 책, 또 한 벽에는 대형 TV, VTR, 오디오가 있다고 했다. 또한, 재택근무를 자주 했는데 회사에 문제가 생겼을 때는 몇 시간이고 꼼짝 않고 그 자리에 앉아 생각에 잠겼다고 했다. 이건희는 말이 어눌했다. 그러나 생각의 속도는 빨랐다. 주위의 조언, 시대의 흐름 등에 휩쓸리지 않고 내면의 소리에 집중하는 능력이 뛰어났다. 이건희는 이러한 자질을 아버지에게 배웠다고 했다. 이건희는 어릴 적부터 말수가 적고 사람들과 어울리기보다 혼자 놀고 사색하는 시간이 많았다고 한다.

이건희 회장의 또 다른 성격은 「정보수집과 의심」이다. 끊임없는 의심을 갖고 의심이 해결될 때까지 집요하게 정보수집을 통해 완벽하게 이해하는 것이다. 그가 부회장이었을 때 벤츠와 BMW에서 새로운 모델이 발표되자마자 차를 구입하여 직접 운전을 해봤다고 한다. 엔진이 과열되지 않는지, 소음이 왜 없는지, 새로운 기술은 무엇인지 등 직접 시속 200~300km를 달려보고 차를 분해하여 조립도 해볼 정도로 차에 대해 분석하고 직접 정보를 수집하여 차 전문가가 되었다.

이건희 회장은 말에 관해서도 일가견이 있었다. 세계적인 혈통의 말을 여러 필 가지고 있었는데, 말을 구입할 때마다 세계 최고의 말이 어느 나라 어느 지방에 있는지, 그들을 어떻게 사육하는지, 언제 무엇을 얼마나 먹이는지, 말들에게 어떤 병이 있는지 등 말에 대해 전문가 수준으로 이해하기 위해 직접 끊임없이 정보수집을 했다.

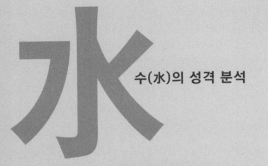 수(水)의 성격 분석

장 점

머리가 좋고 총명하며, 감수성이 발달하고 생각이 많으며 계산적이다.

가정적인, 감각이 발달한, 감성적인, 감수성이 뛰어난, 겸손한, 경험을 중시하는, 계산적인, 공부를 열심히 하는, 관찰하는, 기획력 있는, 꿈이 큰, 내향적인, 논리적인, 모성애가 넘치는, 문학적인, 배려하는, 보수적인, 분석하는, 비현실적인, 상상력이 좋은, 생각이 많은, 성실한, 세밀한, 수학적인, 시청각이 발달한, 심사숙고하는, 안전한, 암기력이 뛰어난, 연구하는, 열심히 하는, 유동적인, 유연한, 자세한, 적응하는, 전산적인, 정보수집적인, 조직에 헌신하는, 수리적인, 집중하는, 집착하는, 창의적인, 충성하는, 탐구하는, 파고드는, 혁신적 아이디어가 많은, 현명한, 호기심 많은, 확인하는, 희망이 큰

단 점

자기 감정을 다 드러내지 않으며, 생각하고 머뭇거리며, 자신감이 부족하다.

가스라이팅하는, 감정을 속이는, 거짓말하는, 걱정 많은, 경계하는, 고립된, 공허한, 과거에 매달리는, 과대망상적인, 남을 속이는, 단절하는, 두려워하는, 뒷담화하는, 망설이는, 몽상하는, 민감한, 변덕스러운, 부정적인, 불안한, 비관적인, 산만한, 생각 많은, 소심한, 속을 알 수 없는, 순간 폭발하는, 쉽게 토라지는, 실천력이 부족한, 안절부절하는, 양면적인, 어두운, 염려하는, 예민한, 욕망을 감춘, 욕망이 큰, 우울한, 우유부단한, 움츠린, 응큼한, 의심하는, 의존하는, 이중적인, 일확천금을 꿈꾸는, 자기방어적인, 자기 부정적, 자포자기, 잔머리를 굴리는, 잘난 척하는, 잘 삐지는, 장황한, 정서적 갈등이 심한, 조정하는, 질투하는, 집착하는, 허무한, 회피하는, 횡설수설하는, 배신하는

직 업 적 성

아이디어나 상상력을 발휘하거나, 수리적이고 논리적인 일이 적합하다.

건축, 게임, 경제, 과학, 관광경영, 교육, 금융, 냉동업, 대민서비스, 디자이너, 목욕탕, 무역, 문학, 물리, 바이오, 발명가, 법관, 보험, 블록체인, 수도사업, 수리, 수산물, 수학, 스타트업, 식품, 약학, 양어장, 양조장, 연구, 외교, 요식업, 유통, 유흥업, 음악, 의사, 작가, 작곡, 장의사, 정수기, 정치, 제약, 컴퓨터, 통계, 핀테크, 해운업, 헬스, 호텔, 화학, 회계

별 명 (애칭)

교수, 리모콘, 모범생, 브레인, 사기꾼, 선비, 소시오패스, 안개꽃, 여우, 연구원, 의심쟁이, 작가, 정보수집가, 지식인, 참모, 충성가, 컴퓨터, 탐구하는 사람, 호위무사, 배신자

상 징 동 물

올빼미, 부엉이, 박쥐, 사슴, 토끼, 여우

DAY 5 >> 오행(五行) ─ 수(水)

1 수(水)의 성격 특성

- 물[水]은 항상 땅 밑으로 숨어버리려는 성질이 있다. 물은 아래로 흘러가고, 땅으로 스며든다. 그러므로 땅 밑에는 수없이 많은 양의 물이 흐른다. 그것을 우리는 수맥이라고 한다. 바다 또한 육지 위에 올라와 있는 것이 아니라 육지보다 낮게 있고 바닷물이 육지 위로 넘치지 않는다.

- 물[水]은 육지 밑으로 향하고, 땅속에서 흐르기를 좋아하며 땅 아래로 흘러가길 좋아한다. 물이란 땅속에서든 땅 위에서든 항상 움직인다. 다만, 자신을 밑으로 낮추고 자신을 감추면서 흘러간다.

- 수(水)가 사주에 있는 사람은 자신을 쉽게 드러내지 않는다. 배짱이나 추진력이 있기보다는 보이지 않는 곳에서 또는 아래에서, 큰 무리보다는 소집단에서 자신이 있기를 원한다.

- 자신의 생각이 있다고 해도 물이 땅속으로 숨듯이 그것을 쉽게 표출하지 않는다. 생각을 감추고 쉽게 감정을 드러내지 않는다고 해서 꿈과 희망, 욕망이 없는 것이 아니다. 물은 항상 한곳에 머물러 있기보다는 움직인다. 그러므로 땅속에 흐르는 물처럼 겉으로는 자신을 낮추고 아래에 숨어 있지만 항상 욕망, 희망, 꿈이 가슴과 머리에서 계속 움직이고 용솟음치고 있다. 그러므로 겉으로는 평온해 보여도 머릿속에는 항상 다양한 생각이 여러 갈래로 복잡하게 얽혀 있다.

- 생각과 사고를 다방면으로 하기에 모든 일에 심사숙고하고, 생각이 끊이지 않기 때문에 머리를 계속 사용하여 지혜가 발달하였다. 즉 수(水)는 사고(思考)가 우선되고 상대에 대한 배려가 먼저이기에 행동보다 지혜가 발달하였다.

- 물[水]은 조용히 아래로 흐르거나 땅속에 스며들어 흐르지만 어느 순간 하늘로 올라가 가랑비가 되어 내리기도 하고 폭우가 되어 쏟아지기도 하며 태풍과 함께 온 세상을 덮치기도 하는 등 변화가 심하다. 평소 얌전한 사람이 순간 폭발하는 경우가 폭우나 태풍의 물 성질과 닮았다. 그러나 폭우나 태풍이 가끔 일어나듯이 순간적인 폭발도 자주 보여지지는 않는다.

- 물[水]은 지혜를 상징한다. 생각이 많기에 지혜가 발달하였다. 행동으로 실천하기에 앞서 상대와 자신에 대한 생각, 주변에 대한 생각 등 주변의 배려부터 해야 하기에 머리를 자주 사용하고 그로 인해 지혜가 싹튼 것이다.

- 물[水]은 규격화한 틀대로 움직인다. 자칫 물은 흐름에서 벗어나면 태양에 의해 말라버리거나 넘쳐버려 주변에 피해를 준다. 물[水]은 흐름을 따라 흘러가야지 벗어나서 큰 모험을 하게 되면 본인도 어디로 튈지 모르고 그로 인해 주변의 피해가 크다.

- 그러나 물처럼 유연한 것도 없다. 부드럽게 자신을 낮추고, 구불구불한 계곡도 적응하고, 오르고 내리고 좌우로 상황에 따라 자신을 변화시키듯이, 생각의 자유로움과 사고의 융통성이 넘친다. 둥근 그릇에 담으면 둥글게, 세모난 그릇에 담으면 세모로, 긴 병에 담으면 길게, 그 유연함과 융통성은 누구도 따라오지 못한다. 이런 유연한 성격이 줏대 없이 보이기도 하지만 크게 모험을 하지 않는 섬세함과 안정감과 깊은 사고력 등이 세상을 침착하게 발전시키는 원동력이 아닐까 싶다.

- 물은 어느 순간 기체가 되어 자신의 생각을 하늘로 날려 보내기도 하고, 어느 순간 고체가 되어 자신을 꽁꽁 닫아버리기도 한다. 눈에 보이지 않는 기체처럼 자신의 생각과 마음을 겉으로 드러내지 않기도 하고, 너무 오랫동안 감정이나 마음을 감추고 있다가 스트레스로 고체처럼 굳어버려 누구도 만나기 싫어하고 자신을 꽁꽁 얼려버리는 우울증이나 자폐증이 생기기도 한다.

2　수(水)의 발달(發達)

(1) 수(水)의 발달(發達)_ 정의

- 수(水)의 개수가 3개(월지 포함은 2개)이거나 점수가 30, 35, 40, 45점 정도이어야 수(水)가 발달했다고 볼 수 있다.

- 반드시 주의해야 할 것은 축월(丑月)과 축시(丑時)이다.

- 축토(丑土)가 사주 어느 곳에 있든 축(丑)의 근본 오행은 토(土)이다. 그러나 축토(丑土)가 월에 있을 때에는 겨울에 해당되어 개수는 토(土)이지만 점수는 수(水)가 된다.

- 축월(丑月)에 대한 해석은 정말 글로 설명하기에는 역부족이다. 축월(丑月)의 축토(丑土)는 물이 가득한 흙탕물로도 볼 수 있고 한없이 빠져드는 늪으로도 볼 수 있다. 흙탕물은 흙으로 보기에는 물이 더 많기 때문에 물로 보는 것이 더 정확하다.

- 축월(丑月)은 소한부터 입춘 전까지다. 소한에 해당하는 월은 한겨울 차가움이 살갗을 파고드는 달이다. 이 차가운 축월(丑月)을 막연히 축(丑)이 토(土)란 이유로 토(土)로 해석한다면 사주 해석에 커다란 오류를 겪게 된다.

- 시지(時支) 축토(丑土)는 겨울의 해자축월(亥子丑月)에서의 개수는 토(土)이지만, 점수는 수

(水)로 수(水)의 구실을 한다. 해자축월(亥子丑月) 한겨울의 축시(丑時)는 한밤중이므로 수(水)로서의 기운에 해당한다. 나머지 년(年)이나 일(日)은 축토(丑土)의 오행 그대로를 사용한다.

(2) 수(水)의 발달(發達)_ 성격

- 침착하고 내성적이지만 지혜롭고 총명하며 두뇌회전이 빠르고 기획력이 우수하다.
- 모든 일에 기획력과 계획성이 있어 치밀하다.
- 마음이 넓고 조직에 충성한다.
- 식견이 넓고 뛰어나며 배움에 대한 의욕도 크다.
- 이해력이 빠르고 순간적인 재치가 뛰어나 처세에도 능하고 아이디어 개발에 타의 추종을 불허한다.
- 한 분야에 전력하고 성실하게 자신의 타고난 재능과 성격을 잘 개발해 나가면 성공할 가능성이 크다.
- 성격이 예민하고 생각이 신중하여 철저한 준비 후에 행동한다.

3 수(水)의 과다(過多)

(1) 수(水)의 과다(過多)_ 정의

- 수(水)의 개수가 4개 이상이거나 점수는 50점 이상이어야 수(水)의 과다(過多)라고 볼 수 있다. 50점 이상이라도 사주가 균형 잡혀 있다면 오히려 발달의 기운이 존재한다.
- 수(水)의 과다는 사주에서 수(水) 오행이 너무 많거나 크게 작용하는 것을 의미한다.

(2) 수(水)의 과다(過多)_ 성격

- 수(水)는 지혜가 있다. 또한 수(水)는 노년기라 했다. 수(水)는 머리가 총명하고 지혜가 발달되어 있다. 그런데 지혜와 총명함이 과다(過多)하면 머리를 너무 굴려 잔재주가 넘치고 과도한 상상력과 너무 많은 생각 속에 빠져 헤어나오기 어렵다. 사주 구성이 나쁜 사람은 음모와 술수를 꾀하려고 한다.
- 생각이 많으니 자신감이 부족하고, 이 생각 저 생각에 사로잡혀 머릿속에 수없이 많은 성(城)을 쌓았다 부수고를 반복하다가 허송세월을 보내기도 한다.
- 자신의 생각이 주변 상황에 반복적으로 거부당하거나 억압당하면 자신감이 극도로 상실되

어 우울증이나 자폐증으로 발전할 수 있다.

- 냉정해 보이고 계산이 빠르며, 자존심이 굉장히 강하고 지는 것을 싫어한다. 아는 것도 많고 지혜도 깊고 총명하지만 자존심이 강해서 자기 주관대로 움직이는 것을 좋아하는데, 과도한 욕심으로 구설수에 오를 수 있다.

4 　임수(壬水)와 계수(癸水)

(1) 임수(壬水)_ 성격과 심리

- 창의력과 아이디어, 정보수집 능력과 수리력이 뛰어나다.
- 자신감과 창조력이 있고 총명함과 지혜가 뛰어나, 모든 일에 적극적이고 앞서 나가고 싶어서 욕심을 부린다.

	긍정적 분석	부정적 분석
성격 심리 특성	• 아이디어가 탁월하고 총명하며 머리 회전이 빠르고 기획력이 뛰어나다. • 항상 변화를 꿈꾸기 때문에 하나의 생각에 머무르지 않는다. • 예지능력과 마음을 읽는 능력이 뛰어나다. • 마음이 넓어 포용력이 있고 대범하다. • 친화력이 있고 대인관계가 무난하다. • 조직에 충성하고 부지런하고 성실하다. • 순간적 판단력과 적응력이 탁월하다. • 지식 정보의 수집능력과 숫자감각이 뛰어나다. • 암기능력이 뛰어나다. • 응용력과 수리적 능력이 뛰어나다.	• 생각이 너무 많고 쓸데없는 걱정이 많다. • 모든 일에 머리를 굴리고 권모술수에 능하다. • 너무 비상한 머리로 사람을 현혹시킨다. • 참을성이 부족하고 변덕이 심하다. • 타인을 무시하고 뒷담화를 하며 허세를 잘 부린다. • 시작은 잘하나 끝마무리가 약하다. • 허세가 심하고 일확천금을 꿈꾼다. • 너무 이기적이고 자기중심적이다. • 간혹 법과 도덕을 무시하고 자신의 뜻대로 밀고 나가려는 저돌적인 성향 때문에, 엉뚱한 욕심을 갖고 무모한 도전이나 투기를 한다.

(2) 계수(癸水)_ 성격과 심리

- 감성이 예민하고 섬세하며, 타인의 생각을 초월하는 상상력이 있으며, 신중하다.

	긍정적 분석	부정적 분석
성격 심리 특성	• 머리가 총명하고 재주가 있다. • 암기력과 응용력이 있고 수리능력이 뛰어나다. • 합리적 계획적이며 구조화된 일에 능력을 발휘한다. • 조직에 충성하고 섬세하고 꼼꼼하며 치밀하다. • 적응력이 뛰어나지만 없는 듯 있는 듯 자기를 잘 드러내지 않는다. • 원만하고 온화한 성품으로 남을 배려하고 친절하다. • 감수성이 뛰어나고 감각이 발달하였다. • 지식과 정보를 수집한다. • 자기감정을 조절하고 환경에 적응한다. • 자신과 가족을 지키기 위해 노력한다. • 상대를 읽는 능력이 뛰어나고, 주변과 조화를 이루기 위해 자신을 희생하기도 한다.	• 자기 감정을 드러내지 않는다. • 이중적인 마음으로 속마음을 알기 어렵다. • 신경이 예민하고 감정 기복이 심하며 우울한 생각이 많다. • 이익이 되느냐 안 되느냐에 따라 자신을 맡기는 경우가 종종 있다. • 손해 보는 일을 하지 않으며 자기중심적이어서 타인으로부터 욕을 먹는다. • 의지력과 끈기가 약하고 적극성이 부족하다. • 정이 많아 실속이 없고 타인에게 배신당하기 쉽다. • 일확천금의 꿈이 강하다. • 자신이나 가족이 위험에 빠지면 돌변하여 냉정하고 잔인해지며 분노하고 폭발하기도 한다.

5 수(水) 유형 부모의 특성

• 수(水) 유형의 부모는 생각이 많아 앞으로 일어날 일에 대해 걱정하고 대비한다.
• 수(水) 유형의 부모 밑에서 자란 자녀는 성인이 된 후 부모의 다양한 생각과 아이디어, 주변을 살펴보는 능력, 주변에 관심과 흥미를 갖게 된 것이 좋았다고 생각한다. 그러나 부모와 거리감이 느껴지고 늘 불안하거나 우울함 때문에 기분이 좋지 않았다고도 생각한다.

	긍정적 분석	부정적 분석
부모 특성	• 정보를 수집하고 집중하여 생각하기를 게을리하지 않는다. • 자녀에게 많은 지식과 정보를 주면서 모험보다는 안정된 삶에 대한 대처 능력을 알려주려고 한다.	• 작은 걱정이라도 있을 때 자녀가 다가오면 짜증을 내거나 권위를 내세워 야단치기도 한다. • 부모가 세운 계획에 자녀가 벗어나는 행동을 하면 잘못될까봐 두려워 간섭한다.

6 **수(水) 유형 자녀의 특성과 키우는 방법**

(1) 수(水) 유형 자녀의 특성

- 수(水) 유형의 아이는 변화, 새로운 것, 집중되는 타인의 시선 등에 다른 유형보다 두려움을 강하게 갖는다. 선생님이 자신에게 무엇을 시킬까? 무엇을 요구할까? 등을 두려워 한다.

- 안정된 공간, 편안한 학습공간이어야 능률이 올라간다.

- 지속적 적극적으로 참여하는 학습방법보다는 스스로 꾸준하게 할 수 있는 자체적인 공간이 필요하다.

- 아무렇지도 않은 상황이나 일에도 크게 생각하고 걱정하는 타입이어서, 자칫 부모님이나 선생님께 받는 사소한 꾸중이나 요구에도 두려움을 갖게 되어 책상 앞에는 앉아 있지만 머리 속으로는 공부보다는 주변 상황에 골몰하여 걱정하고 있을 가능성이 높다.

- 자신이 정해놓은 규칙이나 관심, 보살핌 등을 부담스럽게 생각한다.

- 내성적이고 비사교적이어서 경쟁을 싫어하고 친구와 어울리는 것도 싫어하여 서서히 학교 수업이 재미없어질 수도 있다.

(2) 수(水) 유형의 자녀를 어떻게 키워야 할까?

- 수(水) 유형의 아이는 다른 사람들의 시선이 집중되는 것을 두려워하고 싫어한다. 등교할 때도 평범한 옷을 선호하고 도시락도 국물이 흐르는 반찬은 엄청난 스트레스를 받는다. 그러므로 튀는 옷이나 흐르는 국물 등으로 친구들에게 시선을 받는다면 학교 가는 것 자체를 거부할 수도 있다. 그래서 등교시간, 약속시간 등을 지키지 않을 수도 있다.

- 대체로 수(水) 유형의 아이들은 약속을 잘 지키며 약속을 지키기 위해 미리미리 체크해 놓는 편이다. 다만, 예상치 못한 변화에 두려움이 있기 때문에 학교에서 선생님이 모르거나 어려운 문제를 질문할까봐 학교 가기가 두려워지기도 한다.

- 생각하는 수(水) 유형의 아이는 자신의 공간과 생각 속에서 정보를 수집하거나 상상하는 것을 더 편안하게 여기기 때문에, 학교에서 친구들과의 경쟁을 싫어하고 친구들과 어울리는 것도 익숙하지 않아 수업이나 학교가 재미없을 가능성이 높다. 이들에게는 세상은 사람과 사람의 관계 속에서 이루어지고 사교적인 성격과 활동적인 성격이 반드시 필요하다는 것을 알려주어야 한다.

- 예상치 못한 일에 대한 두려움이 크고 자신이 감당하기 어려운 문제에 대해 회피성향이 크므로 새로운 변화에 대처할 수 있도록 도와주고 어려운 문제가 닥치더라도 도전하는 방법을

길러주는 것이 좋다.

- 틀리는 것보다 도전하지 않는 것이 더 큰 문제라는 것을 알려주어야 한다. 누구나 틀릴 수 있고, 누구나 완벽하지는 않다는 것을 알려준다. 한 번 더 도전하고 모험하며 행동하는 것이 활기차게 살아가는 방법임을 꼭 알려주어야 한다.

- 새로운 정보나 다른 사람에 대한 비밀 등을 서로 함께 나눔으로써 친밀감이 생긴다고 생각하므로, 부모나 선생님은 이들이 서로 비밀을 공유하고 있다는 생각을 가지도록 충분한 대화를 나누어야 한다. 그렇지만 자신과 친구, 가족에 대한 이야기를 함부로 이야기하는 것을 좋아하지 않는다. 내가 잘 알지 못하는 사람이나 내가 신뢰할만한 사람이 아닌 사람들과는 별로 이야기하고 싶어하지 않는다. 그러므로 이들과 비밀을 공유하려면 꽤 오랜 기간 신뢰를 쌓아야 하고 충분한 대화를 나누어야 한다.

- 혼자 있을 때 안정감을 느끼고 신이 나서 더 많은 생각을 하여 많은 정보와 생각을 이루어낼 수 있다고 생각한다. 이와 함께 감정적인 성향도 강하여 어느 특정분야에 대해 상당한 정보와 지식을 가지고 있어 자신이 알고 있는 정보를 잘 들어주고 내 영역을 존중해 주는 사람은 믿을 수 있다고 생각한다.

- 이 유형의 아이는 세상 사람들과 떨어져 지내는 듯이 보이지만, 그 시간에 더 많은 정보를 수집하고 지식을 쌓으며 상대를 연구하고 분석 관찰하여 더 가깝고 밀접한 관계를 만들어간다. 그러므로 혼자 자신의 방이나 자신만의 공간에서 나오지 않는다고 해서 사람을 전혀 싫어하는 것이 아니므로 정보나 지식이 없어도 충분히 친구나 사람을 만날 수 있음을 알려주어야 하고, 정보와 지식을 쌓을 수 있도록 옆에서 많은 대화를 나누고 다른 사람들이 원하는 진정한 정보와 지식이 무엇인지를 알려주는 것이 필요하다.

- 자신이 무엇을 얻고 싶은지 잘 모른다면 부모와 선생님이 그들에게 흥미를 갖고 정보와 지식을 얻을 수 있는 유익한 환경을 만들어줘야 한다. 직접적으로 행동하는 방법을 교육하는 것보다 간접적, 관찰적인 참여방법을 가르치는 것이 좋다.

- 이 유형의 아이는 자기와 아주 가까운 사람과 중요한 사람들로부터 칭찬받기를 원하지만, 자신이 칭찬받거나 인정받고 싶은 마음을 표현하지 않는다. 어떤 일을 처리하거나 방법을 준비할 때 다른 사람의 도움과 조언을 구하기보다는 자신에게 의존하는 편이다. 그러나 자신이 철저하게 의존할 수 있고 신뢰할 수 있는 사람이 있다면 도움을 청할 수도 있다.

7 수(水) 오행의 직업적성

• 수리적, 계산적, 논리적, 분석적인 직업과 상상력이 필요한 직업이 적합하다.

전공 분야	직업 분야
경영, 경제, 교육계, 무역, 물리, 미생물학, 법조계, 비뇨기과, 산부인과, 상업계, 생물학, 수학, 식품영양학, 의학, 임상병리학, 전산통계학, 전자계산학, 전자공학, 정보관리학, 정보처리학, 해군, 회계학	경영지도사, 경제, 공인회계사, 관광경영, 교육, 금융, 냉동업, 목욕탕, 무역, 문학, 물리학자, 법관, 보험, 생물학자, 수도사업, 수산물, 수학, 시스템분석, 시스템엔지니어, 식품, 약사, 양어장, 양조장, 영업, 외교, 요식업, 유통, 유흥업, 은행원, 음악가, 의사, 장의사, 정수기, 정치, 컴퓨터그래픽디자이너, 컴퓨터설계자, 통계, 프로그래머, 해운업, 호텔, 회계

8 수(水)의 유명인 사주

작가

1963년 1월 31일 (양) 진(辰)시

시	일	월	연
戊	甲	癸	壬 (坤)
辰	戌	丑	寅

목(木)	화(火)	토(土)	금(金)	수(水)
2개	0개	4개	0개	2개
40점	0점	40점	0점	50점

정치인

1956년 12월 21일 (음) 오전 5시

시	일	월	연
癸	壬	庚	丙 (乾)
卯	戌	子	申

목(木)	화(火)	토(土)	금(金)	수(水)
1개	1개	1개	2개	3개
15점	10점	15점	20점	70점

작가

1942년 12월 22일 (음) 유(酉)시

시	일	월	연	
乙	乙	癸	壬	(坤)
酉	酉	丑	午	

목(木)	화(火)	토(土)	금(金)	수(水)
2개	1개	1개	2개	2개
40점	10점	0점	30점	50점

작가

1972년 1월 7일 (양) 오전 10시

시	일	월	연	
乙	丁	辛	辛	(坤)
巳	酉	丑	亥	

목(木)	화(火)	토(土)	금(金)	수(水)
1개	2개	1개	3개	1개
10점	45점	0점	35점	40점

김기덕(1960~2020, 영화감독)

1960년 12월 20일 (양) 낮 12시

시	일	월	연	
丙	壬	戊	庚	(乾)
午	午	子	子	

목(木)	화(火)	토(土)	금(金)	수(水)
0개	3개	1개	1개	3개
0점	40점	10점	10점	70점

김대중(1924~2009, 제15대 대통령)

1924년 1월 6일 (양) 오후 4시 30분

시	일	월	연
壬	甲	甲	癸 (乾)
申	申	子	亥

목(木)	화(火)	토(土)	금(金)	수(水)
2개	0개	0개	2개	4개
40점	0점	0점	30점	60점

HIS STORY 5시간 15분의 연설로 기네스북에 오른 수(水)의 기운이 강한 김대중 대통령

김대중 전 대통령은 사주에 목(木)과 수(水)가 강해서 2가지 성향이 동시에 존재한다.

김대중 연설을 담당했던 강원국은 "김대중 대통령은 생각의 과녁이 너무 넓어 맞히기 어려웠다."고 하였다. 「생각이 너무 많고 너무 크다」는 것이 오행 수(水)의 특징을 그대로 드러낸다.

김대중 전 대통령은 기네스북에 이름을 올린 것으로도 유명하다. 초선의원 시절 법안 통과를 저지하기 위해서 표결 직전 의사진행 방해를 위해 필리버스터로 원고 1장 없이 무려 5시간 15분 동안 연설하였다. 이는 세계 최장시간 국회 연설로 기록되었다.

이 또한 오행 수(水)의 암기능력 정보저장능력과 관련이 있어 가능하였다. 5시간 쉬지 않고 연설하기 위해 개요만 작성한 채 현장에서 연설하였는데 그 내용을 풀어 놓은 걸 보면 미리 작성한 논술처럼 완벽하였다.

김대중은 자신만의 경제이론과 외교안보이론이 있었다. 사형선고를 받고 쓴 일기에도 경제 이야기가 나온다. 미국 하버드대학에 유학 가서 쓴 논문 주제도 「대중 참여 경제」이다. 경제에 관심도 많았지만 경제학자 이상으로 박학하였다. 수(水)가 지닌 수리능력, 경제능력을 마음껏 보여준 것이다.

그 외에도 우주산업 육성, 국가 과학기술 행정체계 기틀마련, IT강국의 포석 등 과학기술을 선도한 대통령이었다.

박지원(1737~1805, 호 연암, 조선후기 실학자 겸 소설가)

1737년 2월 5일 (음) 축(丑)시

시	일	월	연
癸	癸	癸	丁 (乾)
丑	亥	卯	巳

목(木)	화(火)	토(土)	금(金)	수(水)
1개	2개	1개	0개	4개
30점	20점	15점	0점	65점

사도세자(1735~1762, 조선 제21대 영조의 둘째 아들이자 제22대 정조의 아버지)

1735년 2월 13일 (양) 술(戌)시

시	일	월	연
庚	壬	戊	乙 (乾)
戌	辰	寅	卯

목(木)	화(火)	토(土)	금(金)	수(水)
3개	0개	3개	1개	1개
20점	0점	40점	10점	60점

신사임당(1504~1551, 조선의 문인·화가·시인, 율곡 이이의 어머니)

1504년 10월 29일 (음) 진(辰)시

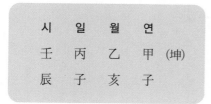

시	일	월	연
壬	丙	乙	甲 (坤)
辰	子	亥	子

목(木)	화(火)	토(土)	금(金)	수(水)
2개	1개	1개	0개	4개
20점	30점	15점	0점	65점

에밀리 디킨슨(Emily Dickinson, 1830~1886, 시인)

1830년 12월 10일 (양) 자(子)시

시	일	월	연
丙	庚	戊	庚 (坤)
子	戌	子	寅

목(木)	화(火)	토(土)	금(金)	수(水)
1개	1개	2개	2개	2개
10점	10점	25점	40점	45점

HER STORY 시에도 걱정과 두려움이 가득한 수(水)의 에밀리 디킨슨

미국의 시인으로 자연과 사랑 외에도 청교도주의를 배경으로 한 죽음과 영원 등의 주제를 많이 다루었다. 디킨슨은 감수성이 너무 풍부한 나머지 말년을 은둔자로 보냈다. 성경, 셰익스피어 작품, 고전 신화와 관련된 작품을 꿰뚫고 있었다. 수줍음이 많고 은둔하는 문학인이었다. 책이 유일한 친구였다.

디킨슨의 간결하면서 이미지즘적인 스타일은 현대적이고 혁신적이었다. 그녀는 가능한 한 단어로 응축된 추상적인 사고와 구체적인 사물을 결합하였다. 그녀는 마음의 어둡고 감추어진 부분을 탐구하면서 죽음과 무덤을 극화하기도 했다. 또한, 꽃과 벌 같은 단순한 사물을 찬미함과 동시에 시간에 갇힌 인간 의식의 한계에 대한 전통스러운 역설을 일깨우는 등 폭넓고 대단한 지적 능력을 보여준다.

어떤 비평자는 그녀의 신비로운 면을 강조하고, 어떤 비평가는 그녀의 자연에 대한 감수성을 강조한다. 그리고 그녀의 독특하고 이국적인 감성에 주목한다.

< 시 288번 >

전 무명입니다! 당신은 누구인가요?

당신도 무명인가요?

그럼 우린 같은 처지인가요?

입 다물고 있어요, 사람들이 소문낼지 모르니까

아시다시피

정말 끔찍해요, 유명인이 된다는 건

정말 요란해요, 개구리처럼

긴긴 6월에 존경심 가득한 늪을 향해

개골개골 제 이름을 외쳐대니

나는 무명인이오! 당신은 누구신지요?

당신도 역시 무명인이라고요?

그럼 우리는 한 팀이군요?

말하지 마세요! 그들이 알릴테니 ― 당신이 알다시피!

유명인 된다는 것은 얼마나 쓸쓸한가!

얼마나 공공연한가 ― 개구리처럼 ―

자신의 이름을 이야기한다는 것이 ― 기나긴 유월 내내 ―

감탄하는 늪을 향해

이이(1536~1584, 호 율곡, 조선의 학자, 문신)

1537년 12월 26일 (음) 인(寅)시

시	일	월	연
壬	丁	辛	丙 (乾)
寅	未	丑	申

목(木)	화(火)	토(土)	금(金)	수(水)
1개	2개	2개	2개	1개
0점	40점	15점	20점	55점

이건희(1942~2020, 기업인, 삼성 제2대 총수)

1942년 1월 9일 (양) 오전 10시 15분

시	일	월	연
乙	壬	辛	辛 (乾)
巳	戌	丑	巳

목(木)	화(火)	토(土)	금(金)	수(水)
1개	2개	2개	2개	1개
10점	25점	15점	20점	60점

이병철(1910~1987, 삼성 창업주이자 초대 회장)

1910년 2월 12일 (양) 술(戌)시

시	일	월	연
壬	戊	戊	庚 (乾)
戌	申	寅	戌

목(木)	화(火)	토(土)	금(金)	수(水)
1개	0개	4개	2개	1개
0점	0점	65점	25점	40점

HIS STORY **생활비도 계산한 이병철 회장의 수(水) 성향**

이병철 회장은 사주에 수(水)와 재성(財星)의 발달이 나오듯이 언론 기고문 등을 보면 수(數)에 대한 감각이 남달랐다.

1980년대 초 삼성그룹 회장 비서실 팀장을 지낸 고(故) 정준명씨는 2010년 2월 《중앙일보》에 호암 이병철 탄생 100주년을 맞아 이병철을 추모하는 기고를 했다.

"댁의 생활비, 공사 간의 개인적 지출 명세를 매달 찾아 점검하고 지난달보다 지출이 많은 달은 반드시 언급을 해서 바로잡았다."

재벌그룹 회장이 생활비를 일일이 검토하고 챙긴다는 것이 이상하지만 이병철 회장의 성격을 읽을 수 있다. 삼성그룹의 시스템 경영은 이병철 회장의 계산적이고 수리적이며 꼼꼼함 때문이었을 것이다. 이병철 회장은 대단한 메모광이기도 했다. 해야 할 일, 만날 사람, 전화할 곳 등은 메모지에 적어놓고 정해진 일정을 소화했다.

이병철 회장의 성격은 녹록하지 않고 깔끔하고 호사스러운 편이었다고 한다. 옷도 명주로 된 한복을 즐겨 입었다. 아침에 새 옷을 입고 나갔다가 오후에 잠깐 집에 들어왔다가 다시 나갈 때도 반드시 새 옷으로 갈아입고 나갔다. 옷도 얼마나 깔끔하게 입는지 먼지가 없었고 늘 새 옷을 입고 외출하였다.

DAY
6

오행(五行) —
오행의 비화(比和), 상생(相生)과 상극(相剋)

TV 프로그램에서 오행의 상생(相生)과 상극(相剋)을 배우다

유심히 보는 TV 프로그램이 있다. 오은영 박사의 《요즘 육아 금쪽같은 내 새끼》, 《금쪽 상담소》, 강형욱 훈련사의 《개는 훌륭하다》와 같은 프로그램이다. 이 프로그램을 보면서 인생을 배우는 것은 물론 오행의 상생과 상극을 발견하곤 한다.

《요즘 육아 금쪽같은 내 새끼》를 보면, 부모가 사랑을 주다 못해 집착하고, 아이가 원하는 대로 모든 것을 주었을 때 통제와 절제 능력이 떨어지며, 쉽게 화를 내고 자기 뜻대로 되지 않으니 공격적으로 변하곤 한다. 《개는 훌륭하다》에 나오는 반려견도 마찬가지다. 아이나 반려견이나 비슷한 상황에 직면하게 된다. 자녀를 양육하거나 개를 키우는 원리가 비슷하다고 느껴졌다.

과도한 무조건적, 집착적인 사랑을 사주명리학에서는 오행 상생의 과도한 상생으로 볼 수 있다. 오행은, 목(木)이 화(火)를 생(生)하고, 화(火)는 토(土)를 생(生)하고, 토(土)는 금(金)을 생(生)하고, 금(金)은 수(水)를 생(生)하고, 수(水)는 목(木)을 생(生)하는 관계를 형성하는데, 약한 기운(오행)을 생하는 것은 적합하지만, 모든 것을 주는 과도한 생은 오히려 문제가 발생한다.

한편 과도한 훈육, 지나친 폭력, 불규칙적으로 내는 화, 무차별적 폭력 등 문제의 모습을 볼 수 있는데, 오행의 상극도 마찬가지다. 적당한 통제와 교육, 훈육은 다양한 사람들과 어울리면서 사회생활을 하는 데 필요하지만, 감정적인 폭력을 휘두르는 부모 아래에서 성장하면 문제가 일어날 확률이 높다. 이처럼, 너무 과도한 상극은 인생에서 사건 사고에 직면할 가능성이 높다.

사주명리학 오행의 상생과 상극 원리와 오은영 박사의 자녀 양육, 강형욱 훈련사의 개 훈련의 원리는 이토록 정확하게 닮아 있다.

DAY 6 >> 오행(五行) ─
오행의 비화(比和), 상생(相生)과 상극(相剋)

1 　오행의 비화(比和)

- 오행의 비화(比和)는 같은 오행을 말한다. 비화(比和)의 「비(比)」는 나란할 비(比)로 두 사람이 함께 서 있는 모습을 형상화한 글자로, 「나란하다, 붙어 있다」는 뜻이다. 비화(比和)의 「화(和)」는 「화목하다, 온화하다, 서로 뜻이 맞아 사이가 좋은 상태」를 말한다.

- 목(木)이 목(木)을 만날 때, 화(火)가 화(火)를 만날 때, 토(土)가 토(土)를 만날 때, 금(金)이 금(金)을 만날 때, 수(水)가 수(水)를 만날 때를 「비화(比和)」라고 한다.

- 그렇다면 같은 오행을 만나면 무조건 좋은가? 그렇지 않다. 사주 원국의 태과다한 오행과 같은 오행을 만나면 부정적일 가능성이 높고, 사주 원국에 없거나 고립되었거나 발달한 오행을 만나면 긍정적일 가능성이 높다.
  ① 목(木)이 고립되었으면 목(木)이 필요하다. 목(木)이 없으면 목(木)이 필요하다.
  ② 화(火)가 고립되었으면 화(火)가 필요하다. 화(火)가 없으면 화(火)가 필요하다.
  ③ 토(土)가 고립되었으면 토(土)가 필요하다. 토(土)가 없으면 토(土)가 필요하다.
  ④ 금(金)이 고립되었으면 금(金)이 필요하다. 금(金)이 없으면 금(金)이 필요하다.
  ⑤ 수(水)가 고립되었으면 수(水)가 필요하다. 수(水)가 없으면 수(水)가 필요하다.

2 　오행의 상생(相生)

- 생(生)은 「낳는다, 도와준다」는 의미다.

- 오행(五行)은 서로[相] 생(生)하는 상생(相生)이 있다. 오행의 상생(相生)은 서로 주고받는 상생(相生)이 아니고, 목(木)은 화(火)를 생하고[목생화(木生火)], 화(火)는 토(土)를 생하고[화생토(火生土)], 토(土)는 금(金)을 생하고[토생금(土生金)], 금(金)은 수(水)를 생하고[금생수(金生水)], 수(水)는 목(목)을 생하는[수생목(水生木)] 것이다. 이처럼 이어지면서 목(木)에서 시작한 생이 다시 목(木)으로 돌아오는데, 서로가 생으로 연결되어 있기 때문에 상생(相生)이라고 한다.

- 고립의 오행을 생(生)하는 것은 매우 긍정적인 역할이다. 예를 들어, 목(木)이 고립되었을 때는 목(木)을 생(生)하는 수(水) 오행이 사주 주인공에게 중요한 역할을 한다.

- 수(水) 오행의 색상인 검정색, 방향인 북쪽을 활용할 때 사주 주인공의 삶을 긍정적으로 바꿀 수 있다.
- 수(水)에 해당하는 성격이 단점으로 나타날 가능성이 높으므로, 수(水)의 장점을 강화시킨다면 사주를 보완하고 성장시킬 수 있다.

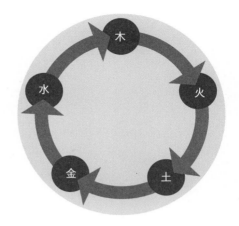

목(木)은 화(火)를 생한다.	생(生) 목(木) → 화(火)	화(火)가 고립되면 목(木)이 필요하다.
화(火)는 토(土)를 생한다.	생(生) 화(火) → 토(土)	토(土)가 고립되면 화(火)가 필요하다.
토(土)는 금(金)을 생한다.	생(生) 토(土) → 금(金)	금(金)이 고립되면 토(土)가 필요하다.
금(金)은 수(水)를 생한다.	생(生) 금(金) → 수(水)	수(水)가 고립되면 금(金)이 필요하다.
수(水)는 목(木)을 생한다.	생(生) 수(水) → 목(木)	목(木)이 고립되면 수(水)가 필요하다.

3 오행의 상극(相剋)

- 오행(五行)은 서로 생(生)하기도 하지만 서로 극(剋)하기도 한다.
- 극(剋)은 「자극하고 억누른다」는 의미다.
- 오행(五行)은 서로[相] 극(剋)하는 상극(相剋)이 있다. 오행의 상극(相剋)은 상대와 둘이 서로 주고받는 상극(相剋)이 아니고, 목(木)이 토(土)를 극하고[목극토(木剋土)], 토(土)는 수(水)를 극하고[토극수(土剋水)], 수(水)는 화(火)를 극하고[수극화(水剋火)], 화(火)는 금(金)을 극하고[화극금(火剋金)], 금(金)은 목(木)을 극하는[금극목(金剋木)] 관계이다. 이처럼 이어지면서 목(木)에서 시작한 극이 다시 목(木)으로 돌아오는데, 서로가 극으로 연결되어 있기 때문에 상극(相剋)이라고 한다.
- 태과다, 과다 오행을 극하는 오행을 활용하면 인생을 긍정적, 희망적으로 발전시킬 수 있다.

- 고립이나 약한 오행을 극하는 오행을 활용하면 부정적인 사건 사고가 생겨 후회하게 될 수 있다.
- 오행 활용에는 색상, 방향 등에서부터 의상 코디, 실내 인테리어 등까지, 대운(大運)이나 연운(年運)에 활용하는 방법이 다양하다.

목(木)은 토(土)를 극한다.	극(剋) 목(木) → 토(土)	토(土)가 과다하면 목(木)으로 극(剋)해 준다.
토(土)는 수(水)를 극한다.	극(剋) 토(土) → 수(水)	수(水)가 과다하면 토(土)로 극(剋)해 준다.
수(水)는 화(火)를 극한다.	극(剋) 수(水) → 화(火)	화(火)가 과다하면 수(水)로 극(剋)해 준다.
화(火)는 금(金)을 극한다.	극(剋) 화(火) → 금(金)	금(金)이 과다하면 화(火)로 극(剋)해 준다.
금(金)은 목(木)을 극한다.	극(剋) 금(金) → 목(木)	목(木)이 과다하면 금(金)으로 극(剋)해 준다.

4 오행(五行)의 비화(比和)·상생(相生)·상극(相剋)의 반작용

- 같은 오행이나 상생은 언제나 좋고, 상극은 언제나 나쁘다고 생각하는 경우가 많다. 그러나 너무 과도하면 과유불급이다. 오히려 삶에 불리하게 작용하는 경우가 많다.

(1) 비화(比和)의 반작용

- 같은 오행은 비화(比和)이다. 어깨를 나란히 하는 오행, 친구 같은 오행, 비슷한 오행, 같은 오행이다.
- 그렇다면 같은 오행은 무조건 좋을까? 답은 「아니다.」
- 고립오행·발달오행은 같은 오행이 오면 좋다. 과다오행은 같은 오행인 비화(比和)가 상황에 따라 좋을 수도 나쁠 수도 있다.

- 태과다오행은 같은 오행이 나쁘다. 사주팔자 8글자에 없는 오행은 좋을 수도 나쁠 수도 있다. 같은 오행인 비화(比和)가 나쁜 작용을 하는 경우를 「비화(比和)의 반작용」이라고 한다.
  ① 목(木)이 많은데 목(木)의 비화가 들어오면, 목(木)이 너무 태과다해진다.
  ② 화(火)가 많은데 화(火)의 비화가 들어오면, 화(火)가 너무 태과다해진다.
  ③ 토(土)가 많은데 토(土)의 비화가 들어오면, 토(土)가 너무 태과다해진다.
  ④ 금(金)이 많은데 금(金)의 비화가 들어오면, 금(金)이 너무 태과다해진다.
  ⑤ 수(水)가 많은데 수(水)의 비화가 들어오면, 수(水)가 너무 태과다해진다.

(2) 상생(相生)의 반작용

- 상생(相生)은 어떤 한 오행이 또 다른 오행을 생(生)하면서 돕는 관계이다. 그러나 돕는 오행의 생(生)이 너무 지나치면 생(生)을 받는 오행이 과한 생(生) 때문에 과식 · 과음의 형태로 사건 사고가 발생할 가능성이 크다.
- 생(生)이란 생(生)을 받는 오행에게 도움을 주는 긍정적인 관계가 형성되는 것이다. 너무 지나친 생(生)은 생(生)을 받는 오행에게 도움을 주지 못하고 나쁜 상황을 만들어 생(生)을 받는 오행에게 부정적인 결과를 초래한다. 이것을 「상생(相生)의 반작용」이라 한다.
  ① 목다화식(木多火熄) : 나무[木]가 너무 많으면 불[火]이 꺼진다.
  ② 화다토조(火多土燥) : 불[火]이 너무 강하면 흙[土]인 흙이 메마른다.
  ③ 토다금매(土多金埋) : 흙[土]이 너무 많으면 금(金)이 묻혀버린다.
  ④ 금다수탁(金多水濁) : 금(金)이 너무 많으면 물[水]이 탁해진다.
  ⑤ 수다목부(水多木浮) : 물[水]이 너무 많으면 나무[木]가 썩어 물에 떠내려간다.

(3) 상극(相剋)의 반작용

- 극(剋)은 극(剋)을 하는 오행이 극(剋)을 받는 오행의 힘을 줄여주는 역할을 한다. 그러나 극(剋)을 하는 오행이 적고, 극(剋)을 받는 오행이 많으면 오히려 극(剋)을 하는 오행이 제구실을 못하고 힘이 약해진다. 이것을 「상극(相剋)의 반작용」이라 한다.
  ① 목견금결(木堅金缺) : 나무[木]가 크고 단단하면 작은 쇠[金]는 부러진다.
  ② 화염수작(火炎水灼) : 물이 불을 끄지만, 불[火]이 너무 강하게 타오르면 물[水]은 증발한다.
  ③ 토중목절(土重木折) : 흙[土]이 너무 무겁고 많으면 나무[木]가 꺾여버린다.
  ④ 금다화식(金多火熄) : 큰 쇳덩이[金]는 약한 불[火]로는 녹일 수 없고 꺼져버린다.
  ⑤ 수다토류(水多土流) : 흙이 물을 가두지만, 물[水]이 너무 많으면 흙[土]은 휩쓸려 내려간다.

DAY 7

천간(天干)과 지지(地支) —
천간지지의 음양(陰陽)과 오행(五行)

| 천간과 지지를 음양과 오행으로 구분하고 그 의미를 분석해보자.

사주명리학의 음양과 MBTI의 E & I — 에너지의 방향

동양의 많은 학문에는 양과 음이 존재하고, 사주명리학에도 양과 음이 있다. 양의 기운이 강하면 외향적이고, 음의 기운이 강하면 내향적이다. 칼 융은 인간이 가진 「에너지의 방향」은 선천적으로 타고나는 것에서 결정된다고 보았다. 그에 따르면 「외향성」과 「내향성」이란 개념도 외부세계와 내면세계로 향하는 방향성과 방식을 나타내는 것을 의미한다. 그는 사람이라면 누구나 외향, 내향 중 어느 한쪽으로 더 기울어지기 마련이라고 보았다.

E_외향형(Extroversion)	I_내향형(Introversion)
• 에너지 방향이 주로 외부세계로 향한다.	• 에너지 방향이 주로 내면세계로 향한다.
• 바깥 세상에 관심이 집중된다.	• 깊이와 집중력이 있다.
• 세상을 이해하기 위한 경험을 쌓아간다.	• 혼자 지내는 것을 좋아한다.
• 폭넓은 활동력을 지닌다.	• 세상을 이해하려는 것에 힘쓴다.
• 생각보다 행동이 앞선다.	• 육체적 활동보다 정신적 활동을 선호한다.
• 관계를 맺고 교류하기를 좋아한다.	• 일대일 만남이나 소규모 모임을 선호하고, 기존에
• 새로운 모임에서 빠르게 적응하고, 처음 만난 사람과	알던 사람과의 상호관계가 편하다.
도 쉽게 어울린다.	• 자신의 감정을 잘 드러내지 않고 모임이나 활동 공
• 사람을 사귀고 어울릴 때 활력이 생긴다.	간에서 중심이 되는 것을 피한다.
• 사회활동의 중심축이 되고 싶어 하며, 자신의 영향력	• 각자의 공간을 침범하지 않는 것을 좋아한다.
에 대해 생각한다.	• 조금씩 천천히 친해지고, 깊은 관계를 선호한다.
• 생각을 즉각 드러내고 표출한다.	• 오래 생각하고 천천히 행동한다.
• 생각과 정보를 쉽고 빠르게 공유한다.	• 개인적인 성향이 있다.
• 듣기보다는 말하는 것을 선호한다.	• 자신의 생각이나 정보를 감추거나 소수의 사람하
• 열정적으로 표현하고 적극적으로 의사소통을 한다.	고만 공유한다.
• 상황 판단과 문제 대처능력이 빠르다.	• 안정적이고 신중하게 의사소통한다.

DAY 7 >> 천간(天干)과 지지(地支) —
천간지지의 음양(陰陽)과 오행(五行)

1 천간지지(天干地支)의 음양과 오행

- 천간(天干) = 갑(甲), 을(乙), 병(丙), 정(丁), 무(戊), 기(己), 경(庚), 신(辛), 임(壬), 계(癸) = 십간(十干).

- 천간(天干 = 十干)은 중국 고대 왕조 하(賀), 은(殷), 주(周) 시대부터 왕의 이름이나 날짜 등을 표시하는 데 사용되었다. 주역(周易)에도 제을(帝乙)이라는 것이 나오는데, 이 또한 을(乙) 날에 태어난 황제(皇帝)로도 해석된다.

- 춘추전국시대(春秋戰國時代)와 한대(漢代)를 거치면서 지지(地支 = 十二支)와 결합하고 음양오행설(陰陽五行說)과 결합하였다. 천간과 지지가 음양오행설과 결합하면서 사주명리학(四柱命理學), 동아시아 의학(醫學), 풍수지리학(風水地理學), 나침반, 패철(나경) 분야의 기초 이론으로 발전하여 활용되었다.

- 천간(天干 = 十干), 지지(地支 = 十二支)를 음양(陰陽)과 오행(五行)으로 구분할 수 있고, 다음은 그 분석표이다.

① 천간(天干)을 음양(陰陽)으로 구분

양(陽)	갑(甲)	병(丙)	무(戊)	경(庚)	임(壬)
음(陰)	을(乙)	정(丁)	기(己)	신(辛)	계(癸)

② 천간(天干)을 오행(五行)으로 구분

갑(甲)	을(乙)	병(丙)	정(丁)	무(戊)	기(己)	경(庚)	신(辛)	임(壬)	계(癸)
목(木)	목(木)	화(火)	화(火)	토(土)	토(土)	금(金)	금(金)	수(水)	수(水)

③ 지지(地支)를 음양(陰陽)으로 구분

양(陽)	자(子)	인(寅)	진(辰)	오(午)	신(申)	술(戌)
음(陰)	축(丑)	묘(卯)	사(巳)	미(未)	유(酉)	해(亥)

④지지(地支)를 오행(五行)으로 구분

자(子)	축(丑)	인(寅)	묘(卯)	진(辰)	사(巳)	오(午)	미(未)	신(申)	유(酉)	술(戌)	해(亥)
수(水)	토(土)	목(木)	목(木)	토(土)	화(火)	화(火)	토(土)	금(金)	금(金)	토(土)	수(水)

2 천간지지(天干地支)의 물상 형태 분석

(1) 천간(天干)의 의미 분석

천간	음양	오행	물상의 의미
갑(甲)	양(陽)	목(木)	고목, 거목, 우뚝 솟은 나무
을(乙)	음(陰)	목(木)	작은 나무, 풀, 화초, 꽃나무, 넝쿨나무
병(丙)	양(陽)	화(火)	태양, 큰불, 땅속 용암, 용광로, 큰 꽃
정(丁)	음(陰)	화(火)	달빛, 작은 불, 촛불, 형광등, 화롯불, 작은 꽃
무(戊)	양(陽)	토(土)	넓은 들판, 평야, 흙산, 사막(모래), 성곽
기(己)	음(陰)	토(土)	정원 흙, 화분의 흙, 마당의 흙
경(庚)	양(陽)	금(金)	바위산, 사막(바위), 광산, 기차, 비행기
신(辛)	음(陰)	금(金)	보석, 장신구, 바늘, 송곳, 부엌칼
임(壬)	양(陽)	수(水)	바다, 강, 호수, 장마, 함박눈, 폭설
계(癸)	음(陰)	수(水)	이슬, 계곡물, 음료수, 싸락눈, 안개비

(2) 지지(地支)의 의미 분석

① 월지(月支)의 의미 분석

지지	음양	오행	절기	물상의 의미	띠동물 물상
자(子)	양(陽)	수(水)	대설~소한	함박눈, 겨울 바다, 겨울 강, 겨울 호수, 폭설, 남북극 빙하	쥐
축(丑)	음(陰)	토(土)	소한~입춘	꽁꽁 언 땅, 겨울 땅, 겨울 들판, 눈 내리는 들판	소
인(寅)	양(陽)	목(木)	입춘~경칩	한기 속 나무, 겨울나무, 헐벗은 나무	호랑이
묘(卯)	음(陰)	목(木)	경칩~청명	작은 나무, 잎이 피어나는 나무, 꽃핀 나무	토끼
진(辰)	양(陽)	토(土)	청명~입하	숲 있는 흙산, 벼 있는 논, 곡식이 심어진 밭	용
사(巳)	음(陰)	화(火)	입하~망종	봄기운이 남아있는 초여름, 꽃샘추위가 있는 초여름	뱀
오(午)	양(陽)	화(火)	망종~소서	뜨거운 태양의 한여름, 뜨거운 여름	말
미(未)	음(陰)	토(土)	소서~입추	사막(모래), 메마른 들판, 뜨거운 여름 들판	양
신(申)	양(陽)	금(金)	입추~백로	사막(바위), 메마른 들판, 뜨거운 여름에 기운이 남아있는 바위산	원숭이
유(酉)	음(陰)	금(金)	백로~한로	가을 바위산, 열매 가득한 바위산, 곡식 가득한 들판	닭
술(戌)	양(陽)	토(土)	한로~입동	풍성한 가을 산, 황금 들녘, 곡식가득한 들판, 가을 흙산	개
해(亥)	음(陰)	수(水)	입동~대설	가을 기운이 남아있는 바다, 가을 기운이 남아있는 호수, 가을 기운이 남아있는 강	돼지

② 연지(年支), 일지(日支), 시지(時支)의 의미 분석

지지	음양	오행	물상의 의미	띠동물 물상
자(子)	음양(陰陽)이 변함	수(水)	계곡, 시냇물, 저수지, 우물, 수돗물, 생수	쥐
축(丑)	음(陰)	토(土)	축축한 땅, 습한 땅, 습한 정원, 좁은 논, 좁은 밭, 습한 동산	소
인(寅)	양(陽)	목(木)	큰 나무, 거목, 사목	호랑이
묘(卯)	음(陰)	목(木)	작은 나무, 꽃나무, 넝쿨나무, 풀	토끼
진(辰)	양(陽)	토(土)	곡식이 잘 자라는 들판, 넓은 논, 넓은 밭, 습한 들판, 크고 습한 산	용
사(巳)	음양(陰陽)이 변함	화(火)	큰불, 용광로, 용암	뱀
오(午)	음양(陰陽)이 변함	화(火)	작은 불, 형광등, 화로, 벽난로, 산불	말
미(未)	음(陰)	토(土)	메마른 땅, 건조한 땅	양
신(申)	양(陽)	금(金)	바위산, 성곽, 기차, 비행기, 유조선	원숭이
유(酉)	음(陰)	금(金)	보석, 생활 도구(부엌칼, 낫, 도끼, 손톱깎이, 송곳, 바늘)	닭
술(戌)	양(陽)	토(土)	메마른 들판, 메마른 흙산	개
해(亥)	음양(陰陽)이 변함	수(水)	바다, 강, 호수	돼지

※ 월지 이외 연일시에 있을 때
　자(子)는 음(陰)으로, 해(亥)는 양(陽)으로 해석한다.
　오(午)는 음(陰)으로, 사(巳)는 양(陽)으로 해석한다.

※ 육친으로는 연월일시 모두
　자(子)는 음(陰)으로, 해(亥)는 양(陽)으로 해석한다.
　오(午)는 음(陰)으로, 사(巳)는 양(陽)으로 해석한다.

(3) 오행(五行)과 천간지지(天干地支)의 의미 분석

오행(五行)	목(木)		화(火)		토(土)		금(金)		수(水)	
음양(陰陽)	양(陽)	음(陰)	양(陽)	음(陰)	양(陽)	음(陰)	양(陽)	음(陰)	양(陽)	음(陰)
천간(天干)	갑(甲)	을(乙)	병(丙)	정(丁)	무(戊)	기(己)	경(庚)	신(辛)	임(壬)	계(癸)
지지(地支)	인(寅)	묘(卯)	오(午)	사(巳)	진(辰) 술(戌)	축(丑) 미(未)	신(申)	유(酉)	자(子)	해(亥)
오방 (五方/방향)	동(東)		남(南)		중앙(中央)		서(西)		북(北)	
사계 (四季/계절)	봄(春)		여름(夏)		환절기(간절기)		가을(秋)		겨울(冬)	
오색 (五色/색상)	청색		적색		황색		백색		흑색	
오상(五常)	인(仁)		예(禮)		신(信)		의(義)		지(智)	
한양 (경복궁)	흥인지문 (興仁之門)		숭례문 (崇禮門)		보신각 (普信閣)		돈의문 (敦義門)		홍지문 (弘智門)	
애니어그램	2번, 3번		4번, 7번		9번		1번		5번, 6번	
MBTI	N, F, P		N, F, P 중 2개 S, T, J 중 1개				S, T, J		N, F, P 중 1개 S, T, J 중 2개	
영화 다이버전트	애브니게이션 (Abnegation) 이웃 돕고 정부 운영/이타적		돈트리스 (Dauntless) 치안/용감한		애머티 (Amity) 농사/친목·화목		캔더 (Candor) 정직과 질서/공평 무사		에러다이트 (Erudite) 지식탐구/명석한	
관상	입이 보통 크기. 눈꼬리가 처져 있다.	입은 작고, 눈꼬리가 처져 있다.	입이 크고, 이목구비가 크다.	입이 보통이고, 이목구비가 크다.			입이 크고, 윗입술이 얇다. 눈매는 날카롭다.	입이 작고, 윗입술이 얇다. 눈매가 날카롭다	입이 보통이고, 앵두 같은 입술이다. 눈꼬리가 찢어져 있다.	입이 작고, 앵두 같은 입술이다. 눈꼬리가 처져 있다.

3 천간(天干)의 %와 점수 분석

① 천간의 성격 점수

	시	일	월	연
천간	시간	일간	월간	연간
%	7.5	25	7.5	7.5
점수	10	30	10	10

② 천간의 건강 점수

	시	일	월	연
천간	시간	일간	월간	연간
%	10	10	10	10
점수	10	10	10	10

- 성격은 연월일시 천간 중 일간(日干)의 작용이 가장 강하며, 일간은 25%(점수는 30점)의 작용을 하고, 연간 · 월간 · 시간은 각각 7.5%(점수는 각 10점)의 작용을 한다.
- 건강은 연월일시 작용이 똑같다.

DAY 8

천간(天干)과 지지(地支) ─
천간, 갑(甲) 을(乙)

TODAY'S POINT | 갑목(甲木)은 큰 나무로 독립적이고 자유로우며,
을목(乙木)은 작은 나무로 적응력이 뛰어나고 부드럽다.

어떠한 억압에도 당당히 맞선 갑목(甲木)의 김대중

1879년 1월 6일 (양) 오후 4시 30분

시	일	월	연	
壬	甲	甲	癸	(乾)
申	申	子	亥	

"내가 대통령을 모시면서 만나본 세계의 모든 지도자는 김 대통령을 존경했다. 그들은 인간으로서는 상상도 할 수 없는 역경을 뚫고 살아온 그의 불굴의 의지와 높은 도덕적 가치를 존경했다. 이 책을 쓰면서 그들이 말한 것을 다 쓰기 어려울 정도였다. 미국의 클린턴 대통령이 그랬고, 일본의 총리들이 그랬고, 독일, 프랑스, 이탈리아의 대통령과 총리 등 서방 지도자들이 그랬다. 중국의 장쩌민 주석과 주룽지 총리는 중국의 고위 인사인 장관들 앞에서 김 대통령을 「형님」이라고 불렀다. 같은 한국인들 사이에서도 연배가 비슷한 사람을 형님으로 부르기가 쉽지 않은데, 13억 인구의 국가 주석과 총리가 한두 살밖에 차이나지 않는 한국 대통령을 형님이라고 부른다는 것은 상상도 할 수 없는 일이었다. 그리고 러시아의 푸틴 대통령도 김 대통령을 대할 때는 아주 정중하게 경의를 표했다. 인도네시아의 와히드 대통령은 자신의 각료들 앞에서 김 대통령을 자신의 스승이라고 표현했다."

— 김하중(전 외교관)

"나는 혹독했던 정치 겨울 동안 강인한 덩굴풀 인동초를 잊지 않았습니다. 모든 것을 바쳐 한 포기 인동초가 될 것을 약속합니다."

— 김대중 전 대통령 「야당 총재 시절 광주민주화운동 묘역 방문시」

DAY 8 >> 천간(天干)과 지지(地支) ―
천간, 갑(甲) 을(乙)

1 갑(甲)_ 양목(陽木)

(1) 갑(甲)

음양	양(陽)
오행	목(木)
계절·자연현상	무성하고 왕성한 봄의 나무
색상	파란색
특성	흔들리지 않는 신념과 묵묵한 성장
특징	천간 10자 중 1번째
합(合)	갑(甲)과 기(己)는 갑기(甲己)로 합토(合土)한다.
물상(物像)	큰 나무(소나무·자작나무·상수리나무·목련나무)

- 지지(地支)의 인(寅)과 같다.
- 고목, 느티나무, 미루나무, 백합나무, 벚나무, 사과나무, 상수리나무, 소나무, 은행나무, 자작나무, 큰 나무 등을 상징한다.
- 우뚝 솟은 큰 나무는 실바람처럼 작은 바람에는 여유 있게 흔들리듯 감성이 풍부하고, 봄에는 아름다운 꽃을 피워 벌과 나비에게 꿀이나 화분을 주고, 가을에는 열매나 과일을 맺어 인간과 동물에게 양식을 주듯이, 갑(甲)을 갖고 있는 사주는 힘이 약하거나 겸손한 사람에게는 인정 많고 배려하며 이타적이다.
- 큰 나무는 태풍 같은 강한 바람에도 뿌리가 뽑힐망정 끝까지 버티는 것처럼 안하무인이거나, 독재적이거나, 강한 사람에게 저항적이고 자유적이며 민주적이다.
- 큰 나무는 크게 성장만 하지 않고 새로운 새싹이 돋아나는 것처럼 새로운 아이디어와 창의력이 뛰어나다. 화려한 꽃으로 꿀벌과 나비를 불러들여 벌과 나비가 살아갈 수 있도록 해주고, 나무의 번식을 확산시키듯이 많은 사람을 돕고 성장시키는 타입이다. 땅속 썩은 것을 양식으로 삼아 나무가 자라듯이 세상을 지키고 정화시키는 데 관심이 크다.
- 일반 이론에서 갑인(甲寅)은 일천간하고, 일지지가 오행이 같아서 간여지동(干與之同)이라고

한다. 하늘과 땅을 가져서 천하를 얻은 듯 자기주장이 강하고 잘난 척하여 배우자와의 인연이 부족하다고 보는데 타당성은 없다.

KEY WORD

거절이 어려운, 고집 센, 관대한, 긍정적인, 기분을 맞춰주는, 눈치 빠른, 도와주는, 따뜻한, 베푸는, 봉사하는, 사랑하는, 상대의 감정을 확인하는, 순박한, 순수한, 양보하는, 이상적인, 이타적인, 자비스런, 저항하는, 적극적으로 표현하는, 적응력이 뛰어난, 정이 많은, 조력하는, 주변에 인심이 큰, 진취적인, 집착하는, 착한, 창조적인, 친밀한, 칭찬하는, 타인의 자존감을 높여주는, 편안한, 헌신적인

(2) 갑목(甲木)

- 조용히 자라서 세상에 우뚝 솟은 큰 나무를 상징한다.
- 갑목(甲木)은 양목(陽木)으로 큰 나무에 해당한다. 지구에서 큰 나무들이 어떤 역할을 하고, 어떻게 성장하는지를 살펴보면 갑목(甲木)의 성격을 분석할 수 있다.
- 갑목(甲木) 일간에 태어났거나 갑(甲)이 사주 천간에 3개 이상일 때는 큰 나무 기질이 나타나 명예로운 성장, 삶의 아름다움과 자부심을 간직하며 살아간다.
- 큰 나무가 땅에 박고 있는 뿌리처럼 자신의 신념을 굳건히 지키고, 위로 뻗은 나무줄기처럼 쉽게 굽히지 않으면서 우직하게 성장한다.
- 큰 나무는 땅속에 있는 다양한 썩는 물질을 양분으로 삼기 때문에 땅을 정화하는 환경 파수꾼 역할을 한다. 그러므로 갑목(甲木)의 사람들은 큰 나무의 역할처럼 인간 사회에서 부정부패, 불의 등을 정화하는 역할을 하는 경우가 많다. 옳지 않은 일에 대해 소리 내서 바꾸려고 노력한다.
- 큰 나무는 자기가 자라는 과정을 요란하게 드러내지 않지만, 시간이 지나면 어느 순간 훌쩍 성장해 있다. 갑목(甲木)의 사람도 사회에서 항상 조심스럽고 겸손하며 자신을 너무 드러내지 않으면서 성장해 나가는 타입이다.
- 큰 나무가 다른 생물에게 꿀, 화분, 열매, 그늘 등을 아낌없이 주듯이, 갑목(甲木)의 사람은 배려, 섬김, 이타, 헌신, 봉사, 자비, 측은지심과 행동력을 갖고 있고 그런 자신에 대해 자부심이 있다. 성과 중심보다는 사람 중심의 생각과 행동을 실천한다. 이타적 행동을 할 때는 적극적이고 배짱 있는 모습을 보이며, 지속적으로 누군가를 돕겠다는 생각이 강하기 때문에 대중에게 필요한 것이 무엇인지 잘 파악하고 그것을 현실화하는 아이디어나 창조력을 발휘한다.
- 큰 나무는 자신의 그늘 아래에 을목(乙木)에 해당하는 풀, 들꽃 등이 자라는 것은 마음껏 허

용하지만, 자신과 비슷하거나 자신보다 더 큰 나무가 있으면 제대로 성장하지 못한다.

- 큰 나무는 작은 바람은 수용하고 여유 있게 나뭇잎도 흔들어 주지만, 거센 바람에는 굳세게 저항하다가 가지가 부러지거나 뿌리째 뽑히기도 한다. 갑목(甲木) 일간이나 갑목(甲木)이 많은 사람은 기본적으로 심성이 착하고 인정이 많다. 그러나 구속, 간섭, 지적을 싫어하고 자유롭고 독립적인 것을 추구한다. 작은 어려움이나 적당한 비판 등은 큰 나무처럼 수용하지만 군사독재, 부모의 폭력 등 반복적이고도 강력한 억압이나 폭력에는 끝까지 저항하고 투쟁한다.

- 큰 나무도 그 시작은 작은 새싹이다. 새싹이 땅에 뿌리를 내리고 왕성하게 성장하면서 울창하고 곧은 나무로 성장하듯이, 갑목 일간이나 갑목(甲木)이 3개 이상일 때는 새로운 시작과 꾸준한 성장에 소질이 있다.

- 큰 나무는 사계절 변함없이 중력을 벗어나 위로 계속 성장한다. 추운 겨울에도 나뭇잎이 떨어져 나목이 되었을 뿐이지 하늘을 향해 우뚝 솟은 모습은 절대 변하지 않는다. 어떤 억압에도 당당히 맞서는 갑목(甲木)의 모습이다.

- 갑목(甲木)의 리더십은 인간 존중을 바탕으로 조직 구성원이 잠재된 자신의 장점과 직무 역량을 마음껏 발휘할 수 있도록 이끌어주는 서번트 리더십의 특징을 갖고 있다. 이들은 따뜻한 손길이나 부드러운 신체 접촉은 적극적으로 수용하지만, 억압하고 강압 받는 신체 접촉은 적극적으로 방어하고 거부한다.

갑목(甲木) 일간의 인물

김대중(노벨평화상을 받은 전 대통령), 김근태(케네디 인권상을 받은 전 국회의원), 진(본명 김석진, BTS)

(3) 갑(甲) 일간의 유명인 사주

가수	가수·프로듀서
1979년 4월 17일 (양) 오전 8시	1971년 4월 19일 (양) 오전 8시

시	일	월	연
戊	甲	戊	己 (乾)
辰	寅	辰	未

시	일	월	연
戊	甲	壬	辛 (乾)
辰	戌	辰	亥

기업인

1968년 5월 28일 (음) 오전 0시 30분

시	일	월	연	
甲	甲	戊	戊	(乾)
子	子	午	申	

목사

1968년 12월 22일 (음) 오전 4시

시	일	월	연	
丙	甲	丙	己	(坤)
寅	寅	寅	酉	

가수

1982년 2월 20일 (양) 오후 8시

시	일	월	연	
甲	甲	壬	壬	(乾)
戌	戌	寅	戌	

가수

1992년 12월 4일 (양) 오전 10시

시	일	월	연	
己	甲	辛	壬	(乾)
巳	寅	亥	申	

2 을(乙)_ 음목(陰木)

(1) 을(乙)

음양	음(陰)
오행	목(木)
계절·자연현상	겨울을 뚫고 나오는 초봄에 싹트는 새싹
색상	연두색, 연녹색
특성	유연한 적응력과 끈기 있는 생명력
특징	천간 10자 중 2번째
합(合)	을(乙)과 경(庚)은 을경(乙庚)으로 합금(合金)한다.
물상(物像)	새싹, 잔디, 풀, 담쟁이 넝쿨, 꽃(진달래·개나리·연꽃·장미)

- 지지(地支)의 묘(卯)와 같다.

- 들풀, 정원의 꽃나무, 화분의 꽃나무, 작은 나무, 새싹, 잔디, 벼·콩·감자 등의 곡식, 야생화 등을 상징한다.

- 새싹, 들꽃, 풀, 작은 나무 등은 작은 바람에 흔들리지만 거센 바람에도 꺾이지 않고 땅에 엎드렸다가 바람이 그치면 다시 일어선다. 을목(乙木)은 갑목(甲木)에 비해 주변의 강압이나 억압에 대한 적응력이 있고 순응한다.

- 새싹, 풀, 들꽃, 작은 나무 등은 바위, 돌담, 시멘트 등의 틈 사이를 뚫고 나오거나, 얼어 있는 단단한 겨울 땅을 뚫고 자라는 것처럼 그 누구도 살 수 없는 듯한 환경에서도 적응하고 살아내는 강인한 생명력이 있다.

- 을(乙)이 일간에 1개 있을 때는 수동적이고 의존적이지만, 일간에 3개 이상 있을 때는 자기 주도 능력과 독립적, 자유적인 성향이 강하다.

- 을(乙)이 3개(乙乙乙) 이상이면 복덕수기(福德秀氣)라 부르고, 복(福)과 덕(德)이 함께하며 인 덕이 있다고 한다. 일간이 을(乙)이면 아주 강하고 떨어져 있어도 작용력이 있다.

KEY WORD

개인적인, 공감하는, 관심을 갈구하는, 기회주의적인, 꼼꼼한, 따뜻한, 매력적인, 보답을 갈구하는, 봉사하 는, 부드러운, 사랑스러운, 사려 깊은, 섬세한, 예민한, 의존하는, 인정욕구가 강한, 잔소리하는, 조정하는, 좋 은 사람인, 친근한, 친밀한, 친절한, 통제하는, 희생을 생색내는

(2) 을목(乙木)

- 작은 틈만 보이면 싹을 틔우고 꽃을 피우는 작은 식물을 상징한다.

- 을목(乙木)은 작은 나무, 꽃나무(진달래·난초·백합·철쭉·개나리·장미·연꽃 등), 농작물 (벼·콩·고추·보리·밀·가지·토마토 등), 잔디, 들꽃, 풀, 넝쿨식물 등을 상징한다.

- 일간이 을목(乙木)이거나 을(乙) 목(木)이 사주에 3개 이상일 때는 을목(乙木)의 기질이 나타 난다.

- 작은 식물은 혼자 자라지 않고 집단으로 자란다. 큰 나무처럼 공간을 크게 차지하지 않는 이 들은 서로 가까이 있으면서 경쟁하고 성장한다. 이때 땅이 건조하지 않게 습기를 유지하며 거센 비바람에도 쓰러지지 않고 버티면서 살아가듯이, 조직이나 단체의 사람들과 함께하는 것이 유리하다. 혼자 독립적으로 자신의 생각을 펼쳐 나가기에는 배짱이나 모험심, 적극성 이 부족하다. 을목(乙木)은 여럿이 있을 때 자신감도 생기고 인덕이 있으며 자신의 노력을 발휘한다.

- 작은 식물이 겨울이 다가오면 줄기를 모두 죽이고 뿌리만 남기듯, 을목(乙木)은 강한 통제, 억압, 독재 등 혹한 시기가 다가오거나, 자신의 안전에 위험이 다가오면 순간적으로 자신의 감정을 숨기고 행동을 자제하며 자신을 낮추어 엎드려 지낸다. 억압과 탄압의 조직에 충성하거나 회피하는 행동을 하기도 한다.

- 그러나 작은 식물들이 이른 봄날 얼어있던 땅을 뚫고 나오듯, 을목(乙木) 역시 약간이라도 따뜻하거나 자유로운 분위기, 안전하고 안정된 세상이라고 판단하면 자신을 드러내려는 욕구가 강해진다. 이때는 세상을 살아가는 데 필요한 순간적인 판단력과 적응력이 뛰어나고 타인의 감정을 읽고 파악하는 능력이 돋보인다.

- 을목(乙木)도 갑목(甲木)과 마찬가지로 땅속에 뿌리를 내리고 썩은 거름을 영양분 삼아 살아가듯이 인간 세상의 부정부패, 환경오염, 빈곤 등에 관심이 많고 사회를 정화하기 위해 노력한다.

을목(乙木) 일간의 인물

문재인(전 대통령), 손학규(정치인), 안철수(정치인), 뷔(BTS), 제이홉(BTS), 이광형(카이스트 총장), 이소연(우주비행자), 박경리(작가), 김수현(작가)

(3) 을(乙) 일간의 유명인 사주

배우

1988년 12월 16일 (양) 오(午)시

시	일	월	연	
壬	乙	甲	戊	(乾)
午	巳	子	辰	

유명인

2012년 11월 20일 (양) 유(酉)시

시	일	월	연	
乙	乙	辛	壬	(乾)
酉	酉	亥	辰	

가수

1995년 12월 30일 (양) 낮 12시

시	일	월	연	
壬	乙	戊	乙	(乾)
午	未	子	亥	

영화감독

1969년 9월 17일 (음) 해(亥)시

시	일	월	연	
丁	乙	甲	己	(乾)
亥	亥	戌	酉	

가수

1994년 2월 18일 (양) 오전 4시

시	일	월	연	
壬	乙	丙	甲	(乾)
午	亥	寅	戌	

가수

1950년 2월 3일 (음) 인(寅)시

시	일	월	연	
戊	乙	己	庚	(乾)
寅	卯	卯	寅	

DAY 9

천간(天干)과 지지(地支) —
천간, 병(丙) 정(丁)

TODAY'S POINT | 병화(丙火)는 큰불로 열정적이고 적극적이며, 정화(丁火)는 작은 불로 은근하고 끈기가 있다.

열정을 불태우는 병화(丙火) 날에 태어난 아인슈타인

1879년 3월 14일 (양) 오전 11시 30분

시	일	월	연	
甲	丙	丁	己	(乾)
午	申	卯	卯	

아인슈타인은 병화(丙火) 일간으로 태어났다. 병화는 열정, 화려, 다양, 예술, 복잡, 표현, 행동, 모험, 창의, 창조 등이 키워드다. 아인슈타인은 어렸을 때부터 음악을 사랑했다고 알려져 있다. 한 잡지에서는 다음과 같이 밝힌 적도 있다.

"나는 물리학자가 아니었다면 아마도 음악가가 되었을 것입니다. 종종 음악으로 생각합니다. 음악 속에서 백일몽을 꾸죠. 음악의 관점에서 내 삶을 봅니다. 인생 대부분의 기쁨을 음악으로부터 얻습니다."

아인슈타인은 장난기가 많은 성격이었다. 1951년 기자가 차에 탑승한 아인슈타인을 촬영하려 하자 아인슈타인은 "이렇게 사진을 찍으면 유명해질 것"이라면서 혀를 내밀었다고 한다. 훗날 이 사진은 2009년 뉴햄프셔에서 열린 경매에서 무려 7만 4324달러(약 9,400만 원)에 낙찰되었다.

아인슈타인은 1919년 그의 일반 상대성이론이 확증된 후 가장 유명한 과학자 중 한 명이 되었다. 정작 일반 대중은 그의 연구를 잘 몰랐음에도 널리 인정받고 칭송받게 된 것이다.

또한, 아인슈타인은 수많은 소설, 영화, 연극, 음악 작품 등의 주제에서 영감을 받았다. 그는 사람들이 「정신없는 교수」를 묘사할 때 가장 좋아하는 모델이기도 하다. 그의 표현력 풍부한 얼굴과 독특한 헤어스타일은 널리 모방되고 과장되었다. 《타임》의 프레데릭 골든(Frederic Golden)은 아인슈타인이 "만화 작가의 꿈이 이루어진 사람"이라고 표현했다.

DAY 9 >> 천간(天干)과 지지(地支) ―
천간, 병(丙) 정(丁)

1 병(丙)_ 양화(陽火)

(1) 병(丙)

음양	양(陽)
오행	화(火)
계절·자연현상	한여름의 무더운 태양
색상	적색
특성	자기 확신과 뜨거운 열정
특징	천간 10자 중 3번째
합(合)	병(丙)과 신(辛)은 병신(丙辛)으로 합수(合水)한다.
물상(物像)	태양, 용광로, 용암, 화산

* 지지(地支)의 사(巳) 또는 오(午)와 같다. 사(巳)와 오(午)는 상황에 따라 음양이 변한다.
* 태양, 용광로, 용암, 큰불, 산불, 대형화재, 크고 화려한 꽃을 상징한다.
* 불은 한번 붙으면 거침없이 번져나가고 태양은 자신의 존재를 화려하고 광범위하게 비추듯, 병화(丙火) 일간에 태어났거나 병화(丙火)가 사주에 많으면 열정적, 외향적, 모험적, 행동적, 감정적, 적극적 성향이 있다.
* 불은 무섭게 확산되고 동서남북 사방으로 번지는데, 병화(丙火) 일간이나 병화(丙火)가 많은 사람은 동시에 여러 일을 빠르게 진행시키는 타입이다.
* 불은 빠르게 번지다가도 한순간에 꺼지는데 이처럼 일을 지속적으로 진행시키지 못하고 계획을 마무리하지 못하여 결과를 보지 못하는 경우가 종종 있다. 타면서 불이 지나온 자리에 검은 재만 남듯이 과거는 까맣게 잊어버리는 타입이다.
* 병화(丙火) 일간이나 병화(丙火)가 사주에 많으면, 불이 한곳에 머무르지 않고 계속 번지듯이 움직이고 활동하는 성향으로 역마 기질이 있다.
* 병화(丙火) 사주는 타오르는 불이 보여지듯이 자신의 생각이나 감정을 겉으로 표현하고, 화려한 불꽃처럼 자신을 꾸미고 보여주는 패션 감각도 뛰어나다.

감정 기복이 있는, 감추지 않는, 강렬한, 긍정적인, 꾸미는, 능수능란한, 다재다능한, 도전하는, 독특한, 동시에 여러 개를 하는, 똑똑한, 매력적인, 모험적인, 바쁜, 비판적인, 빛나는, 산만한, 순발력 있는, 시원시원한, 신경질적인, 신비로운, 신속한, 실용적인, 아름다운, 열성적인, 예의가 밝은, 외향적인, 유쾌한, 인사성이 밝은, 일처리가 빠른, 자유로운, 적극적인, 즐거운, 직관적인, 창조하는, 추진력 있는, 통섭적인, 판단력이 빠른, 표현하는, 행동적인, 현실적인, 활발한

(2) 병화(丙火)

- 태양처럼 뜨겁게 빛난다.

- 병화(丙火)는 태양, 용암, 화산, 산불, 용광로 등 큰불을 상징한다. 태양이 멀리까지 빛을 비추듯이 사람들에게 자신을 드러내어 주목을 받으면서 인기를 얻으려고 한다. 불이 타면서 지나온 자리는 재가 되어 다시 불이 붙지 않는 것처럼, 과거의 일을 쉽게 잊어버리는 성향을 지닌다.

- 태양이 세상을 밝게 비추어 생물이 살아갈 수 있도록 이끄는 것처럼, 병화(丙火) 일간이거나 화(火)가 많은 사람은 타인이 긍정적이고도 희망적인 미래를 만들어갈 수 있도록 적극적인 리더십을 발휘하여 선도해 나가는 능력이 있다.

- 지구 중심에 용암의 화(火)가 있듯이 병화(丙火) 일간이나 화(火)가 많은 사람의 내면에는 열정과 모험심이 가득하며, 그것을 발산하고 싶은 뜨거운 심리를 지닌다. 불의 에너지가 중심에서 바깥으로 향하고 사방으로 번지면서 빛을 발산하듯, 이들도 어두운 것을 거부하고 밝고 환한 것을 추구한다. 화려한 의상, 액세서리, 헤어스타일 등 과감한 패션과 스타일을 좋아하여 사람들의 시선이 집중되는 것을 즐긴다.

- 병화(丙火)의 불은 자신을 전혀 감추지 않고 드러내기 때문에 자기 내면의 감정과 생각을 있는 그대로 시원하게 표현한다. 밝고 명랑하며, 열정적이고 자신감이 넘치며, 인사성이 밝아 친화력이 좋고, 예절이 바르다는 이야기를 듣는다. 예의 없거나 옳지 않은 행동, 불의를 보면 참지 못하고 곧바로 대응하여 꾸짖고 바로 잡으려고 한다.

- 가끔은 용암이 화산을 통해 폭발하듯이 화(火)가 너무 과도하면 폭발적인 성격이 나오는데, 이를 절제하지 못하면 커다란 불에 검은 연기와 회색, 흑색의 먼지가 함께 따르듯이 사건 사고나 구설수에 휘말리기도 한다.

- 산불이 순식간에 사방으로 빠르게 확산하듯이, 병화(丙火)의 사람은 성질이 강하고 동시다발로 일을 벌여 자신감 있게 추진해간다. 동시에 여러 개를 하나로 통합하는 통섭력, 통합

력, 확장력과 혁명적, 예술적, 도전 정신, 진취적, 개방적, 열정적, 모험적, 확산적인 성향이 강하다.

- 큰불도 어느 순간 꺼지기 마련이다. 병화(丙火) 일간이거나 화(火)가 많은 사람은 일이나 인간관계를 쉽게 시작하지만, 또 쉽게 포기하고 다른 새로운 일을 벌이기도 한다. 한편으론 제철소의 불이 금속을 녹여서 새로운 것을 창조하거나, 불탄 산에서 새로운 나무와 풀이 다시 자라나듯이, 새로운 것을 창조해내는 능력도 뛰어나다.

- 큰불이 지나간 자리가 모두 검은 재로 변하듯이 열정, 진취성, 용감함, 모험심, 의협심 등이 지나치면 통제력이 강해지고, 무례하고 교만해져서 다혈질, 집착, 폭력적인 성향으로 나타날 수 있다.

- 큰불이 타오르다가도 어느새 꺼지는 것처럼 집착과 결핍이 왔다갔다 하고, 관계 단절을 두려워하여 지속적으로 여러 사람과 관계를 맺으려고 한다. 조직의 불합리한 규범을 지나치거나 예의 없는 사람에게는 폭발하는 타입이다. 누군가와 비교하는 것을 싫어하고, 자존감이 강하면서 질투심도 강하다.

병화(丙火) 일간의 인물

양자경(배우), 정국(본명 전정국, BTS), 최재천(국립생태연구원장), 조수용(카카오 대표이사), 김정욱(변호사), 립제이(안무가)

(3) 병(丙) 일간의 유명인 사주

축구선수	개그맨

1996년 11월 15일 (양) 낮 12시

시	일	월	연	
甲	丙	己	丙	(乾)
午	辰	亥	子	

1975년 7월 29일 (양) 사(巳)시

시	일	월	연	
癸	丙	癸	乙	(乾)
巳	子	未	卯	

야구감독

1976년 8월 18일 (음) 축(丑)시

시	일	월	연
己	丙	戊	丙 (乾)
丑	申	戌	辰

가수

1997년 9월 1일 (양) 낮 12시

시	일	월	연
甲	丙	戊	丁 (乾)
午	午	申	丑

가수

1996년 2월 9일 (양) 오전 1시

시	일	월	연
戊	丙	庚	丙 (坤)
子	子	寅	子

격투기선수

1975년 7월 29일 (양) 오(午)시

시	일	월	연
甲	丙	癸	乙 (乾)
午	子	未	卯

2 정(丁)_ 음화(陰火)

(1) 정(丁)

음양	음(陰)
오행	화(火)
계절·자연현상	여름 밤하늘의 달과 별, 초여름의 햇살
색상	분홍색
특성	부드러운 표현과 따뜻한 열정
특징	천간 10자 중 4번째
합(合)	정(丁)과 임(壬)은 정임(丁壬)으로 합목(合木)한다.
물상(物像)	달, 별, 촛불, 형광등, 가로등

- 지지(地支)의 사(巳) 또는 오(午)와 같다. 사(巳)와 오(午)는 상황에 따라 음양이 변한다.

- 촛불, 형광등, 화롯불, 아궁이불, 달, 별, 작은 꽃, 들꽃 등을 상징한다.

- 촛불, 성냥불은 작은 바람에도 꺼지지만 산불은 큰불로 확산될 수 있다. 겉으로는 부드럽고 따뜻하며 밝은 성격으로 보이지만 내면에는 열정, 배짱, 모험심 등이 있다.

- 큰 산불이나 용암은 쉽게 꺼지지 않지만 작은 촛불은 쉽게 꺼지므로 조직에 잘 적응하고 순응하는 성향이 있다.

- 정화(丁火)도 사주에 많으면 병화(丙火) 작용을 하여 열성적, 모험적, 외향적, 행동적인 성향이 있다.

- 정화(丁火)가 주변을 밝히는 불을 상징하므로 사람들의 시선을 즐기고 연예, 예술, 방송 등의 재능이 있다.

KEY WORD

감수성이 발달한, 감정적인, 경험 많은, 공허한, 금방 포기하는, 긍정적인, 긴장을 풀어주는, 낙천적인, 낭만적인, 다양한, 다재다능한, 대담한, 두뇌회전이 빠른, 매력적인, 명랑한, 모험하는, 바쁜, 밝은, 분위기 메이커, 빠르게 행동하는, 새로움을 찾는, 실천하는, 아이디어가 많은, 에너지가 있는, 움직이는, 유쾌한, 재미있는, 재치있는, 창의적인, 창조적인, 쾌활한, 특별한, 호기심이 많은, 활달한

(2) 정화(丁火)

- 정화(丁火)는 촛불, 성냥불, 화롯불, 아궁이불, 가스레인지불, 라이터불, 형광등, 가로등, 달빛, 별빛 등을 상징한다.

- 정화(丁火)의 역할은 성냥불, 라이터불처럼 큰불의 불씨가 되는 시작의 불이다. 개인이나 조직의 일을 시작하는 데 촉매 역할을 한다.

- 화롯불과 아궁이불은 사람에게 온기를 제공하고, 가스레인지불은 먹거리를 만드는 데 필요하다. 정화(丁火)의 사람들은 이런 불처럼 자신에게 크게 손해 보지 않을 만큼 주변 사람들에게 헌신하고 도와준다.

- 조용한 명상이나 기도할 때 키는 촛불처럼, 자신을 돌아보거나 잠시 쉬어가도록 도움을 주는 종교, 상담, 교육, 예술, 연예, 방송 등의 직업이 적성에 맞는다. 적극적으로 앞장서지는 않지만 사람들이 미래를 향해 나갈 수 있도록 도와주고 용기를 주는 안내자로서의 능력을 지닌다.

- 정화(丁火) 일간이나 정화(丁火)가 많은 사주는 가족을 두루 보살피는 가정적이고 보수적인 성향이고, 직장 등 조직에서 팀원을 이끄는 타입이다. 사회적으로 눈에 띄게 잘난 척하지

않으면서 달빛처럼 은은하게 세상에 드러내려는 기질이 있다.

- 정화(丁火)는 병화(丙火)보다 밝지 않지만 오래도록 끈기 있게 지속하는 특징이 있다. 아름다움과 화려함을 추구하는데 은근히 자신을 드러내고 부드러운 매력을 발산한다. 잘난 척하면서 두드러지게 표현하기보다는 주변을 조용히 비추는 역할에 충실한다.
- 정화(丁火)의 성격은 밝고 명랑하며, 친절하고 따뜻하다. 온기 가득한 부드러운 열정으로 가까운 주변 사람들에게 평안과 애정을 주는 타입이다.
- 정화(丁火)의 리더십은 자신이 직접 앞장서서 끌고 가기보다는 구성원의 장점을 잘 살릴 수 있도록 함께 격려하고 도와주는 역할 분담의 리더십이다.
- 병화(丙火)에 비해 현실적이고 안정적이며, 지속성을 유지하고 감정 변화가 적은 편이다.
- 사회와 주변 사람들의 시선을 민감하게 의식하기 때문에 자신의 생각이나 행동을 적극적으로 표현하고 성장시키는 데는 한계가 있다.

정화(丁火) 일간의 인물

유재석(MC · 개그맨), 지민(본명 박지민, BTS), 이소은(국제변호사 · 가수), 허니제이(안무가), 모니카(안무가)

(3) 정(丁) 일간의 유명인 사주

작가

1972년 1월 7일 (양) 오전 10시

시	일	월	연
乙	丁	辛	辛 (坤)
巳	酉	丑	亥

스포츠해설가

1972년 9월 13일 (양) 오(午)시

시	일	월	연
丙	丁	己	壬 (坤)
午	未	酉	子

MC · 개그맨

1972년 8월 14일 (양) 오전 8시

시	일	월	연	(乾)
甲	丁	戊	壬	
辰	丑	申	子	

가수

1991년 6월 16일 (양) 오(午)시

시	일	월	연	(乾)
丙	丁	甲	辛	
午	巳	午	未	

가수

1995년 10월 13일 (양) 오후 6시

시	일	월	연	(乾)
己	丁	丙	乙	
酉	丑	戌	亥	

10 천간(天干)과 지지(地支) —
천간, 무(戊) 기(己)

기토(己土)의 날에 태어나 개혁과 통합을 이루어낸 정조(正祖)

1752년 9월 22일 (음) 사(巳)시

시	일	월	연
乙	己	庚	壬 (乾)
巳	卯	戌	申

조선 22대 국왕 정조(正祖)는 아버지 사도세자와 어머니 헌경왕후 홍씨(혜경궁 홍씨) 사이에서 태어났다. 기토(己土) 일간이다. 기토는 무토(戊土)에 비해 안정적이고 안전함을 추구한다. 무토와 마찬가지로 평화, 관계, 소통, 포용, 중재, 공감, 화합 등을 상징하면서도, 무토보다 안정적이고 안전함을 추구하는 성향을 가지고 있다.

정조는 왕위에 오른 뒤에 할아버지 영조의 뜻을 이어받아 탕평책이야말로 정치를 안정시킬 방법이라고 판단했다. 영조가 모든 붕당에서 인재를 고르게 뽑아 썼다면, 정조는 능력 있는 사람이라면 붕당을 가리지 않고 우선적으로 채용하였다.

또한, 그는 신하들이 서로 사이좋게 지내길 바라고 노력하였다. 각 붕당의 주장이 옳은지 그른지를 명확하게 가리는 적극적인 탕평책을 추진하여 영조 때부터 세력을 키워온 척신과 환관 등을 제거하였다. 각 붕당의 입장과는 상관없이 의리와 명분에 맞고, 능력 있는 사람이라면 중용하여 왕권을 강화하였다. 규장각을 설치하여 문화정치를 표방하고, 서인 출신 학자들을 규장각 검사관에 기용하면서 다양한 인재를 양성하였다. 더불어 노비에 대한 차별을 완화시켰다.

DAY 10 >> 천간(天干)과 지지(地支) —
천간, 무(戊) 기(己)

1 무(戊)_ 양토(陽土)

(1) 무(戊)

음양	양(陽)
오행	토(土)
계절·자연현상	봄·여름과 가을·겨울의 나무, 불·바위·물을 수용하는 넓은 땅
색상	황색
특성	끝없이 넓고 깊어 속을 알 수 없으며, 폭넓게 소통하고 중재한다.
특징	천간 10자 중 5번째
합(合)	무(戊)와 계(癸)는 무계(戊癸)로 합화(合火)한다.
물상(物像)	넓은 들판, 높은 흙산

- 지지(地支)의 진토(辰土), 술토(戌土)와 같다.
- 넓은 광야와 들판, 높고 거대한 흙산, 운동장, 드넓은 논과 밭, 사막 등을 상징한다.
- 흙은 나무를 자라게 하고 곡식을 키우며, 땅속에는 용암의 불덩어리를 지니고 있어 아주 오랜 세월 썩은 물체를 보석이나 광석으로 만들고 물을 흡수한다. 이처럼 흙은 목(木), 화(火), 금(金), 수(水) 오행(五行)과 모두 관계가 있듯이 포용하고 관계하며 소통하는 평화 지향적인 성향이다.
- 타인과의 관계가 끊어지거나 홀로 있는 것에 두려움을 느낀다. 무토(戊土)가 2개 이상이면 해외 역마의 기운이 있어 무역, 외교, 비행사, 스튜어디스, 유학, 이민 등과 관련될 수 있으며 붙어있을 때 작용력이 크다.

KEY WORD

갈등을 치유하는, 평화를 추구하는, 감정을 감추는, 경청하는, 고집 센, 공감하는, 관계가 넓은, 관계를 맺는, 긍정적인, 낙천적인, 남의 말을 들어주는, 분위기를 좋게 하는, 소통하는, 속을 모르는, 수용적인, 안정감 있는, 어울리는, 여유 있는, 원만한, 자연스러운, 중재하는, 중후한, 칭찬을 잘하는, 타인의 기분을 맞춰주는, 타인을 수용하는, 편안한, 평화적인, 포용적인, 해맑은, 호감형인, 화합하는

(2) 무토(戊土)

- 무토(戊土)는 높은 흙산, 대지, 넓은 들판, 광야, 평야, 모래사막, 황무지, 대륙 등을 상징한다.

- 대지는 겉으로는 평온한 듯 아무 변화가 없어 보인다. 나무처럼 자라거나 불처럼 타오르지 않고 그대로의 모습을 유지한다. 무토(戊土)의 사람은 자신의 감정을 함부로 드러내지 않는다. 좋은 게 좋은 것이라는 생각으로 관계를 이끌어가기에 감정 통제 능력이 뛰어나다. 그러나 평소 겉으로는 표정 변화가 없고 감정을 쉽게 드러내지 않으면서 무난하게 행동할 뿐, 자기만의 목표를 행동력, 실천력, 자신감, 도전 정신, 추진력 등으로 완성해 나간다.

- 조용한 듯 보이는 대지도 그 아래에서는 다양한 일들이 변화무쌍하게 일어나고 있다. 끊임없이 나무와 풀이 뿌리를 내려 영양분을 흡수하고, 불탄 후에 남은 재들이 거름 섞인 흙으로 변하며, 땅속에 있는 화(火)의 용암이 함부로 뚫고 나오지 못하게 가두고, 물을 품어서 생물이 물을 마실 수 있게 한다. 토(土) 특히 양토(陽土)는 만물을 포용하고 품어주는 어머니 같은 존재이다.

- 무토(戊土) 일간이나 무토(戊土)가 많은 사람은 묵묵히 자연 만물을 포용하듯이 사람들을 연결하고 함께하며 중재하고 소통하는 타입이다. 누구에게나 자애롭고 부드러우며 유연하게 믿음과 신뢰, 중용과 여유를 갖고 대하고, 대인관계에서 싫고 좋음을 드러내지 않고 두루 포용하면서 갈등을 회피하고 평화를 유지하려고 힘쓴다.

- 무토(戊土)는 목(木)의 나무, 화(火)의 불(용암·재), 금(金)의 바위와 금속, 수(水)의 물을 모두 포용하고 교류하며 포용적, 관계적, 수용적, 소통적, 중재적, 평화적인 성향을 지닌다.

- 대지 아래에서 오랜 세월 동안 광물과 석유가 만들어지듯이, 긴 프로젝트나 오랜 연구와 연습 과정에 잘 적응하며 끈기 있게 밀고 나간다. 자신이 하는 일을 끝까지 해내는 신념과 고집이 있는 한편, 자존심이 강해 독선적인 모습을 보이기도 한다.

- 대지가 수많은 낙엽이나 사체를 정화시키듯이, 무토(戊土)의 사람은 세상의 부정부패나 불의에서 벗어나려 하거나 평화로운 세상을 위해 노력하는 데 능력을 발휘한다. 그러나 평화가 깨지는 상황이 되면 현실 도피적 성향으로 변하고, 한없이 게을러지거나 작은 일도 비밀로 감추려는 모습을 보인다.

무토(戊土) 일간의 인물

이병철(삼성그룹의 창업주, 초대 회장), 이이경(배우), 박완서(작가), 박시영(시사평론가), 박인비(프로 골퍼), 박성훈(배우), 가비(안무가)

(3) 무(戊) 일간의 유명인 사주

배우

1996년 7월 10일 (양) 오후 7시

시	일	월	연	
辛	戊	乙	丙	(坤)
酉	申	未	子	

국제기구 기관장

1944년 6월13일 (양) 낮 12시

시	일	월	연	
戊	戊	庚	甲	(乾)
午	申	午	申	

유도선수

1981년 7월 19일 (양) 오후 6시

시	일	월	연	
辛	戊	乙	辛	(乾)
酉	戌	未	酉	

배우

1989년 1월 8일 (양) 오후 8시

시	일	월	연	
壬	戊	乙	戊	(乾)
戌	辰	丑	辰	

요리사

1976년 9월 13일 (양) 오(午)시

시	일	월	연	
戊	戊	丁	丙	(乾)
午	辰	酉	辰	

(1) 기(己)

음양	음(陰)
오행	토(土)
계절·자연현상	씨 뿌리고, 싹 트고, 꽃피고, 열매 맺는 정원
색상	갈색
특성	안정적이고 실용적인 조직을 선호한다.
특징	천간 10자 중 6번째
합(合)	기(己)와 갑(甲)이 기갑(己甲)으로 합토(合土)한다.
물상(物像)	화분, 정원, 텃밭, 텃논, 다랭이논

- 지지(地支)의 축토(丑土)와 미토(未土)와 같다.
- 화분의 흙, 정원의 흙, 텃밭 등을 상징한다.
- 화분의 흙, 정원의 흙은 무토(戊土)처럼 용암이나 금속, 광석, 바위 등을 포용하기에는 힘들고, 작은 나무나 꽃 등을 키우거나 큰 나무 1~2그루, 작은 돌이나 바위를 담아낼 수밖에 없다. 이처럼 일부 사람들과 소통하고 어울리고 관계를 맺는다. 가족, 친구, 가까운 사람, 직장 동료 등 자신과 소통이 가능한 사람들과 잘 어울린다.

KEY WORD

가족·친구 등과 잘 어울리는, 가족적인, 갈등을 회피하는, 겸손한, 고집스러운, 공정한, 끈기 있는, 나태한, 느긋한, 느린, 만사태평한, 만족한, 몇몇과 관계 맺는, 무감각한, 묵직한, 배려하는, 소심한, 소통하는, 수동적인, 순응하는, 안전한, 안정적인, 애매한, 원만한, 이해하는, 인내심 강한, 부분적으로 친밀한, 조화로운, 중재하는, 침착한, 통찰력 있는, 편안한, 평화적인, 포용하는

(2) 기토(己土)

- 기토(己土)는 좁은 땅으로 동네의 논과 밭, 화단, 정원, 화분, 꽃밭 등을 상징한다.
- 좁은 땅에서는 나무 몇 그루는 심을 수 있지만 많은 나무는 키우기 어렵다. 꽃이나 채소 등을 재배하거나 작은 물을 품고 있다. 무토(戊土)처럼 용암을 가두거나 바닷물을 품거나 금속이나 바위를 생산하지는 못한다. 기토(己土)의 사람은 배짱과 적극성이 부족하여 새로운 시

작이나 결정적인 순간에 해결하는 능력이 약하고 적극성, 결단력, 과단성 등이 부족하다.

- 보수적, 현실적으로 판단하고 계산하며, 안정되고 안전한 행복을 추구한다. 융통성과 균형 감각이 알맞게 있으며 현실에 적응한다. 다만 간혹가다 일확천금을 꿈꾸는 등 욕망이 과도 해져서 사건 사고에 휘말리기도 한다.

- 기토(己土) 일간이나 기토(己土)가 많은 사람은 무토(戊土)처럼 여러 사람과 두루 친하지는 못하고 몇몇 사람들과 소통하고 관계를 맺으면서 중재, 수용, 조정, 관리 등을 한다. 사람 들과 화합하고 소통하는 것을 중요하게 생각하기 때문에 가까운 인연들과는 적극적, 주도적 으로 부드러운 관계를 만든다. 그러나 새로운 사람이나 모르는 사람은 회피하거나 거리를 두는 편이다.

- 대인관계에서는 자신의 감정을 겉으로 드러내지 않고 타인의 이야기를 잘 듣고 감정을 잘 읽으면서 자기 관리를 한다. 성실함과 꾸준함으로 주변 사람들에게 칭찬받는다.

기토(己土) 일간의 인물

김영삼(대한민국 제14대 대통령), 슈가(본명 김윤기, BTS), 김민선(스피드스케이팅 선수), 문용식(기업인, 정치 인, 아프리카TV 창립자), 노제(안무가)

(3) 기(己) 일간의 유명인 사주

가수	격투기선수
1993년 3월 9일 (양) 낮 12시	1981년 11월 17일 (양) 오전 6시

시	일	월	연	(乾)
庚	己	乙	癸	
午	丑	卯	酉	

시	일	월	연	(乾)
丁	己	己	辛	
卯	亥	亥	酉	

국가대표 운동선수

1994년 5월 23일 (양) 낮 12시

시	일	월	연	
庚	己	己	甲	(乾)
午	酉	巳	戌	

아브라함 링컨
(1809~1865, 미국의 제16대 대통령)

1809년 2월 12일 (양) 묘(卯)시

시	일	월	연	
丁	己	丙	己	(乾)
卯	未	寅	巳	

찰스 다윈(1809~1882, 영국의 생물학자)

1809년 2월 12일 (양) 낮 12시

시	일	월	연	
庚	己	丙	己	(乾)
午	未	寅	巳	

DAY

11

천간(天干)과 지지(地支) —
천간, 경(庚) 신(辛)

TODAY'S POINT | 경금(庚金)은 큰 바위와 쇳덩이로 고집 세고 책임감이 있으며,
신금(辛金)은 제련된 금속으로 예리하고 섬세하다.

바위산의 경금(庚金)으로 태어난 윤석열

1960년 12월 18일 (양) 술(戌)시

시	일	월	연
甲	庚	戊	庚 (乾)
申	辰	子	子

대한민국 제20대 대통령 윤석열은 겨울의 경금(庚金) 일간에 태어나 수(水)가 발달한 사주이다. 세한대학교 부총장이자 「대통령리더십연구원」 최진 원장은 윤 대통령 성장과정의 3대 키워드로 「아버지」, 「노래(풍류)」, 「검사」를 꼽았으며, 이를 「낭만 검객형」으로 요약했다. 그는 프로이트의 정신분석학, 칼 융의 성격심리학, 해럴드 라스웰의 정치심리학을 토대로 윤 대통령의 성격을 외향형, 정의로운 사회운동가형, 다변의 정치가형으로 분석했다. 윤 대통령의 화법은 속마음을 곧잘 드러내는 단도직입적인 「즉흥적 감성화법」이라 하였다.

사주명리학에서 경금(庚金) 일간에 금(金)과 수(水)가 많으면 프로젝트 완성이나 업무에 돌진하는 능력이 뛰어나다. 그리고 자신의 틀이나 자기가 만들어놓은 환경에서 친밀도가 높다. 양팔통에 해당되어 외향적이기는 하지만, 금(金)과 수(水)가 차지하는 비중이 크기 때문에 자신과 친분 있는 사람과는 외향적 기질이 매우 강하지만, 친분 없는 사람과는 거리를 두는 타입이다.

경금(庚金) 일간에 금(金)과 수(水)가 많으면, 힘있는 사람에게는 충성심이 강하지만 힘없는 사람에게는 강력한 카리스마를 발휘한다. 또한 자신에게 충성하는 부하 직원을 헌신적으로 챙기는 면도 있다. 윤 대통령이 취임한 후에 미국과 일본 등 강대국을 대하는 태도 역시 「힘있는 상사」를 대하는 모습과 결이 통한다.

금(金)과 수(水)가 차지하는 비중이 큰 사람은 집단주의, 조직주의, 개인주의 성향이 나타난다.

DAY 11 >> 천간(天干)과 지지(地支) —
천간, 경(庚) 신(辛)

1 경(庚)_ 양금(陽金)

(1) 경(庚)

음양	양(陽)
오행	금(金)
계절·자연현상	크고 높고 넓은 가을의 바위산, 바위(암석) 사막, 광산
색상	백색
특성	계획적이고 자신의 생각을 주장하고 실천한다.
특징	천간 10자 중 7번째
합(合)	경(庚)과 을(乙)은 경을(庚乙)로 합금(合金)한다.
물상(物像)	바위산, 큰 바위, 유조선, 비행기, 기차, 광산, 포클레인

- 지지(地支)의 신금(申金)과 같다.
- 바위산, 석산(石山), 악산(岳山, 관악산·설악산·치악산 등), 광산, 유조선, 유람선, 비행기, 기차, 탱크, 바위, 도끼 등을 상징한다.
- 커다란 광석, 바위산, 쇳덩어리 등이 본래의 모습을 쉽게 바꾸지 않는 것처럼 경금(庚金) 일간인 사람은 자신의 생각이나 계획을 쉽게 변경하지 않고 목표를 이룰 때까지 끈기 있게 밀고 나가 완성시킨다. 고집이 세고 뚝심이 있으며 맡은 일을 완벽하게 마무리하여 프로젝트 완성 능력이 뛰어나다. 고집불통의 성격이며 호불호가 정확하고 흑백논리가 뚜렷하다.

KEY WORD

객관적인, 고집불통, 규칙적, 기준을 강요하는, 노력하는, 도덕적, 목표가 정확한, 반듯한, 반복적, 봉사하는, 분별하는, 비판하는, 솔직한, 스스로 경계하는, 스스로 규칙을 정하는, 시간을 잘 활용하는, 신념을 끊임없이 고민하는, 신중한, 실질적, 엄격한, 완벽한, 원칙적, 유용한, 의지가 강한, 이성적, 일관성 있는, 절제하는, 정직한, 책임감 있는, 통제하는, 평가하는, 행동을 정당화하는, 혹사하는, 흑백논리가 강한, 희생하는

(2) 경금(庚金)

- 경금(庚金)은 커다란 바위산, 바위사막에서 역발산기개세(力拔山氣蓋世, 힘은 산을 뽑을 만큼 매우 세고 기개는 세상을 덮을 만큼 웅대하다)를 키우는 것과 같다. 넓고 크고 높은 쇳덩어리, 광산, 대형 유조선, 아파트, 비행기, 항공모함, 기차, 유람선, 제철소 등의 이미지다.

- 바위산, 광산, 바위사막 등은 아주 단단하여 쉽게 변하지 않고 그대로의 모습을 오랫동안 유지한다. 광산의 다이아몬드는 30억 년의 긴 세월 동안 열과 압력에 의해 생성되었고, 자수정은 약 1억 년에 걸쳐 생성된다. 경금(庚金)은 천간(天干)과 오행(五行) 중에서 가장 단단하고 굳세며, 견고하고 딱딱한 성질을 상징한다. 자신의 생각을 끝까지 밀고 나가는 뚜렷한 주체성과 결단력, 신념을 유지하기 위해 규칙적, 계획적으로, 준비하는 성향이 강하다. 한 번 시작한 일은 반드시 결과를 봐야 하는 뚝심과 성실함, 근면함과 우직함, 끈기도 있다.

- 광산의 금속은 엄청난 온도의 불로 담금질해야만 자신의 존재를 변화시킬 수 있을 뿐 웬만한 환경에서는 자신의 본래의 모습을 지키고 있다. 쉽게 변화하지 않지만 반지가 되고 시계가 되고 유조선이 되고 유람선이 되는 것처럼 완전히 새로운 모습으로 변화할 수도 있다. 바위산 또한 어느 한순간 용암이 폭발하여 암석을 만들어내듯 경금(庚金)의 사람은 감정이 폭발하면 새로운 세상을 만들어내는 개혁성과 혁명성을 발휘한다. 금(金)은 혁명적 기질이 있고 가죽처럼 질기다 해서 「종혁(從革)」이라 부르기도 한다. 사주 원국의 8글자 중 대부분이 금(金)으로 이루어져 있을 때 「종혁격(從革格)」이라 부른다.

- 현실적이고 불의를 보면 반드시 바로잡아야 하는 의협심이 강하다. 정의롭고 책임감이 강하여 자신이 속한 조직이나 사회에서 앞장서서 일을 처리하는 희생과 봉사정신이 투철하다.

- 생각이 뚜렷하고 쉽게 바뀌지 않는 변함없는 원칙이 있으며 흑백논리가 정확한 타입이다. 질서가 있고 원칙과 규칙이 정해진 일은 꼼꼼하게 빈틈없이 처리하지만, 변할 수 있거나 유동적인 일에는 적응하지 못하고 혼란스러워 한다.

- 긍정적이기보다는 매사 완벽주의자로 과도한 자기 확신, 자기 생각의 집착, 부정적 비판적 분석적인 성향이다. 타인도 완벽한 사람이 되도록 강요하고 실수를 용납하지 않으며 자주 비판하고 지적한다. 자신이 생각하거나 만들어 놓은 규칙이 지켜지지 않을 때는 비판하거나 신경이 날카롭다. 어떤 경우에는 폭발하거나 폭력적인 모습도 간혹 보인다.

- 인색하고 욕심이 많아 손해 보는 일은 되도록 안 하려고 하고 구두쇠 기질이 있다. 한 번 믿으면 100% 신뢰하는데 아주 가까운 사이여도 자신이 정한 룰을 지키지 않고 실수를 반복하면 냉정하게 관계를 정리한다.

(3) 경(庚) 일간의 유명인 사주

배우

1995년 4월 9일 (양) 낮 12시

시	일	월	연
壬	庚	庚	乙 (坤)
午	午	辰	亥

기업인

1957년 10월 25일 (음) 오(午)시

시	일	월	연
壬	庚	壬	丁 (乾)
午	申	子	酉

의사

1990년 10월 22일 (양) 낮 12시

시	일	월	연
壬	庚	丙	庚 (乾)
午	申	戌	午

격투기선수

1991년 4월 10일 (양) 오전 8시

시	일	월	연
庚	庚	壬	辛 (乾)
辰	戌	辰	未

은행원

1965년 12월 20일 (음) 오후 10시

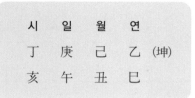

시	일	월	연
丁	庚	己	乙 (坤)
亥	午	丑	巳

2 신(辛)_ 음금(陰金)

(1) 신(辛)

음양	음(陰)
오행	금(金)
계절·자연현상	늦가을, 서리 내리는 들판, 풍요로운 가을 들판
색상	은색
특성	꼼꼼하고 예리하며 섬세하다.
특징	천간 10자 중 8번째
합(合)	신(辛)과 병(丙)은 신병(辛丙)으로 합수(合水)한다.
물상(物像)	바늘, 시계, 송곳, 칼, 반지, 보석

- 지지(地支)의 유금(酉金)과 같다.
- 가공된 금속, 보석, 생활용품(바늘·칼·송곳·못) 등을 상징한다.
- 금속이 쉽게 변하지 않는 것처럼 자신의 생각을 쉽게 변화하지 않고 끝까지 밀고 나가는 성향이다.
- 예민하고 섬세하여 사람과 일의 관계에서 작은 실수도 쉽게 용납하지 못한다.
- 완벽주의적 강박증이 있으며 손해 보는 일을 싫어하고 시간 약속에 대한 집착이 강하다.
- 책이나 신문에서 오타를 찾아내는 탁월한 능력이 있고 반도체, 신문사 편집, 출판사 편집, 사격, 양궁 등 정확성이 요구되는 일에 적성이 맞다.

가르치는, 강박적인, 객관적인, 결벽이 심한, 공격적인, 교육하려는, 꼼꼼한, 냉담한, 너그럽지 못한, 민감한, 비판하는, 빈틈없는, 섬세한, 성실한, 신경질적인, 신랄한, 억제하는, 엄격한, 예리한, 예민한, 완고한, 완벽한, 우울한, 의존적인, 이상적인, 지적인, 집착하는, 차분한, 책임감 있는, 충고하는, 통찰하는, 판단하는, 합리적인, 현명한, 흥분하는

(2) 신금(辛金)

- 신금(辛金)은 반짝이는 보석, 날카로운 생활도구처럼 실용적인 것을 의미한다. 작은 금속으로 만들어진 목걸이·반지 같은 보석류와 장신구, 뷰티용품, 칼·송곳·가위·톱 등의 생활용품 등 가공된 금속과 조약돌·짱돌 같은 돌덩이 등이 속한다.

- 신금(辛金) 또한 경금(庚金)과 마찬가지로 쉽게 변하지 않고 성분을 지속적으로 유지한다.

- 다이아몬드, 금, 자수정 등으로 만든 장신구처럼 신금(辛金)은 미적 감각과 예술성이 있다. 임수(壬水)나 자수(子水)와 같은 맑은 물과 함께 있으면 보석이 깨끗한 물에 씻겨 반짝이면서 빛나듯이 조각 같은 미남, 미녀형이고 연예, 예술, 방송 분야 등의 직업에 종사하는 사람들이 많다.

- 신금(辛金)이 생활용품을 상징하듯이 현실에 필요한 실용성과 유용성을 지닌다. 섬세하고 디테일이 강하고 기계적인 성향이 있으며, 칼이나 송곳처럼 날카로워 언어로 상대방에게 상처를 주는 경우도 있다.

- 신금(辛金) 일간이나 신금(辛金)이 많은 사람은 보석 전문가가 세공하거나 칼 장인이 날카로운 칼을 다듬는 것과 비슷하여 신경이 예민하고 섬세하다. 보석과 칼 등이 작은 상처에도 사용 가치가 떨어지듯이 작은 비판이나 사건에도 민감하고 까칠하게 반응한다.

- 체계적, 분석적, 조직적, 빈틈없는 성향으로 매사 자신과 주변 사람들에게 꼼꼼하고 완벽한 일 처리를 요구한다. 세밀하게 구분하고, 질서정연하게 체계화시키며, 치밀하게 준비하고 계획한다. 정리정돈을 완벽하게 하고 깔끔하게 청소한다. 송곳처럼 작지만 날카롭고, 섬세하지만 단단하여 자칫 자신과 주변 사람들을 피곤하게 하고, 차갑고 비판적인 말로 상처를 입힌다. 특히 자신의 계획대로 일이 진행되지 않을 때는 비판적인 잔소리가 많아진다.

- 자신과 타인의 실수를 쉽게 넘기지 못하고 자기반성과 타인에 대한 비판이 강해져 쉽게 피로감을 느낀다. 체력이 약하고 과민성, 스트레스성이 있어 건강이 허약하다.

- 보석처럼 섬세하고 세련된 화려한 성격과, 생활도구처럼 실용적이고 날카롭고 예리한 성격이 함께 존재한다. 손재주가 뛰어나 손으로 하는 일이나 섬세함이 필요한 일에 잘 맞는다.

반도체, 미생물, 전산, 조각, 악기, 기계공학, 반도체공학, 의사, 한의사, 요리사 등의 직업이 어울린다.

- 남성은 비판적 기질이 강하고, 여성은 실천적 기질이 강하다.

신금(辛金) 일간의 인물

이방원(태종, 조선 제3대 왕), 김두환(제3, 6대 국회의원), 조지 부시(미국 제41대 대통령), 이명박(제17대 대통령), 유시민(정치인), 자승(승려), 김태희(배우), RM(본명 김남준, BTS), 배윤정(안무가)

(3) 신(辛) 일간의 유명인 사주

배우

1988년 2월 16일 (양) 오후 8시

시	일	월	연	
戊	辛	甲	戊	(乾)
戌	丑	寅	辰	

배우

1980년 3월 29일 (양) 오(午)시

시	일	월	연	
甲	辛	己	庚	(坤)
午	丑	卯	申	

배우

1985년 9월 19일 (양) 오후 6시

시	일	월	연	
丁	辛	乙	乙	(乾)
酉	酉	酉	丑	

기자

1977년 1월 24일 (양) 유(酉)시

시	일	월	연	
丁	辛	辛	丙	(乾)
酉	巳	丑	辰	

정치인

1959년 6월 23일 (음) 오전 10시

시	일	월	연
癸	辛	辛	己 (乾)
巳	亥	未	亥

기업인

1970년 10월 18일 (양) 오후 2시

시	일	월	연
乙	辛	丙	庚 (乾)
未	未	戌	戌

가수·배우

1997년 3월 30일 (양) 오후 2시

시	일	월	연
乙	辛	癸	丁 (乾)
未	未	卯	丑

DAY 12

천간(天干)과 지지(地支) ─
천간, 임(壬) 계(癸)

TODAY'S POINT | 임수(壬水)는 큰물로 속이 깊고 생각과 아이디어가 많으며, 계수(癸水)는 작은 물로 섬세하고 감각이 발달되었다.

인간의 양심문제를 조명한 천간 임수(壬水) 날에 태어난 알베르 카뮈

1913년 11월 7일 (양) 미(未)시

시	일	월	연	
丁	壬	壬	癸	(乾)
未	辰	戌	丑	

알베르 카뮈(Albert Camus)는 프랑스령 알제리에서 태어났고, 아버지가 제1차 세계대전 전후인 1914년 사망한 후, 홀어머니와 함께 가난하게 살았다. 1957년 43세의 젊은 나이에 노벨문학상을 수상했다.

카뮈는 임수(壬水) 일간에 태어났고 사주 지지는 진술축미(辰戌丑未) 토(土)로 이루어졌다. 임수는 신중함, 진중함, 상상력, 창의적, 통찰력, 기쁨, 쾌락, 괴로움, 부정적, 애매모호함, 죽음 저 너머의 세상에 대해 생각 등을 상징한다. 이는 「그의 중요한 문학적 작품은 우리 시대 인간의 양심문제를 통찰력 있고 진지하게 조명하고 있다」는 노벨문학상 수상 선정 이유와 일맥상통한다.

작품 『이방인』, 『시지프 신화』, 『오해』는 「부조리(또는 부정)의 3부작」이라 부른다. 『이방인』에서는 죽음에 대한 심상과 그것에 대한 부정할 수 없는 확신 속에서 자연사, 살인, 사형처럼 방식은 각각 다르지만 죽음이라는 공통된 정의를 포괄하는 비극이 맞물린다. 『시지프 신화』는 자살에 대한 철학적 사유를, 『오해』는 살인으로 인한 자살을 담고 있다.

"오늘, 엄마가 죽었다. 아니 어쩌면 어제, 모르겠다."
— 『이방인』 첫 구절

『이방인』은 어머니 죽음의 회상으로 시작한다. 카뮈의 작품 세계의 주요 화두가 이처럼 죽음에 도달하는 각각 다른 방식을 다루는 것은 임수(壬水) 일간의 영향과 무관하지 않다. 카뮈의 인터뷰와 강연 내용, 당대의 문학평론 등을 담은 『스웨덴 연설─문화비평』에는 이런 말이 실려있다.

"예술은 고독한 향락이 아닙니다. 그것은 인간의 공통적인 괴로움과 기쁨의 유별난 이미지를 제시함으로써 최대 다수의 사람들을 감동시키는 수단입니다."

DAY 12 >> 천간(天干)과 지지(地支) —
천간, 임(壬) 계(癸)

1 임(壬)_ 양수(陽水)

(1) 임(壬)

음양	양(陽)
오행	수(水)
계절·자연현상	겨울의 한기가 도는 바다와 강
색상	검정색
특성	자신을 드러내지 않고 꿈을 원대하게 갖는다. 생각과 정보를 지속적으로 만들어간다.
특징	천간 10자 중 9번째
합(合)	임(壬)과 정(丁)은 임정(壬丁)으로 합목(合木)한다.
물상(物像)	바다, 강, 호수, 폭설, 장마, 함박눈

- 지지(地支)의 해수(亥水) 또는 자수(子水)와 같다. 자(子)와 해(亥)는 상황에 따라 음양이 바뀐다.
- 큰물, 많은 물의 바다, 호수, 강, 폭설, 장마, 홍수 등을 상징한다.
- 바다, 호수, 강은 평소에는 잔잔하여 깊은 속을 알 수 없다. 어느 순간 해일이나 홍수가 되어 산을 무너뜨리고 도시를 삼키는 것처럼 성격이 내성적이고 얌전해 보여도 안전을 위협받고 있다고 생각하는 순간 엄청난 폭발성을 드러낸다.
- 바다, 호수, 강물은 조용한듯 보이지만 계속 끊임없이 움직이고 있다. 계곡에서 시작한 물이 시냇물, 강물, 바다로 끝없이 이어지고 바다에서도 계곡으로 이어지는 것처럼 과거에 대한 생각이 현재까지 지속된다.
- 여행을 떠날 때 바다나 강을 찾고, 집을 구할 때 강 근처의 풍경이 비싸듯이 임수(壬水)가 2개 이상 있으면 도화의 기운이 강하여 인기, 연예, 방송 등의 직업에 재능이 있다.

(2) 임수(壬水)

- 바다, 강, 호수 같은 큰물, 남극과 북극의 빙하, 먹구름, 폭우, 폭설, 태풍, 장마, 허리케인 등을 상징한다.

- 임수(壬水)는 바다와 강물처럼 넓고 깊은 생각과 지식을 가지고 있다. 화(火)는 위로 올라가지만 큰물은 한곳에 머무르지 않고 끊임없이 아래로 흘러가는 것처럼 임수(壬水)는 행동보다는 생각이 많고 끊임없이 정보수집을 한다. 생각이 많다 보니 창의력과 아이디어가 반짝이고 상상력이 뛰어나며 정보 수집력과 수리력이 발달하였다.

- 물은 끊임없이 위에서 아래로 흐른다. 불이 위로 올라가 「행동의 모습」이라면, 물은 아래로 흘러가는 「생각의 모습, 마음의 모습」이다. 수(水)는 아래로 흘러서 「윤하(潤下)」라고 한다. 사주 원국의 8글자 중 대다수가 수(水)로 이루어진 사주를 「윤하격(潤下格)」이라 부른다.

- 물이 위로 올라가지 않고 땅속으로 자신을 감추려 하고 아래로 내려가듯이, 임수(壬水)는 적극적인 실천과 행동보다는 신중한 판단과 결정을 하기 때문에 한발 늦은 결정 장애나 판단 장애의 기질을 가지고 있다. 한편으로는 수증기가 먹구름이 되고 커다란 소낙비와 태풍이 되듯이, 높은 위치에 서고 싶은 성공에 대한 갈망이 있다. 일확천금에 대한 욕망도 가득하여 기회가 있으면 이루고 싶은 꿈을 언제나 간직하고 있다.

- 큰물은 평소에는 호수나 바다에 잔잔하게 있는 것처럼 겉으로는 깊은 뜻을 알 수 없다. 임수(壬水) 역시 비밀이 많다. 자신을 겸손하게 낮추고 조직에 충성한다. 감정을 드러내지 않고 숨기고 감추면서 신중하고 조심스럽게 행동한다.

- 평소에 잔잔하던 큰물이 해일이나 태풍, 장마의 형태로 몰려와 세상을 뒤집어놓을 때가 있듯이 가정, 회사 등의 조직이 불안정한 상황이 되면 감정을 폭발시키고 시끄럽게 하는 경우도 있다.

- 변화와 변동을 미리 예측하여 다양하게 준비하고 임기응변, 권모술수에 능하다. 어려운 상황에서 책임지지 않기 위해 현란한 거짓말로 상황을 벗어나기도 한다.

- 임수(壬水) 일간이거나 임수(壬水)가 많은 사람은 끝없는 욕망에 대한 절제를 적절히 할 수만 있다면 크게 성공할 수 있다.

임수(壬水) 일간의 인물

김범석(쿠팡 창업자), 김한나(별명 소울리스좌), 김범수(아나운서), 김옥빈(배우), 리헤이(안무가)

(3) 임(壬) 일간의 유명인 사주

성악가

1995년 7월 10일 (양) 낮 12시

시	일	월	연	
丙	壬	癸	乙	(乾)
午	寅	未	亥	

가수·프로듀서

1971년 12월 13일 (양) 진(辰)시

시	일	월	연	
甲	壬	庚	辛	(乾)
辰	申	子	亥	

가수

1972년 2월 21일 (양) 오전 4시

시	일	월	연	
壬	壬	壬	壬	(乾)
寅	午	寅	子	

가수

1987년 1월 13일 (양) 낮 12시

시	일	월	연	
丙	壬	辛	丙	(乾)
午	戌	丑	寅	

대학교수

1968년 7월 17일 (음) 낮 12시

시	일	월	연
丙	壬	庚	戊 (乾)
午	子	申	申

기업인

1977년 8월 13일 (양) 오후 10시

시	일	월	연
辛	壬	戊	丁 (坤)
亥	寅	申	巳

배우

1994년 7월 5일 (양) 낮 12시

시	일	월	연
丙	壬	庚	甲 (坤)
午	辰	午	戌

2 계(癸)_ 음수(陰水)

(1) 계(癸)

음양	음(陰)
오행	수(水)
계절·자연현상	초겨울의 서리와 싸락눈 또는 우물물
색상	흑갈색
특성	감수성과 감성적인 상상력이 있고, 안전과 성공의 경계를 줄타기한다.
특징	천간 10자 중 10번째
합(合)	계(癸)와 무(戊)는 계무(癸戊)로 합화(合火)한다.
물상(物像)	작은 물, 우물물, 안개비, 싸락눈, 시냇물

- 지지의 해수(亥水) 또는 자수(子水)와 같다. 자(子)와 해(亥)는 상황에 따라 음양이 바뀐다.

- 작은 물, 적은 물인 계곡물, 우물물, 시냇물, 안개비, 싸락눈 등을 상징한다.

- 계곡물, 우울물의 물 속이 훤히 들여다보이는 것처럼 감정이 예민하고 겉으로 금방 드러나는 성향이다.

- 계수(癸水)는 음으로, 음도 2개 이상이면 양의 작용을 하기 때문에 임수(壬水)와 비슷한 작용을 한다.

- 계수(癸水)는 감각적이고 섬세하며 비판과 칭찬에 민감하다. 안정적이고 안전한 환경을 선호하고 작은 위험에도 두려워하고 불안해한다.

- 의존적이어서 조직이나 가정에 충실 충성한다. 조직에서 자신이 정착하지 못할 것 같으면 뒷담화나 부정적인 정보를 유포하기도 한다.

- 계수(癸水)가 2개 이상이면 도화(桃花)의 기운이 있어 연예, 예술, 방송 등이 적성에 맞는다.

KEY WORD

감성적인, 걱정 많은, 경계하는, 공동체의 안전을 중시하는, 과대망상, 내향적인, 다양한, 도움받으려는, 두려워하는, 뛰어난 아이디어가 많은, 믿음직스러운, 변덕스러운, 복잡한, 부정하는, 불안해하는, 비현실적인, 사회성이 떨어지는, 상상하는, 세밀한, 쉽게 토라지는, 쉽게 좌절하는, 신중한, 심사숙고하는, 연구하는, 예민한, 완벽을 추구하는, 우유부단한, 의심하는, 의존하는, 정보 수집, 조심하는, 조직에서 추진력이 강한, 조직에서 노력하는, 집착하는, 창의적인, 책임감 있는, 초현실적인, 충성하는, 충실한, 충직한, 편집적인, 허무한, 헌신하는, 혁신적인, 확인하는, 환상에 사로잡히는

(2) 계수(癸水)

- 안개, 가랑비, 이슬비, 계곡물, 우물물, 수돗물, 시냇물 등의 작은 물을 상징한다.

- 계수(癸水)는 이슬비나 안개비처럼 신중하고 조심스럽게 스며든다.

- 작은 물인 계곡물, 우물물, 시냇물은 깊이가 얕아 속이 다 들여다보인다. 그래서 계수(癸水)는 자신의 속마음이 얼굴에 그대로 드러나서 감정을 속이기 힘든 타입이다. 계수(癸水) 일간이나 계수(癸水)가 많은 사람은 자신의 생각을 적극적으로 표현하지 못하고 조용하게 말하지만 얼굴에는 감정이 그대로 드러난다. 계곡물과 시냇물도 장마가 되면 넘치듯이 감정이 쌓이면 폭발하는 성향도 있다.

- 계곡물이나 시냇물이 흐르는 소리는 물의 양에 비해 소란스럽다. 계수(癸水)의 사람은 타인을 험담하는 경우가 종종 있다. 말을 옮기다 보니 과장되거나 불필요한 뒷담화로 발전하기도 한다.

- 우물물처럼 고여 있기도 하고 조용히 내리는 안개비, 가랑비, 이슬비처럼 모르는 사람이나 새로운 공간에서 조용하고 얌전한 성향이다. 낯을 가려서 주변에 사람이 많지 않고 소수의 사람만 사귀지만, 소수의 친한 사람들을 만날 때는 자신의 감정을 털어놓는다.

- 우유부단하며, 강한 저항에 부딪히면 순응하고 적응하여 조직에서 규율을 지키며 살아간다. 그러나 억압이나 구속이 강하지 않을 때는 빈틈으로 물이 새듯이 언제나 새로운 꿈과 욕망을 갖는다.

- 물은 수증기가 되어 하늘로 올라가 구름이 되며, 계곡물은 계속 흐르고 지속적으로 움직인다. 계수(癸水)는 이처럼 꿈과 욕망이 있고 상상력도 넓어 아이디어도 많다. 그렇다 보니 성공하는 사람도 있지만, 적극성이나 추진력, 자신감과 결단력은 약하다. 또한 지나친 욕망으로 어느 순간 실패와 타락으로 굴러떨어지기도 한다. 따라서 다른 사람들에 비해 희비의 차가 큰 사람들이 많다.

- 소심하고 예민하며 걱정이 많은 사람으로, 상대방이나 주변 사람들의 감정을 잘 읽고 변화의 기운을 한눈에 파악하는 통찰력을 지닌다. 그렇다 보니 작은 변화나 사건 사고에도 민감하게 반응하고 그 상황에서 벗어나려고 거짓말로 자신의 정당성을 만들어 회피하는 성향이 있다.

- 타고난 상상력과 창의력으로 감수성과 감각이 발달하였다. 문학, 상담, 종교, 철학, 예술, 연예 등의 재능이 뛰어나다. 적극성과 배짱, 결단력을 길러야 자신의 장점을 크게 성장시킬 수 있다.

계수(癸水) 일간의 인물

이병헌(배우), 신동엽(MC · 개그맨), 이시형(의사)

(3) 계(癸) 일간의 유명인 사주

정치인

1957년 1월 21일 (양) 오전 4시

시	일	월	연	
甲	癸	辛	丙	(乾)
寅	巳	丑	申	

정치인

1963년 2월 26일 (음) 오전 1시

시	일	월	연	
壬	癸	乙	癸	(乾)
子	亥	卯	卯	

유명인

1997년 11월 27일 (양) 오전 10시

시	일	월	연	
丁	癸	辛	丁	(乾)
巳	酉	亥	丑	

MC · 개그맨

1971년 2월 17일 (양) 오전 4시

시	일	월	연	
甲	癸	庚	辛	(乾)
寅	酉	寅	亥	

배우

1970년 6월 9일 (음) 오전 7시 30분

시	일	월	연	
丙	癸	癸	庚	(乾)
辰	巳	未	戌	

박원순(1956~2020, 전 서울시장, 전 변호사)

1955년 1월 19일 (음) 오전 6시

시	일	월	연	
乙	癸	戊	乙	(乾)
卯	卯	寅	未	

DAY
13

천간(天干)과 지지(地支) ─
지지, 자(子) 축(丑)

동양의 월지 VS. 서양의 별자리

자(子)월의 별자리

절기	대설~소한, 양력 12월 6일 전후~양력 1월 6일 전후	
서양의 별자리	사수자리(Sagittarius) 후반~염소자리(Capricornus) 전반	
지배 행성	목성, 토성	
별자리 성격	사수자리	철학적이고 낙천적인 방랑자. 낙천적 · 모험적 · 탐구적. 「나는 사색한다. 나는 경험을 중시한다.」
	염소자리	야망과 집념의 조직자. 보수적 · 권위적 · 명예적. 「나는 노력한다. 나는 조직한다.」
별자리 하우스	9번, 10번	
자(子)월생 유명인	강만길(교수), 구교환(배우), 김옥빈(배우), 김종수(배우), 류승완(영화감독), 마크롱(프랑스 대통령), 민희진(아트 디렉터), 박솔미(배우), 박재정(가수), 방준혁(넷마블 의장), 서정진(셀트리온 회장), 송혜교(배우), 스티브 연(배우), 승효상(건축가), 오정희(소설가), 윤동주(시인), 윤종빈(영화감독), 윤형주(가수), 이지영(일타강사), 이휘소(물리학자), 인요한(의사), 장하준(교수), 장한나(첼리스트 · 지휘자), 장혁(배우), 조수미(성악가), 조혜정(배우), 지수(가수), 천정배(정치인), 프란치스코(교황), 홍석현(중앙홀딩스 회장), 효린(가수) 등	

동양의 월지 VS. 서양의 별자리

축(丑)월의 별자리

절기	소한~입춘, 양력 1월 6일 전후~2월 6일 전후	
서양의 별자리	염소자리(Capricornus) 후반~물병자리(Aquarius) 전반	
지배 행성	토성, 천왕성	
별자리 성격	염소자리	야망과 집념의 조직자. 보수적·권위적·명예적. 「나는 노력한다. 나는 조직한다.」
	물병자리	독창적인 개인주의자. 자유적·혁명적·당파적. 「나는 정보력이 뛰어나다. 나는 생각이 많다.」
별자리 하우스	10번, 11번	
축(丑)월생 유명인	고석현(이종격투기선수), 공지영(소설가), 기성룡(축구선수), 김득구(복싱선수), 김수현(작가), 김은희(작가), 김정태(배우), 김종필(전 국무총리), 김종휘(변호사), 노현정(아나운서), 노홍진(영화감독), 닉슨(전 미국 대통령), 리덩후이(전 대만 총통), 무하마드 알리(복싱선수), 박근혜(전 대통령), 박성웅(배우), 박은정(검사), 소찬휘(가수), 스티븐 호킹(물리학자), 신춘호(농심 회장), 심형탁(배우), 오영실(아나운서), 윤기중(교수), 이보영(배우), 이영복(야구감독), 이이경(배우), 이한동(정치인), 전원책(정치평론가), 정수근(야구선수), 채리나(가수), 최승희(무용가), 추자현(배우), 함익병(의사), 황우석(교수) 등	

지지(地支)는 자(子), 축(丑), 인(寅), 묘(卯), 진(辰), 사(巳), 오(午), 미(未), 신(申), 유(酉), 술(戌), 해(亥)의 12자로 이루어져 있으며,「12지지」라고도 한다. 1년은 12달이고, 하루 24시간을 2시간씩 묶어서 12지지로 나타내며, 해를 상징하는 띠동물도 12가지다. 또한 사주명리학에서는 12절기를 중요하게 사용한다.

월지 분석

자(子)

대설~소한

양력 12월 6일 전후~양력 1월 6일 전후

• 겨울의 기운인 본격적인 추위가 시작되는 절기.
• 수(水) 1개, 점수는 수(水) 30점으로 분석.
• 겨울의 기운이 본격적으로 시작되면서 생각이 깊은, 정보수집을 하는, 창의적인 성향이다.

축(丑)

소한~입춘

양력 1월 6일 전후~양력 2월 6일 전후

• 겨울의 추위가 절정에 이르는 절기.
• 토(土) 1개, 점수는 수(水) 30점으로 분석.
• 겨울의 기운이 절정에 다다르면서 추리적, 상상력이 풍부한, 충성적인 성향이다.

인(寅)

입춘~경칩

양력 2월 6일 전후~양력 3월 6일 전후

• 봄이 시작되는 입춘이지만 아직 추위가 남아있는 절기.
• 온난화로 지구 온도가 조금씩 상승하고 있어, 인(寅)월 (2월 6일 전후~3월 6일 전후) 기온이 예전보다 올라가고 있다.
• 목(木) 1개, 점수는 수(水) 30점으로 분석.
• 겨울의 기운이 남아있고 시작되는 봄의 기운이 잠재되어 있어, 수(水)의 성향이 강하면서 목(木)의 성향도 결합되어 있다.

지지(地支)의 점수

	시	일	월	연
지지	시지	일지	월지	연지
%	10%	10%	25%	7.5%
점수	15점	15점	30점	10점

※ 지지(地支)는 표처럼 분석 계산한다.

묘(卯)

경칩~청명
양력 3월 6일 전후~양력 4월 6일 전후

• 봄의 기운이 본격적으로 시작되는 절기.
• 목(木) 1개, 점수는 목(木) 30점으로 분석.
• 목(木) 성향이 강하게 나타난다.

진(辰)

청명~입하
양력 4월 6일 전후~양력 5월 6일 전후

• 봄의 기운이 절정에 있는 절기.
• 토(土) 1개, 점수는 토(土) 15점, 목(木) 15점 으로 분석.
• 봄의 절정이면서 꽃샘추위도 아직 있어 감정 기복이 있고 감수성이 발달되어 예민하다.

사(巳)

입하~망종
양력 5월 6일 전후~양력 6월 6일 전후

• 여름이 시작되는 계절이지만 아직 봄의 기운 이 남아있는 절기.
• 화(火) 1개, 점수는 화(火) 30점으로 분석. 그 러나 화(火)의 뜨거움이 강하지 않은 절기.
• 더위가 강하지 않고 5월의 꽃샘바람도 있어 화(火)의 열정이 적고 감정도 차분하며 감수 성도 예민하다.

※ 오(午), 미(未), 신(申), 유(酉), 술(戌), 해(亥)는 p.164 참조.

DAY 13 >> 천간(天干)과 지지(地支) ─
지지, 자(子) 축(丑)

1 자(子)

절기	자월(子月) = 대설(12월 6일 전후)~소한(1월 6일 전후), 겨울[水] 기운이 왕성하다.
시간	자시(子時) = 오후 11시 30분~오전 1시 30분 • 한국은 기준점 동경 127.5°를 사용하기에 정각에 변경되지 않고 30분 전후로 변경된다. • 서울, 부산, 청주 등 각 도시마다 변경 시간이 조금씩 차이가 나므로 자세한 변경시간은 『사주명리학 초보탈출』p.104 참조.
색상	검정색
방향	정북향
자연물상	월지 = 한겨울의 바다, 한겨울의 함박눈 연일시지 = 시냇물, 계곡물, 우물
지장간	계(癸), 임(壬)
월오행	수(水) 1개, 수(水) 30점, 수(水) 25%
음양	육친분석은 음(陰). 오행은 음양이 때에 따라 변화한다.
분석	자(子) = 도화살(자오묘유), 자오충, 자축합토, 월지는 자축합수, 자유 귀문관살, 신자진합수, 해자축합수 • 자오묘유(子午卯酉)는 도화살(桃花殺)로 3개 이상(월일은 2개)일 때 작용력이 크다. • 도화살은 감각과 감수성이 발달하여 예술, 연예, 방송 등의 재능이 뛰어나다.
성격 심리	• 생각이 많고 우유부단하며 매사 신중하다. • 상상력과 아이디어가 많아 창의력을 발휘해야 하는 문학, 발명, 연구, 수학 등의 직업적성에 재능이 있다. • 적극적인 영업력을 발휘하기보다는 한 명 또는 소수와의 만남을 선호한다. • 현실에서 직접 만나는 것보다 SNS, 인터넷 등의 공간에서 활동하는 것이 마음 편하다.
키워드	감각 있는, 감수성 발달, 걱정 많은, 꿈이 큰, 독특한, 똑똑한, 박학다식, 변명하는, 부정적인, 상상력이 뛰어난, 생각 많은, 속을 알 수 없는, 수리력이 뛰어난, 신중한, 암기력이 뛰어난, 야망 있는, 예민한, 욕망이 큰, 우유부단, 지식이 많은, 진지한, 창의적인, 풍부한 사고력, 감추는
월간 인물	쇼야노(아시아계 미국인 신동·의사), 이지호(삼성 이재용 아들), 인요한(의사), 최수종(배우), 홍진경(모델)

146

MC · 개그맨

1973년 1월 4일 (양) 오전 8시

시	일	월	연
庚	庚	壬	壬 (坤)
辰	子	子	子

정치인

1960년 11월 1일 (음) 오후 9시

시	일	월	연
丙	庚	戊	庚 (乾)
戌	辰	子	子

정치인

1963년 10월 23일 (음) 오후 4시

시	일	월	연
甲	乙	甲	癸 (乾)
申	酉	子	卯

가수

1995년 1월 3일 (양) 낮 12시

시	일	월	연
庚	甲	丙	甲 (坤)
午	午	子	戌

배우

1962년 12월 8일 (양) 오전 8시

시	일	월	연
庚	庚	壬	壬 (乾)
辰	辰	子	寅

베토벤(Ludwig van Beethoven, 1770~1827, 독일 · 오스트리아 클래식작곡가)

1770년 12월 16일 (양) 오전 3시 40분

시	일	월	연
壬	壬	戊	庚 (乾)
寅	寅	子	寅

3 축(丑)

절기	축월(丑月) = 소한(1월 6일 전후)~입춘(2월 6일 전후), 겨울 기운이 강하다.
시간	축시(丑時) = 오전 1시 30분~오전 3시 30분
색상	월지 = 흑갈색(검은 갈색), 연일시 = 황색
방향	북동향
자연물상	월지 = 한겨울의 들판(논), 한 겨울의 바다·강
	연일시지 = 논, 밭, 정원, 화분
지장간	계(癸), 기(己), 신(辛)
월오행	토(土) 1개, 수(水) 30점, 수(水) 25%
음양	음(陰)
분석	축(丑) = 명예살(진술축미), 축미충, 자축합토, 월지는 자축합수, 오축 귀문관살, 사유축합금, 해자축합수 • 진술축미(辰戌丑未)는 명예살로 3개 이상(월일 2개)일 때 작용력이 크다.
성격 심리	• 다양한 성격을 지니며, 독특하고 창의적이다. • 다재다능하며 정보수집을 잘하고, 상상력이 풍부하며 박학다식하다. • 걱정이 많고 신중한 타입이면서 한편으로는 욕망이 커서 한계와 경계를 벗어난 과장되고 새로운 변화와 도전을 꿈꾸는 이상주의자적인 기질이 있다. • 연인, 부부, 가족, 직장 등에서는 안정적이고 안전한 것을 추구하지만, 결정장애나 불안장애가 있어 양극단적인 성향을 지닌다. • 남자는 사업, 정치, 전문직이 어울리고, 여자는 전문직, 공무원, 선생님 등이 직업 적성에 맞는다.
키워드	걱정하는, 기술적인, 기억력이 뛰어난, 꿈이 큰, 다양한 재능, 똑똑한, 뜻밖의 상황에서 모험하는, 박학다식, 복잡한, 분석적인, 상상력이 풍부한, 생각이 많은, 신비로운, 신중한, 아이디어가 많은, 욕망이 많은, 이상주의적, 일확천금을 꿈꾸는, 정보량이 많은, 지식이 많은, 창의적인, 총명한, 통찰력 있는, 풍부한 사고
월간 인물	강병준(언론인), 김건우(배우, 한국예술종합학교 수석입학), 김수현(작가), 김영삼(제14대 대한민국 대통령), 김의성(배우), 문에스더(유튜브 크리에이터), 이만교(작가), 이휘소(물리학자), 정성일(배우), 최미경(NH농협은행 부행장)

작가

1942년 12월 22일 (음) 유(酉)시

시	일	월	연	
乙	乙	癸	壬	(坤)
酉	酉	丑	午	

작가

1972년 1월 7일 (양) 낮 12시

시	일	월	연	
丙	丁	辛	辛	(坤)
午	酉	丑	亥	

배우

1965년 12월 17일 (음) 오전 10시

시	일	월	연	
乙	丁	己	乙	(乾)
巳	卯	丑	巳	

권투선수

1986년 1월 13일 (양) 낮 12시

시	일	월	연	
丙	丁	己	乙	(坤)
午	巳	丑	丑	

모차르트(Wolfgang Amadeus Mozart, 1756 ~1791, 오스트리아 음악가)

1756년 1월 27일 (양) 오후 8시

시	일	월	연	
丙	乙	己	乙	(乾)
戌	丑	丑	亥	

슈베르트(Franz Peter Schubert, 1797 ~1828, 오스트리아 음악가)

1797년 1월 31일 오후 1시 30분

시	일	월	연	
癸	乙	辛	丙	(乾)
未	巳	丑	辰	

DAY
14

천간(天干)과 지지(地支) —
지지, 인(寅) 묘(卯)

동양의 월지 VS. 서양의 별자리

인(寅)월의 별자리

절기	입춘~경칩, 양력 2월 6일 전후~3월 6일 전후	
서양의 별자리	물병자리(Aquarius) 후반~물고기자리(Pisces) 전반	
지배 행성	천왕성, 해왕성	
별자리 성격	물병자리	독창적인 개인주의자. 자유적·혁명적·당파적. 「나는 정보력이 뛰어나다. 나는 생각이 많다.」
	물고기자리	연민적·자비적·상상적. 「나는 감수성이 발달하였다. 나는 감각이 예민하다.」
별자리 하우스	11번, 12번	
인(寅)월생 유명인	강지섭(배우), 구자철(축구선수), 금보라(배우), 김민희(배우), 김승연(한화 회장), 남주혁(배우), 로널드 레이건(전 미국 대통령), 로제(가수), 민효린(배우), 박기량(치어리더), 박신혜(배우), 박화요비(가수), 박희순(배우), 서수민(PD), 서현진(배우), 손지창(배우), 송창식(가수), 에릭(가수), 오정세(배우), 우병우(변호사), 윤일상(작곡가), 이경실(개그우먼), 이광조(가수), 이민정(배우), 이어령(교수), 이재오(정치인), 이적(가수), 이정미(정치인), 전도연(배우), 전두환(전 대통령), 지성(배우), 최재천(생물학자), 현우진(학원 강사), 홍라영(리움 부관장), 홍명보(축구감독), 황석영(소설가) 등	

동양의 월지 VS. 서양의 별자리

묘(卯)월의 별자리

절기	경칩~청명, 3월 6일 전후~4월 6일 전후	
서양의 별자리	물고기자리(Pisces) 후반~양자리(Aries) 전반	
지배 행성	해왕성, 화성	
별자리 성격	물고기자리	연민적 · 자비적 · 상상적. 「나는 감수성이 발달하였다. 나는 감각이 예민하다.」
	양자리	공격적 · 개척적 · 진취적. 「나는 개척하는 사람이다. 나는 자존감이 강하다.」
별자리 하우스	12번, 1번	
묘(卯)월생 유명인	김범수(카카오 창업자), 김지창(화가), 김환기(화가), 김희갑(작곡가), 박대기(기자), 박수근(화가), 변상욱(언론인), 손성은(메가스터디 창업자), 손준호(성악가), 송대남(유도 감독), 신지아(피겨스케이팅 선수), 심상정(정치인), 윤관(법조인), 은혁(가수), 이봉걸(씨름 감독), 이상은(가수), 정형돈(개그맨), 조진웅(배우), 최우석(배우), 한고은(배우), 한채아(배우) 등	

1 인(寅)

절기	인월(寅月) = 입춘(2월 6일 전후)~경칩(3월 6일 전후) 아직 추위가 남아있어 겨울 기운이 있다.
시간	인시(寅時) = 오전 3시 30분~오전 5시 30분
색상	월지 = 검은 남색(진한 남색), 연일시지 = 청색
방향	월지 = 북동향
자연물상	월지 = 영하의 추위가 지속되는 겨울
	연일시지 = 큰나무(우뚝 솟은 나무)
지장간	갑(甲), 병(丙), 무(戊)
월오행	목(木) 1개, 수(水) 30점(아직 추위가 남아있는 2월), 수(水) 25%
음양	양(陽)으로 본다.
분석	인(寅) = 역마살(인신사해), 인신충, 인해합목, 미인 귀문관살, 인오술합화, 인묘진합목 • 인신사해(寅辛巳亥)는 역마살로 3개 이상(월일은 2개)일 때 작용력이 크다. • 역마살은 활동적이고 움직임이 넓은 외교관, 스튜어디스, 비행사, 군인, 경찰, 무역업 등 국내나 해외를 왕래하는 직업이 적성에 맞는다.
성격 심리	• 감각과 감수성이 예민하고 타인의 감정을 잘 파악하여 배려심과 이타심이 있다. • 주변 사람들의 이야기를 잘 들어주며 상대의 감정을 잘 파악하고 분석하는 능력이 있다. • 타인의 감정이나 상황에 몰입하여 무조건적으로 헌신하거나 집착적인 사랑 때문에, 자신을 포기하거나 잃어버리는 곤경에 빠지기도 한다. • 창의력, 상상력, 직관력 등이 뛰어나 이과와 문과에 모두 잘 적응한다.
키워드	가까운 사람에 대한 집착, 감성적인, 감정 풍부, 결단력 부족, 경청하는, 공감하는, 따뜻한, 방황하는, 봉사하는, 비현실적인, 상담가적인, 상처 많은, 생각 많은, 슬픔을 이해하는, 애늙은이, 애매모호한, 애정이 많은, 예민한, 우유부단한, 의지 부족, 조정하는, 착한, 헌신하는
월간 인물	김진욱(공수처장), 마이클 샌델(미국의 대학교수), 유승민(정치인), 황교익(맛칼럼니스트)

정치인

1952년 1월 24일 (음) 미(未)시

시	일	월	연	
癸	乙	壬	壬	(乾)
未	未	寅	辰	

MC · 개그맨

1971년 2월 17일 (양) 오전 4시

시	일	월	연	
甲	癸	庚	辛	(乾)
寅	酉	寅	亥	

정치인

1962년 1월 22일 (음) 오후 10시

시	일	월	연	
丁	乙	壬	壬	(乾)
亥	未	寅	寅	

정치인

1958년 1월 7일 (음) 오후 6시

시	일	월	연	
辛	癸	甲	戊	(乾)
酉	酉	寅	戌	

박원순(1956~2020, 전 서울시장, 변호사)

1955년 1월 19일 (음) 오전 6시

시	일	월	연	
乙	癸	戊	乙	(乾)
卯	卯	寅	未	

이병철(1910~1987, 삼성그룹의 창업주, 초대 회장)

1910년 1월 3일 (음) 오후 8시

시	일	월	연	
壬	戊	戊	庚	(乾)
戌	申	寅	戌	

3 묘(卯)

절기	묘월(卯月) = 경칩(3월 6일 전후)~청명(4월 6일 전후), 봄의 기운이 왕성해지기 시작한다.
시간	묘시(卯時) = 오전 5시 30분~오전 7시 30분
색상	파란색
방향	정동향
자연물상	월지 = 완연한 봄에 꽃과 잎이 활짝 피어난 모습
	연일시지 = 작은나무, 꽃나무, 잔디, 들풀
지장간	을(乙), 갑(甲)
월오행	목(木) 1개, 목(木) 30점, 목(木) 25%
음양	음(陰)
분석	묘(卯) = 도화살(자오묘유), 천문성(묘술해미), 묘유충, 묘술합화, 묘신귀문관살, 해묘미합목, 인묘진합목 • 자오묘유(子午卯酉)는 도화살(桃花殺)로 3개 이상(월일은 2개)일 때 작용력이 크다.
성격 심리	• 착하고 가난하며 불쌍하고 고통받는 약자에게는 한없이 도와주고 배려하며 인간적이다. • 지시하고 지배하는 독재적인 강자에게는 저항하고 대항하는 성격이다. • 기계적이고 반복적인 일보다는 맡은 일을 자유롭게 해야 흥미와 재미가 커지는 타입으로, 이타적 감수성이 발달되고, 감각과 아이디어가 반짝인다. • 대중을 위한 이타심이 있을 때는 사회에 공헌을 크게 하는데 가족, 친구, 친척 등 한정된 범위에서 이타심을 갖게 되면 보증, 돈거래, 투자 등으로 위험할 수 있다.
키워드	감정이 풍부한, 다정다감한, 따뜻한, 반복과 규칙을 거부하는, 봉사하는, 불쌍한 사람을 돕는, 상담가적인, 애정이 많은, 억압하는 사람에게 저항하는, 이타적인, 인간적인, 자유로운, 지시를 싫어하는, 착한, 타인의 슬픔에 공감하는, 헌신하는, 명예를 소중히 생각하는
월간 인물	김병주(국회의원), 김태희(배우), 김환기(화가), 레이디 가가(팝가수), 리처드 도킨스(생물학 교수), 머라이어 캐리(팝가수), 빅터 프랭클(신경과 의사), 손호영(가수), 알버트 바라바시(물리학 교수), 임종령(통역사), 조수빈(아나운서), 조용필(가수)

야구선수

1987년 3월 25일 (양) 오후 6시

시	일	월	연	
辛	癸	癸	丁	(乾)
酉	酉	卯	卯	

변호사

1983년 3월 28일 (양) 오후 2시

시	일	월	연	
辛	乙	乙	癸	(坤)
未	卯	卯	亥	

레슬링선수

1983년 3월 26일 (양) 오후 2시

시	일	월	연	
己	癸	乙	癸	(乾)
未	丑	卯	亥	

격투기선수

1987년 3월 17일 (양) 유(酉)시

시	일	월	연	
乙	乙	癸	丁	(乾)
酉	丑	卯	卯	

김환기(1913 ~ 1974, 서양화가)

1913년 2월 27일 (음) 오전 9시

시	일	월	연	
戊	甲	乙	癸	(乾)
辰	寅	卯	丑	

아인슈타인(Albert Einstein, 1879 ~ 1955, 물리학자)

1879년 3월 14일 (양) 오후 4시

시	일	월	연	
丙	丙	丁	己	(乾)
申	申	卯	卯	

DAY

15

천간(天干)과 지지(地支) —
지지, 진(辰) 사(巳)

TODAY'S POINT | 진(辰)의 계절(월)은 목(木) 기운이 함께 있고,
사(巳)의 계절(월)은 아직 여름의 뜨거움은 적다.

동양의 월지 VS. 서양의 별자리

진(辰)월의 별자리

절기	청명~입하, 4월 6일 전후~5월 6일 전후	
서양의 별자리	양자리(Aries) 후반~황소자리(Taurus) 전반	
지배 행성	화성, 금성	
별자리 성격	양자리	공격적·개척적·진취적. 「나는 개척하는 사람이다. 나는 자존감이 강하다.」
	황소자리	탐욕적·쾌락적·평화적. 「나는 든든한 관리자이다. 나는 소유욕이 강하다.」
별자리 하우스	1번, 2번	
진(辰)월생 유명인	김민정(학원 강사), 김상욱(교수), 김용림(배우), 김은중(축구감독), 김태규(골프선수), 김해진(피겨스케이팅 선수), 미미(가수), 박형주(대학교수), 신승훈(가수), 오지명(배우), 오펜하이머(물리학자), 유인촌(장관·배우), 윤복희(가수), 이해인(피겨스케이팅 선수), 장하석(대학교수), 정성호(개그맨), 진혜원(검사), 최시원(가수), 홍진기(중앙일보 창업주) 등	

동양의 월지 VS. 서양의 별자리

사(巳)월의 별자리

절기	입하~망종, 5월 6일 전후~6월 6일 전후	
서양의 별자리	황소자리(Taurus) 후반~쌍둥이자리(Gemini) 전반	
지배 행성	금성, 수성	
별자리 성격	황소자리	탐욕적·쾌락적·평화적. 「나는 든든한 관리자이다. 나는 소유욕이 강하다.」
	쌍둥이자리	소통적·학습적·사실적. 「나는 소통하는 사람이다. 나는 생각이 많다.」
별자리 하우스	2번, 3번	
사(巳)월생 유명인	김시아(배우), 라파엘 나달(테니스 선수), 노먼 포스터(건축가), 박광온(정치인), 신장식(변호사), 이소연(우주비행), 이지선(대학교수), 이타미 준(건축가), 자승(승려), 장동선(대학교수), 존 F. 케네디(전 미국 대통령), 차도르(격투기선수), 최민식(배우), 토니 블레어(전 영국 총리), 리처드 파인만(물리학자), 페이커(이상혁, 프로게이머), 해린(가수), 허준호(배우) 등	

DAY 15 >> 천간(天干)과 지지(地支) —
지지, 진(辰) 사(巳)

1 진(辰)

절기	진월(辰月) = 청명(4월 6일 전후)~입하(5월 6일 전후), 봄의 기운이 왕성하다.
시간	진시(辰時) = 오전 7시 30분~오전 9시 30분
색상	월지 = 초록색·연두색, 연일시지 = 황색
방향	동남향
자연물상	월지 = 봄이 무르익어 잎은 무성해지고 꽃이 만발한 모습
	연일시지 = 습기가 있어 식물이 잘 자라는 땅(논·밭·산)
지장간	무(戊), 을(乙), 계(癸)
월오행	목(木) 0개 , 목(木) 15점, 목(木) 12.5%, 토(土) 1개, 토(土) 15점, 토(土) 12.5% 진(辰)은 토(土)이지만 봄의 목(木) 기운이 있는 것으로 보아, 목(木) 15점 토(土) 15점으로 계산.
음양	양(陽)
분석	진(辰) = 명예살(진술축미), 진술충, 진유합금, 진해 귀문관살, 신자진합수, 인묘진합목 • 진술축미(辰戌丑未)는 명예살(名譽殺)로 3개 이상(월일은 2개)일 때 작용력이 크다.
성격 심리	• 겉으로는 자신을 적극적으로 드러내지 않지만, 내면에는 창의적인 재능과 창조적인 예술 감각이 뛰어나 감수성이 발달하였다. • 신중하고 진중하면서 은근히 고집이 세며, 자기만의 생각이 뚜렷하다. • 조증과 울증의 예민한 감정 기복이 있는데, 큰 변화를 꺼리면서도 현실적이거나 안정적인 삶만을 추구하는 것도 아니다.
키워드	가족중심적인, 감각 있는, 감수성이 발달한, 감정 기복이 있는, 고집이 센, 끈기 있는, 너그러운, 느긋한, 다정한, 단순한, 모성애가 있는, 순수한, 신중한, 심성이 맑은, 안정적인, 외로운, 우유부단한, 인내심 있는, 진보적인, 진지한, 차분한, 침묵하는, 편안한, 회피하는
월간 인물	김종국(가수), 이소은(가수, 미국 변호사), 제임스 왓슨(생물학자)

가수

1997년 4월 9일 (양) 낮 12시

시	일	월	연	
甲	辛	甲	丁	(坤)
午	巳	辰	丑	

기업인

1983년 4월 23일 (양) 오전 10시

시	일	월	연	
癸	辛	丙	癸	(乾)
巳	巳	辰	亥	

기업인

1987년 4월 28일 (양) 오전 11시

시	일	월	연	
乙	丁	甲	丁	(乾)
巳	未	辰	卯	

국가대표 운동선수

1996년 4월 23일 (양) 낮 12시

시	일	월	연	
壬	庚	壬	丙	(乾)
午	寅	辰	子	

배우

1995년 4월 11일 (양) 낮 12시

시	일	월	연	
丙	壬	庚	乙	(乾)
午	申	辰	亥	

가수 · 변호사

1982년 5월 4일 (양) 오전 8시

시	일	월	연	
甲	丁	甲	壬	(坤)
辰	亥	辰	戌	

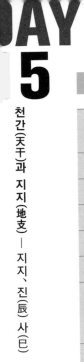

3 　사(巳)

절기	사월(巳月) = 입하(5월 6일 전후)~망종(6월 6일 전후) 입하가 지났지만 아직 봄 기운이 남아있다.
시간	사시(巳時) = 오전 9시 30분~오전 11시 30분
색상	월지 = 보라색·자주색·핑크색, 연일시지 = 적색
방향	월지 = 남동향, 연일시지 = 남향
자연물상	월지 = 절기는 입하로 여름이 시작되었지만, 아직은 봄 기운이 남아있는 모습
지장간	병(丙), 무(戊), 경(庚)
월오행	화(火) 1개, 화(火) 30점, 화(火) 25% • 아직 봄 기운이 남아있어 화(火)의 뜨거운 기운이 강하지 않기 때문에 화(火)의 점수가 30점이지만, 화(火)의 열정적 행동적 표현적 성향은 강하지 않다.
음양	육친으로는 연월일시 모두 양(陽)으로 음양은 때에 따라 변화한다.
분석	사(巳) = 역마살(인신사해), 사해충, 사신합수, 사술 귀문관살, 사유축, 사오미합화 • 인신사해(寅申巳亥)는 역마살(驛馬殺)로 3개 이상(월일은 2개)일 때 작용력이 크다.
성격 심리	• 감각이 예민하고 감수성이 발달하였으며 자기만의 독특한 습관과 특징이 있다. • 재주가 많고 재치가 있으나 감정 기복이 심하고 신경이 예민하다. • 가까운 사람과는 소통을 잘하지만 새롭게 만나거나 친하지 않은 사람과는 낯을 가린다.
키워드	감각이 예민한, 감수성이 발달한, 감정 기복이 있는, 결벽증이 있는, 공감을 잘하는, 다재다능한, 독특한, 매력적인, 변덕스런, 복잡한, 상상력이 뛰어난, 섬세한, 신경이 예민한, 예술성이 있는, 이해가 빠른, 부분적으로 완벽을 추구하는, 재주가 많은, 재치있는, 전체를 분석하는, 조울증, 추리력이 뛰어난, 호기심이 강한
월간 인물	신장식(변호사), 이선호(CJ그룹 회장 이재현의 아들), 이소연(이학박사, 우주비행), 이효리(가수), 장동선(대학교수)

테니스선수

1986년 6월 3일 (양) 낮 12시

시	일	월	연	
戊	戊	癸	丙	(乾)
午	寅	巳	寅	

농구선수

1974년 6월 3일 (양) 진(辰)시

시	일	월	연	
庚	乙	己	甲	(乾)
辰	亥	巳	寅	

가수

1993년 5월 16일 (양) 오후 6시

시	일	월	연	
己	丁	丁	癸	(坤)
酉	酉	巳	酉	

이학박사

1978년 6월 2일 (양) 오전 8시

시	일	월	연	
庚	乙	丁	戊	(坤)
辰	未	巳	午	

배우

1962년 4월 27일 (음) 인(寅)시

시	일	월	연	
甲	戊	乙	壬	(乾)
寅	辰	巳	寅	

리처드 파인만(Richard Phillips Feynman, 1918~1988, 미국의 이론물리학자)

1918년 5월 11일 (양) 낮 12시

시	일	월	연	
戊	戊	丁	戊	(乾)
午	午	巳	午	

DAY 16

천간(天干)과 지지(地支) —
지지, 오(午) 미(未)

동양의 월지 VS. 서양의 별자리

오(午)월의 별자리

절기	망종~소서, 6월 6일 전후~7월 6일 전후	
서양의 별자리	쌍둥이자리(Gemini) 후반~게자리(Cancer) 전반	
지배 행성	수성, 달	
별자리 성격	쌍둥이자리	소통적·학습적·사실적. 「나는 소통하는 사람이다. 나는 생각이 많다.」
	게자리	감상적·배려적·안정적. 「나는 보호하는 사람이다. 나는 감각과 감수성으로 느낀다.」
별자리 하우스	3번, 4번	
오(午)월생 유명인	김경호(가수), 김민기(정치인), 김영철(개그맨), 김완선(가수), 김진표(국회의장), 로이킴(가수), 류삼영(경찰공무원), 마이클 타이슨(복싱선수), 송대관(가수), 신유빈(탁구선수), 유재하(가수), 이기상(학원강사), 이대호(야구선수), 이승현(미스코리아), 이시형(의사), 임영웅(가수), 임지연(배우), 조수아(양궁선수), 존 내쉬(수학자), 체 게바라(정치인) 등	

동양의 월지 VS. 서양의 별자리

미(未)월의 별자리

절기	소서~입추, 7월 6일 전후~8월 6일 전후	
서양의 별자리	게자리(Cancer) 후반~사자자리(Leo) 전반	
지배 행성	달, 태양	
별자리 성격	게자리	감상적·배려적·안정적. 「나는 보호하는 사람이다. 나는 감각과 감수성으로 느낀다.」
	사자자리	표현적·열정적·창조적. 「나는 당당하다. 나는 창조하는 사람이다.」
별자리 하우스	4번, 5번	
미(未)월생 유명인	김장환(목사), 라도(작곡가), 리아(가수), 리자청(홍콩 기업인), 만델라(전 남아공 대통령), 신세경(배우), 썬 킴(교육자), 엘리자베스 테일러(배우), 오하영(가수), 윤진아(배우), 이길녀(대학총장), 이병헌(영화감독), 이서연(배우), 이유진(환경운동가), 조인선(배우), 조치훈(바둑기사), 최광희(영화평론가), 크리스토퍼 놀란(영화감독), 한상혁(변호사) 등	

월지 분석

오(午)

망종 ~ 소서

양력 6월 6일 전후~양력 7월 6일 전후

- 여름의 절정이 시작되는 절기.
- 화(火) 1개, 점수는 화(火) 30점으로 분석.
- 본격적으로 여름 기운이 강하여 열정적이고 외향적인 성향이다.

미(未)

소 서 ~ 입 추

양력 7월 6일 전후~양력 8월 6일 전후

- 여름의 절정에 다다른 시기의 절기.
- 토(土) 1개, 점수는 화(火) 30점으로 분석.
- 여름의 기운이 왕성하면서 동시에 토(土)의 평화적인 성향이 있어, 가정적이면서 열정적이고 표현력이 강하며 모험적이다.

신(申)

입추 ~ 백 로

양력 8월 6일 전후~양력 9월 6일 전후

- 가을이 시작하는 입추이지만 아직 더위가 강하게 남아있고 장마와 태풍이 반복되는 절기.
- 금(金) 1개, 점수는 화(火) 30점으로 분석.
- 무더위, 장마, 태풍이 섞여 있는 절기처럼 열정, 감수성, 예민함이 공존한다.

유(酉)

백 로 ~ 한 로

양력 9월 6일 전후~양력 10월 6일 전후

- 가을이 본격적으로 시작되는 절기.
- 금(金) 1개, 점수는 금(金) 30점으로 분석.
- 가을의 기운이 본격적으로 시작되면서 금(金)의 기질인 완벽한, 계획적, 원칙적인 성향이다.

술(戌)

한 로 ~ 입 동

양력 10월 6일 전후~양력 11월 6일 전후

- 가을이 절정에 이르는 절기.
- 토(土) 1개, 점수는 토(土) 15점, 금(金)15점으로 분석.
- 가을 기운이 절정에 다다르면서 준비성 있는, 완벽한, 구조적인 성향이다.

해(亥)

입 동 ~ 대 설

양력 11월 6일 전후~양력 12월 6일 전후

- 겨울의 시작인 입동이지만 아직은 가을의 기운이 남아있는 절기.
- 수(水) 1개, 점수는 수(水) 30점으로 분석.
- 아직 가을의 기운이 남아있어 수(水)의 성격에 금(金)의 성격이 결합되어 있는 성향이다.

DAY 16 >> 천간(天干)과 지지(地支) —
지지, 오(午) 미(未)

1   오(午)

절기	오월(午月) = 망종(6월 6일 전후)~소서(7월 6일 전후) 본격적으로 여름 화(火)의 기운이 강해지기 시작한다.
시간	오시(午時) = 오전 11시 30분~오후 1시 30분
색상	빨간색
방향	정남향
자연물상	월지 = 한여름의 태양가득한 무더운 날씨
지장간	정(丁), 병(丙), 기(己)
월오행	화(火) 1개, 화(火) 30점, 화(火) 25%
음양	육친 분석으로는 음(陰). 오행은 음양이 때에 따라 변화한다.
분석	오(午) = 도화살(자오묘유), 자오충, 오미합화, 오축귀문관살, 인오술합화, 사오미합화 • 자오묘유(子午卯酉)는 도화살(桃花殺)로 3개 이상(월일은 2개)일 때 작용력이 크다.
성격 심리	• 자신의 감정을 감추지 않고 타인과 공감을 잘하며, 적극적으로 표현하는 사람으로 언어능력이 발달되어 있고 상황판단이 빨라 다양하고 복잡한 것을 하나로 꿰뚫고 통합하는 능력이 있다. • 다재다능하고 독특하며 재치가 있어 사교적이고 패션 감각이 있다. • 성격이 급해 빨리 실천하고 동시에 여러 일을 진행하는 성향이다.
키워드	가벼운, 감각 있는, 개방적인, 경합하는, 공감을 잘하는, 급한, 다재다능한, 독특한, 매력 있는, 명랑한, 민첩한, 변덕스런, 분주한, 사교적인, 언어가 발달한, 이해가 빠른, 자유로운, 재치있는, 즉흥적인, 즐거운, 취미가 많은, 통합하는, 패션 감각이 있는, 표현력이 있는, 핵심을 꿰뚫는, 호기심 많은
월간 인물	박경석(사학과 교수), 송윤상(검사)

2 오(午) 월지의 유명인 사주

야구선수

1982년 5월 1일 (음) 오(午)시

시	일	월	연	
壬	乙	丙	壬	(乾)
午	亥	午	戌	

기업인

1952년 5월 26일 (음) 진(辰)시

시	일	월	연	
庚	乙	丙	壬	(乾)
辰	未	午	辰	

미스코리아

1999년 6월 25일 (양) 낮 12시

시	일	월	연	
戊	戊	庚	己	(坤)
午	申	午	卯	

기업인

1968년 6월 23일 (양) 자(子)시

시	일	월	연	
甲	甲	戊	戊	(乾)
子	子	午	申	

수영선수

1985년 6월 30일 (양) 오(午)시

시	일	월	연	
壬	庚	壬	乙	(乾)
午	子	午	丑	

가수

1994년 6월 9일 (양) 오(午)시

시	일	월	연	
甲	丙	庚	甲	(坤)
午	寅	午	戌	

절기	미월(未月) = 소서(7월 6일 전후)~입추(8월 6일 전후), 매우 무더운 시기
시간	미시(未時) = 오후 1시 30분~오후 3시 30분
색상	월지 = 주황색, 연일시지 = 황색
방향	남서향
자연물상	월지 = 한여름의 무더운 열기가 가득한 모래사막
	연일시지 = 황무지, 정원
지장간	정(丁), 을(乙), 기(己)
월오행	토(土) 1개, 화(火) 30점, 화(火) 25%, 여름의 화(火)의 기운이 매우 강하다.
음양	음(陰)
분석	미(未) = 명예살(진술축미), 천문성(묘술해미), 축미충, 오미합화, 미인귀문관살, 해묘미합목, 사오미합화 • 진술축미(辰戌丑未)는 명예살(名譽殺)로 3개 이상(월일은 2개)일 때 작용력이 크다.
성격 심리	• 사람들에게 인정받고 싶어하고 의지가 강하며 의욕이 넘친다. • 표현력이 뛰어나고 열정적이며 활기차서 한 가지 일을 반복하기보다는 동시에 여러 일을 진행하는 성향으로 부지런하고 활동적이며 모험적이다. • 변화와 복잡한 상황에 즉흥적으로 대체하는 능력이 뛰어나다. • 가정에서는 안정적이며 다정다감하고 평화로운 환경을 추구한다. • 대인관계에서는 감추지 않고 적극적으로 표현하는 타입이다. • 가까운 사람들에게는 베풀고 사랑을 주며, 자존심이 강하고 체면을 중시하여 타인의 시선을 중요하게 생각한다. • 창의적, 창조적이며 새로운 아이디어가 많다.
키워드	가정적인, 결합하는, 고결한, 관계적인, 당당한, 따뜻한, 베푸는, 변화하는, 소통하는, 아이디어가 많은, 열정적인, 의리 있는, 의욕적인, 저력 있는, 차분한, 창의적인, 창조적인, 체면을 중시하는, 통합하는, 표현하는, 함께하는, 행동하는, 헌신적인, 희생하는
월간 인물	문가영(배우), 안진걸(사회운동가), 이슬아(작가), 이호(법의학자), 천하람(변호사)

DAY
16

4 미(未) 월지의 유명인 사주

야구선수

1999년 7월 29일 (양) 낮 12시

시	일	월	연	
丙	壬	辛	己	(乾)
午	午	未	卯	

방송인

1970년 7월 14일 (양) 오전 2시

시	일	월	연	
丁	乙	癸	庚	(乾)
丑	未	未	戌	

야구선수

1998년 8월 6일 (양) 오전 6시

시	일	월	연	
己	乙	己	戊	(乾)
卯	酉	未	寅	

야구선수

1988년 7월 22일 (양) 오전 10시

시	일	월	연	
丁	戊	己	戊	(乾)
巳	寅	未	辰	

야구선수

1973년 7월 28일 (양) 오후 4시

시	일	월	연	
甲	乙	己	癸	(乾)
申	丑	未	丑	

축구선수

1992년 7월 8일 (양) 오전 10시

시	일	월	연	
辛	乙	丁	壬	(乾)
巳	酉	未	申	

영화감독

1974년 7월 16일 (양) 오후 4시

시	일	월	연	
庚	戊	辛	甲	(乾)
申	午	未	寅	

격투기선수

1975년 7월 29일 (양) 오(午)시

시	일	월	연	
甲	丙	癸	乙	(乾))
午	子	未	卯	

야구선수

1982년 7월 13일 (양) 오후 6시

시	일	월	연	
己	丁	丁	壬	(乾)
酉	酉	未	戌	

농구선수

1975년 7월 27일 (양) 오전 1시

시	일	월	연	
甲	甲	癸	乙	(乾)
子	戌	未	卯	

DAY 17

천간(天干)과 지지(地支) —
지지, 신(申) 유(酉)

동양의 월지 VS. 서양의 별자리

신(申)월의 별자리

절기	입추~백로, 8월 6일 전후~9월 6일 전후	
서양의 별자리	사자자리(Leo) 후반~처녀자리(Virgo) 전반	
지배 행성	태양, 수성	
별자리 성격	사자자리	표현적·열정적·창조적. 「나는 당당하다. 나는 창조하는 사람이다.」
	처녀자리	비판적·완벽적·분석적. 「나는 봉사한다. 나는 분석한다.」
별자리 하우스	5번, 6번	
신(申)월생 유명인	곽노현(전 교육감), 김미경(입짧은햇님, 유튜버), 김부선(배우), 김필(가수), 김희갑(배우), 노무현(전 대통령), 리처드 기어(배우), 배용준(배우), 손정의(기업인), 스티븐 워즈니악(애플 공동창업자), 앙리(축구선수), 양경수(민주노총 위원장), 예성(가수), 이희성(변호사), 임은정(검사), 임정환(학원 강사), 정율성(작곡가), 조광희(변호사), 조지 소로스(금융인), 존슨(전 미국 대통령), 최욱(방송연예인), 하춘화(가수), 함세웅(신부), 황혜성(요리 연구가) 등	

동양의 월지 VS. 서양의 별자리

유(酉)월의 별자리

절기	백로~한로, 9월 6일 전후~10월 6일 전후	
서양의 별자리	처녀자리(Virgo) 후반~천칭자리(Libra) 전반	
지배 행성	수성, 금성	
별자리 성격	처녀자리	비판적·완벽적·분석적. 「나는 봉사한다. 나는 분석한다.」
	천칭자리	균형적·중용적·타협적. 「나는 균형적인 사람이다. 나는 저울질한다.」
별자리 하우스	6번, 7번	
유(酉)월생 유명인	도연(스님), 덩샤오핑(전 중국 주석), 민경훈(가수), 박명수(개그맨), 박인환(시인), 방정오(TV조선 대표), 베르나르 베르베르(작가), 부르노 마스(가수), 소피아 로렌(배우), 손승연(가수), 솔비(가수), 스티븐 핑거(교수), 신구(배우), 신용호(교보그룹 창업자), 이경규(개그맨), 이부진(호텔신라 대표), 이상(시인), 이서현(삼성복지재단 이사장), 전원주(배우), 정세랑(작가), 정유정(작가), 지미 카터(전 미국 대통령), 표드로(격투기선수), 함춘호(기타리스트) 등	

| **1** | **신(申)** |

절기	신월(申月) = 입추(8월 6일 전후)~백로(9월 6일 전후) 아직은 무더우며 장마와 태풍이 반복되는 시기이다.
시간	신시(申時) = 오후 3시 30분~오후 5시 30분
색상	월지 = 분홍색, 연일시지 = 백색
방향	월지 = 남서향, 연일시지 = 서향
자연물상	월지 = 양력 8월은 입추가 지났지만 무더운 여름의 기운이 존재하고 무더움과 장마와 태풍이 뒤섞여 있는 날씨
	연일시지 = 커다란 바위산, 바위사막
지장간	경(庚), 임(壬), 무(戊)
월오행	금(金) 1개, 화(火) 30점, 화(火) 25% • 다만 무조건 무더운 화(火)의 기운으로 보지 않고 장마와 태풍이 존재하는 기운이 있기 때문에 습한 화(火)로 본다.
음양	양(陽)
분석	신(申) = 역마살(인신사해), 인신충, 사신합수, 묘신귀문관살, 신자진합수, 신유술합금 • 인신사해(寅申巳亥)는 역마살(驛馬殺)로 3개 이상(월일은 2개)일 때 작용력이 크다.
성격 심리	• 인정 욕구가 강하고 자존심이 세서 체면을 중시하고 타인의 시선을 중요하게 생각한다. • 모든 일에 의지가 강하고 의욕과 열정이 넘치며 표현력이 뛰어나다. • 주변 사람이나 자신을 따르는 사람에게는 베풀고 헌신적으로 보살피지만, 자신을 비판하는 사람에게는 차갑고 냉정하다. • 창조적, 창의적이며 새로운 아이디어가 많다.
키워드	감수성이 발달한, 감정이 드러나는, 결벽증이 있는, 기복 있는, 독창적인, 복잡한, 비판적, 예민한, 적극적인, 즐거운, 특별한, 팔방미인, 표현력이 좋은, 화려한
월간 인물	김도윤(작가), 백석(작가·시인), 숭산(승려), 앙리(축구선수), 이상순(가수)

개그맨·MC

1972년 8월 14일 (양) 오전 8시

시	일	월	연	
甲	丁	戊	壬	(乾)
辰	丑	申	子	

가수

1981년 8월 30일 (양) 낮 12시

시	일	월	연	
壬	庚	丙	辛	(乾)
午	辰	申	酉	

야구선수

1998년 8월 20일 (양) 오전 10시

시	일	월	연	
己	己	庚	戊	(乾)
巳	亥	申	寅	

기업인

1977년 8월 13일 (양) 유(酉)시

시	일	월	연	
己	壬	戊	丁	(坤)
酉	寅	申	巳	

검사

1974년 8월 31일 (양) 오전 8시

시	일	월	연	
戊	甲	壬	甲	(坤)
辰	辰	申	寅	

가수

1988년 8월 25일 (양) 오전 1시

시	일	월	연	
庚	壬	庚	戊	(乾)
子	子	申	辰	

3	유(酉)

절기	유월(酉月) = 백로(9월 6일 전후)~한로(10월 6일 전후), 가을의 기운이 매우 강하다.
시간	유시(酉時) = 오후 5시 30분~오후 7시 30분
색상	하얀색
방향	정서향
자연물상	월지 = 가을이 본격적으로 시작되는 계절
	연일시지 = 제련된 생활용품, 보석, 칼, 송곳
지장간	신(辛), 경(庚)
월오행	금(金) 1개, 금(金) 30점, 금(金) 25%
음양	월지는 강한 금(金)의 기운으로 음(陰), 연일시는 음(陰), 육친은 연월일시 음(陰).
분석	유(酉) = 도화살(자오묘유), 묘유충, 진유합금, 자유귀문관살, 사유축합금, 신유술합금 • 자오묘유(子午卯酉)는 도화살(桃花殺)로 3개 이상(월일은 2개)일 때 작용력이 크다.
성격 심리	• 정리정돈되고 규격화된 환경을 좋아한다. • 준비되고 계획한 일에 안정감을 느낀다. • 손재주가 발달하여 기술, 연예, 예술 분야에 재능이 있다. • 완벽함을 추구하고 단순하게 반복되는 일을 잘한다. • 한꺼번에 여러 일을 동시에 처리하는 일은 혼란스러워하고 화를 낸다. • 규칙에 어긋난 것을 한눈에 알아보는 능력이 있으며, 감각이 예민하고 감정이 섬세하며 실질적 현실적인 타입이다. • 한번 생각하거나 계획한 일은 반드시 실행하고, 실천해야 안정감을 느끼며 시작한 일은 반드시 결과를 보는 타입이다.
키워드	간섭하는, 결벽증이 있는, 계획적인, 규칙적인, 기계적인, 깔끔한, 꼼꼼한, 단계적인, 단순한, 단정한, 똑똑한, 모범적인, 보수적인, 봉사하는, 분석적인, 비판적인, 섬세한, 세밀한, 순서를 지키는, 신중한, 열심히 하는, 예의가 있는, 완벽한, 원칙적인, 일 지향적인, 잔소리하는, 점잖은, 정교한, 정리정돈, 정확한, 준비하는, 집요한, 집착하는, 청결한, 충실한, 편집증적인
월간 인물	안드레 가임(물리학자·노벨 물리학상), 정호영(일식요리사)

격투기선수

1987년 9월 9일 (양) 오후 7시

시	일	월	연	
丁	辛	己	丁	(乾)
酉	酉	酉	卯	

MC·개그맨

1970년 9월 27일 (양) 오전 1시

시	일	월	연	
丙	庚	乙	庚	(乾)
子	戌	酉	戌	

배우

1985년 9월 19일 (양) 오후 6시

시	일	월	연	
丁	辛	乙	乙	(乾)
酉	酉	酉	丑	

배우

1986년 10월 6일 (양) 오후 6시

시	일	월	연	
辛	癸	丁	丙	(乾)
酉	未	酉	寅	

농구감독

1965년 9월 4일 (음) 오후 6시

시	일	월	연	
乙	乙	乙	乙	(乾)
酉	酉	酉	巳	

장국영(1956~2003, 배우·가수)

1956년 9월 12일 (양) 낮 12시

시	일	월	연	
丙	壬	丁	丙	(乾)
午	午	酉	申	

DAY

18

천간(天干)과 지지(地支) ―
지지, 술(戌) 해(亥)

TODAY'S POINT | 술(戌)의 계절(월)은 금(金) 기운이 강하고, 해(亥)의 계절(월)은 가을과 겨울 기운이 섞여 있다.

동양의 월지 VS. 서양의 별자리

술(戌)월의 별자리

절기	한로~입동. 10월 6일 전후~11월 6일 전후.	
서양의 별자리	천칭자리(Libra) 후반~전갈자리(Scorpius) 전반	
지배 행성	금성, 명왕성	
별자리 성격	천칭자리	균형적·중용적·타협적. 「나는 균형적인 사람이다. 나는 저울질한다.」
	전갈자리	열정적·통찰적·파괴적. 「나는 통제한다. 나는 꿰뚫어본다.」
별자리 하우스	7번, 8번	
술(戌)월생 유명인	경수진(배우), 김대호(아나운서), 김소희(스타일난다 창업주), 김수미(배우), 남궁훈(전 카카오 대표), 동해(가수), 마거릿 대처(전 영국 수상), 마라도나(축구선수), 배두나(배우), 송소희(국악인), 신격호(롯데그룹 창업주), 양익준(영화감독), 엄홍길(산악인), 이현세(만화가), 임현정(피아니스트), 장미란(역도선수), 차준환(피겨스케이팅 선수), 최주봉(배우), 팀 쿡(애플 CEO), 펠레(축구선수), 한문철(변호사), 혜민(승려), 홍석준(보광그룹 창업주) 등	

동양의 월지 VS. 서양의 별자리

해(亥)월의 별자리

절기	입동~대설. 11월 6일 전후~12월 6일 전후.	
서양의 별자리	전갈자리(Scorpius) 후반~사수자리(Sagittarius) 전반	
지배 행성	명왕성, 목성	
별자리 성격	전갈자리	열정적·통찰적·파괴적. 「나는 통제한다. 나는 꿰뚫어본다.」
	사수자리	철학적이고 낙천적인 방랑자. 낙천적·모험적·탐구적. 「나는 사색한다. 나는 경험을 중시한다.」
별자리 하우스	8번, 9번	
해(亥)월생 유명인	놈 촘스키(언어학자), 박경리(소설가), 박완서(소설가), 송재경(게임개발자), 양지열(변호사), 엄태구(배우), 윤종신(가수), 이말년(웹툰작가), 이상희(교수), 임시완(배우·가수), 장하준(대학교수), 잭 도시(트위터 창업자), 제프리 힌튼(인지심리학자), 조정호(메리츠금융지주 회장), 차인표(배우), 칼 세이건(천문학자), 피터 드러거(경제학자), 한석규(배우), 호세 카레라스(성악가), 히딩크(축구감독) 등	

1 술(戌)

절기	술월(戌月) = 한로(10월 6일 전후)~입동(11월 6일 전후), 가을의 기운이 매우 강한 시기
시간	술시(戌時) = 오후 7시 30분~오후 9시 30분
색상	월지 = 회갈색, 연일시지 = 황색
방향	북서향
자연물상	월지 = 완연한 가을에 나무들이 낙엽을 떨구는 모습
	연일시지 = 넓은 들판, 높은 흙산의 형상
지장간	무토(戊土), 정(丁), 신(辛)
월오행	토(土) 1개, 토(土) 15점, 토(土) 12.5%, 금(金) 0개, 금(金) 15점, 금(金) 12.5%
음양	양(陽)
분석	술(戌) = 명예살(진술축미), 천문성(묘술해미) 진술충, 묘술합화, 사술귀문관살, 인오술합화, 신유술합금 • 진술축미(辰戌丑未)는 명예살(名譽殺)로 3개 이상(월일은 2개)일 때 작용력이 크다.
성격 심리	• 일과 사람에 대한 자신만의 판단 기준이 뚜렷하고 분석적 비판적이어서 다른 사람들을 통제하고 비판하려고 한다. • 규칙과 규범이 갖추어져 있으면 마음이 편안해지고 여유로워진다. • 자신이 생각하거나 계획한 일은 반드시 이루려고 한다. 이루어지지 않았을 경우에는 스트레스가 매우 심하고 욱하거나 급한 성격이 나타난다. • 감각이 예민하고 상식적 실질적이며, 조화를 이루는 것에 대한 집착이 강하다.
키워드	계획하는, 고급스러운, 공평한, 관계적인, 교양있는, 규범 있는, 균형적인, 깔끔한, 냉정한, 믿음직한, 분석적인, 상징적인, 소유하는, 실질적인, 예민한, 우아한, 정의로운, 조화로운, 지적인, 통제하는, 평화적인, 품위 있는, 호감 가는
월간 인물	김민석(검사), 김범수(전 아나운서), 문용식(아프리카tv 창립자), 배두나(배우), 이상(작가), 임현정(피아니스트), 정지선(현대백화점그룹 회장), 한용걸(신부)

야구선수

1995년 10월 17일 (양) 낮 12시

시	일	월	연	
甲	辛	丙	乙	(乾)
午	巳	戌	亥	

레슬링선수

1988년 11월 6일 (양) 오후 2시

시	일	월	연	
癸	乙	壬	戊	(乾)
未	丑	戌	辰	

배우

1993년 10월 12일 (양) 낮 12시

시	일	월	연	
甲	丙	壬	癸	(乾)
午	寅	戌	酉	

기업인

1972년 10월 20일 (양) 오전 8시

시	일	월	연	
戊	甲	庚	壬	(乾)
辰	申	戌	子	

김중만(1954 ~ 2022, 사진작가)

1954년 10월 4일 (음) 오후 8시

시	일	월	연	
甲	己	甲	甲	(乾)
戌	未	戌	午	

이상(1910~1937, 작가)

1910년 9월 23일 (음) 오후 6시

시	일	월	연	
辛	癸	丙	庚	(乾)
酉	亥	戌	戌	

천간(天干)과 지지(地支) — 지지、술(戌)해(亥)

3 해(亥)

절기	해월(亥月) = 입동(11월 6일 전후)~대설(121월 6일 전후) 겨울의 시작이지만 아직 가을 기운이 남아있는 겨울 기운이 강하게 시작되지 않은 계절이다.
시간	해시(亥時) = 오후 9시 30분~오후 11시 30분
색상	월지 = 회색, 연일시지 = 흑색
방향	월지 = 북북서
자연물상	월지 = 입동으로 겨울이 시작되지만 아직 가을 기운이 남아있는 계절
	연일시지 = 장마, 함박눈, 바다·강·호수 등의 큰물
지장간	임(壬), 갑(甲), 무(戊)
월오행	수(水) 1개, 수(水) 30점, 수(水) 25% • 수(水)의 성격만 존재하는 것이 아니고, 가을의 기운이 남아 있어 금(金)의 기운도 섞여있 다고 분석해야 한다.
음양	월지는 겨울의 시작으로 아직은 추위가 본격적이지 않다. 육친은 양(陽)으로 오행은 음양이 변화한다.
분석	해(亥) = 역마살(인신사해) 천문성(묘술해미) 사해충, 인해합목, 진해귀문관살, 해묘미합목, 해자축합수 • 인신사해는 역마살(驛馬殺)로 3개 이상(월일은 2개)일 때 작용력이 크다.
성격 심리	• 사람를 만나거나 조직·모임에서 적극적으로 앞장서지 않고 구석이나 주변에서 눈치를 보 면서 상황을 분석하고 판단한다. • 대인관계에서 적극성이 부족하고 모임이나 조직에서 주변에 있다고 욕망이나 야망이 없는 것은 아니다. 엄청난 열정과 욕망이 가득하다. • 말수가 적고 신중하며 잠잠하지만 비밀이 많고 이기적이며 냉철하다.
키워드	감추는, 곁눈질하는, 계산하는, 과묵한, 깊이 있는, 꿰뚫는, 냉철한, 노려보는, 눈치를 살피는, 목적 달성하는, 분석하는, 생각하는, 소유하려는, 숨기는, 아는 척하는, 애착이 강한, 야망 있 는, 양심 있는, 욕망 있는, 음흉한, 의심하는, 정보 수집하는, 질투 많은, 통찰력 있는, 파고드 는, 핵심을 파악하는
월간 인물	김재열(삼성글로벌리서치 사장), 김정수(작가), 박시영(컨설턴트), 송유근(천재소년으로 주목받 던 인물), 장항석(의대교수)

격투기선수

1981년 10월 21일 (음) 묘(卯)시

시	일	월	연	
丁	己	己	辛	(乾)
卯	亥	亥	酉	

축구선수

1996년 11월 15일 (양) 진(辰)시

시	일	월	연	
壬	丙	己	丙	(乾)
辰	辰	亥	子	

대학총장

1954년 10월 20일 (음) 낮 12시

시	일	월	연	
壬	乙	乙	甲	(乾)
午	亥	亥	午	

기업인

1976년 11월 19일 (양) 낮 12시

시	일	월	연	
壬	乙	己	丙	(乾)
午	亥	亥	辰	

박정희(1917 ~ 1979, 제5~9대 대통령)

1917년 9월 30일 (음) 오전 5시

시	일	월	연	
戊	庚	辛	丁	(乾)
寅	申	亥	巳	

정주영(1915 ~ 2001, 현대그룹 창업자)

1915년 10월 19일 (음) 오전 2시

시	일	월	연	
丁	庚	丁	乙	(乾)
丑	申	亥	卯	

DAY 19

천간(天干)과 지지(地支) —
지지의 물상(物象)

| 물상(物象) — 다양한 이론으로 코에 걸면 코걸이, 귀에 걸면 귀걸이가 되는 것을 조심하라

물상론(物象論), 자연의 물상으로 변환시켜 운명을 해석하는 이론

물상론(物象論)은 사주팔자 천간지지(天干地支)를 자연의 물상으로 변환시켜 운명을 해석하는 이론이다. 사주를 자연, 사물, 동물 등으로 변환시켜 분석하는 그림 사주라고도 부를 수 있다. 사주명리학자마다 각자 다른 물상이론을 주장하기 때문에 그만큼 다양하고 복잡하다. 이런 이론들을 모두 접하고 현장에서 활용하기란 쉽지 않은 일이다.

물상이론의 통변은 사주의 천간과 지지, 그리고 오행을 춘하추동 계절이나 자연의 물상 등으로 변환하여 분석하기 때문에 수사적(修辭的)인 상담 방법이라고 할 수 있다. 즉 어느 정도 융통성이 있는 셈이다. 다만 자칫 「코에 걸면 코걸이, 귀에 걸면 귀걸이」의 식으로 엉뚱한 해석이 나올 수 있다는 단점이 있다.

물상에서 가장 중요하게 활용되는 것이 용신(用神) 이론의 조후용신(調候用神)이다. 용신 이론은 사주명리학 초급에 입문한 사람은 이해하기 어렵기 때문에 나중에 공부하고, 「그런 이론이 있다」하는 정도로 생각하면 좋겠다.

조후용신은 월지와 일간을 중심으로 분석하는 이론이다. 월지는 절기로 나누고 계절을 상징하므로 여기에서부터 계절에 따른 일간과 천간을 자연과 계절의 물상으로 해석하여, 지금은 많은 사주명리학자가 이 물상론을 활용하고 있다.

또 다른 물상론은 「띠 동물 물상론」이다. 띠 동물의 특성을 사주에 대입하여 분석하는 방법이다. 지지를 계절, 시간, 띠 동물 등 순간순간 생각나는 대로 분석한다. 예시는 다음과 같다.

- 묘(卯) : 때에 따라 토끼로, 깡충깡충 뛰는 모습으로, 묘시(卯時)로, 콩나물로 해석한다.
- 사(巳) : 때에 따라 뱀으로, 사월(巳月) 즉 여름의 시작으로, 사시(巳時)로, 구불구불 기어감, 구불구불한 골목길로 해석한다.
- 유(酉) : 때에 따라 닭으로, 닭처럼 부지런한 새벽형 인간으로, 유월(酉月) 가을로, 유시(酉時)로, 연탄으로, 종으로 해석한다.

이렇게 다양한 해석이 존재하기에 재미는 있지만 정확한 통계가 나올 수 없기 때문에 신뢰성이 떨어진다. 사주에 묘(卯)와 유(酉)가 있기 때문에 묘(卯)는 나무토막이고, 유(酉)는 쇠를 치는 형상으로 「종을 치는 직업」으로 볼 수 있기 때문에 교회나 성당의 종지기, 학교 선생님, 두부장수 등의 직업을 갖게 된다는 식이다. 정(丁) 유(酉)가 있는 사람은 유(酉)는 연탄이고 정(丁)이라는 불이 피어있으니 연탄숯불구이집, 연탄장수 등의 직업을 갖는다고 분석하기도 한다.

1 자(子)의 자연 물상

키워드		월(月)	겨울, 꽁꽁 언 강이나 호수
		연일시(年日時)	강, 호수, 바다, 시냇물
자월 (子月)		갑(甲)·을(乙) 일간	갑(甲) = 추운 겨울의 큰나무 을(乙) = 추운 겨울의 새싹
		병(丙)·정(丁) 일간	병(丙) = 추운 겨울의 태양 정(丁) = 추운 겨울의 달
		무(戊)·기(己) 일간	무(戊) = 추운 겨울의 넓은 들판 기(己) = 추운 겨울의 정원(화단), 화분
		경(庚)·신(辛) 일간	경(庚) = 추운 겨울의 바위산 신(辛) = 추운 겨울의 보석
		임(壬)·계(癸) 일간	임(壬) = 추운 겨울에 내리는 함박눈(폭설) 계(癸) = 추운 겨울에 내리는 싸락눈
연(年) ／ 일(日) ／ 시(時)	자(子)가 2개 이상	갑(甲)·을(乙) 일간	갑(甲) = 강가, 호숫가, 시냇가의 버드나무 을(乙) = 강가, 호숫가, 시냇가의 들꽃
		병(丙)·정(丁) 일간	병(丙) = 강가, 호숫가, 시냇가에 떠 있는 태양 정(丁) = 강가, 호숫가, 시냇가에 떠 있는 달
		무(戊)·기(己) 일간	무(戊) = 강가, 호숫가, 시냇가의 넓은 들판 기(己) = 강가, 호숫가, 시냇가의 정원(화단)
		경(庚)·신(辛) 일간	경(庚) = 강가, 호숫가, 시냇가의 바위산 신(辛) = 강가, 호숫가, 시냇가에 있는 보석
		임(壬)·계(癸) 일간	임(壬) = 강가, 호숫가, 시냇가에 내리는 폭우(장마비) 계(癸) = 강가, 호숫가, 시냇가에 내리는 가랑비
동물 물상		쥐[子]	• 쥐는 굴, 천정에 살거나 주로 어두운 공간에서 살아간다. • 어두운 공간은 실내에서 하는 일인 연구, 기획, 총무 등이 어울린다. • 위로 타고 오르는 성질이 있어 타인들에게 인정받고 박수받고 싶은 명예욕과 인기욕도 있다. • 연구, 기획, 총무, 연예, 예술, 방송 등의 직업이 적성에 맞는다.

키워드	월(月)	한겨울, 추운 겨울, 눈 내리는 겨울, 눈 덮인 들판, 눈 내리는 호수·강, 꽁꽁 언 호수·강·평야·들판
	연일시(年日時)	작은 논, 습기 있는 정원
축월 (丑月)	갑(甲)·을(乙) 일간	갑(甲) = 추운 겨울의 우뚝 솟은 큰나무 을(乙) = 추운 겨울의 난초, 국화, 새싹
	병(丙)·정(丁) 일간	병(丙) = 추운 겨울의 태양 정(丁) = 추운 겨울의 달·별
	무(戊)·기(己) 일간	무(戊) = 추운 겨울의 넓은 들판 기(己) = 추운 겨울의 정원(화단), 화분
	경(庚)·신(辛) 일간	경(庚) = 추운 겨울의 바위산 신(辛) = 추운 겨울의 보석
	임(壬)·계(癸) 일간	임(壬) = 추운 겨울에 내리는 함박눈 계(癸) = 추운 겨울에 내리는 싸락눈
연(年) / 일(日) / 시(時)	축(丑)이 2개 이상 갑(甲)·을(乙) 일간	갑(甲) = 습기 가득한 논과 들에 우뚝 솟은 큰나무 을(乙) = 습기 가득한 논과 들의 난초, 국화, 새싹
	병(丙)·정(丁) 일간	병(丙) = 습기 가득한 논과 들에 떠 있는 태양 정(丁) = 습기 가득한 논과 들에 떠 있는 달·별,
	무(戊)·기(己) 일간	무(戊) = 습기 가득한 논과 들의 넓은 들판 기(己) = 습기 가득한 논과 들의 정원(화단), 화분
	경(庚)·신(辛) 일간	경(庚) = 습기 가득한 논과 들의 바위산 신(辛) = 습기 가득한 논과 들에 있는 보석
	임(壬)·계(癸) 일간	임(壬) = 습기 가득한 논과 들에 내리는 함박눈 계(癸) = 습기 가득한 논과 들에 내리는 싸락눈
동물 물상	소[丑]	• 소는 농사 짓는데 유용한 가축이고, 축산업에 활용하는 가축이다. • 소는 반복적인 일이나 조직에서 하는 일에 적응력이 뛰어나다. • 꾸준하고 끈기 있으며 계획적인 성향이다.

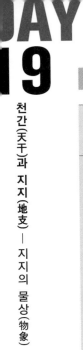

3 인(寅)의 자연 물상

키워드		월(月)	아직 추위가 있는 겨울
		연일시(年日時)	큰나무, 아름드리나무, 소나무, 참나무, 상수리나무, 자작나무
인월 (寅月)		갑(甲)·을(乙) 일간	갑(甲) = 추운 겨울의 우뚝 솟은 큰나무 을(乙) = 추운 겨울의 난초, 국화, 새싹
		병(丙)·정(丁) 일간	병(丙) = 추운 겨울의 태양 정(丁) = 추운 겨울의 달·별
		무(戊)·기(己) 일간	무(戊) = 추운 겨울의 넓은 들판 기(己) = 추운 겨울의 정원(화단), 화분
		경(庚)·신(辛) 일간	경(庚) = 추운 겨울의 바위산 신(辛) = 추운 겨울의 보석
		임(壬)·계(癸) 일간	임(壬) = 추운 겨울에 내리는 함박눈 계(癸) = 추운 겨울에 내리는 싸락눈
연(年) / 일(日) / 시(時)	인(寅)이 2개 이상	갑(甲)·을(乙) 일간	갑(甲) = 풍성한 숲에 우뚝 솟은 큰나무 을(乙) = 풍성한 숲의 난초, 국화, 새싹
		병(丙)·정(丁) 일간	병(丙) = 풍성한 숲에 떠 있는 태양 정(丁) = 풍성한 숲에 떠 있는 달·별
		무(戊)·기(己) 일간	무(戊) = 풍성한 숲의 넓은 들판 기(己) = 풍성한 숲의 정원(화단), 화분
		경(庚)·신(辛) 일간	경(庚) = 풍성한 숲의 바위산 신(辛) = 풍성한 숲에 있는 보석
		임(壬)·계(癸) 일간	임(壬) = 풍성한 숲에 내리는 함박눈 계(癸) = 풍성한 숲에 내리는 싸락눈
동물 물상		호랑이[寅]	• 호랑이는 활동 영역이 매우 넓은 동물이다. • 사냥을 배고플 때는 적극적으로 하고, 배가 부를 때는 영역을 순찰하거나 편안하게 휴식을 취한다. • 사주에 인(寅)이 많은 사람은 꾸준히 반복하는 일보다는 자유롭고 창의적이며 편안한 일을 선호하고, 조직에 구속되는 것을 싫어한다. • 몰아서 벼락치기를 하는 스타일로 공부나 일을 하고, 긴 목표를 정해서 하는 일은 힘들어 한다.

키워드		월(月)	연두색 새싹이 돋아나고 꽃피는 봄의 계절
		연일시(年日時)	꽃나무, 난초, 진달래, 곡식, 채소, 넝쿨나무, 풀, 야생초
묘월 (卯月)		갑(甲)·을(乙) 일간	갑(甲) = 절정에 다다른 봄의 우뚝 솟은 큰나무 을(乙) = 절정에 다다른 봄의 난초, 국화, 새싹
		병(丙)·정(丁) 일간	병(丙) = 절정에 다다른 봄의 태양 정(丁) = 절정에 다다른 봄의 달·별
		무(戊)·기(己) 일간	무(戊) = 절정에 다다른 봄의 넓은 들판 기(己) = 절정에 다다른 봄의 정원(화단), 화분
		경(庚)·신(辛) 일간	경(庚) = 절정에 다다른 봄의 바위산 신(辛) = 절정에 다다른 봄의 보석
		임(壬)·계(癸) 일간	임(壬) = 절정에 다다른 봄에 내리는 폭우 계(癸) = 절정에 다다른 봄에 내리는 안개비
연 (年) / 일 (日) / 시 (時)	묘 (卯) 가 2 개 이 상	갑(甲)·을(乙) 일간	갑(甲) = 난초, 꽃나무 무성한 공간에 우뚝 솟은 큰나무 을(乙) = 난초, 꽃나무 무성한 공간의 난초, 국화, 새싹
		병(丙)·정(丁) 일간	병(丙) = 난초, 꽃나무 무성한 공간에 떠 있는 태양 정(丁) = 난초, 꽃나무 무성한 공간에 떠 있는 달·별
		무(戊)·기(己) 일간	무(戊) = 난초, 꽃나무 무성한 공간의 넓은 들판 기(己) = 난초, 꽃나무 무성한 공간의 정원(화단), 화분
		경(庚)·신(辛) 일간	경(庚) = 난초, 꽃나무 무성한 공간의 바위산 신(辛) = 난초, 꽃나무 무성한 공간에 있는 보석
		임(壬)·계(癸) 일간	임(壬) = 난초, 꽃나무 무성한 공간에 내리는 폭우 계(癸) = 난초, 꽃나무 무성한 공간에 내리는 안개비
동물 물상		토끼[卯]	• 토끼는 굴에서 살고, 들과 산에서 살아간다. • 뒷다리는 길고 앞다리는 짧아서 경사진 곳을 뛰어오르기에 적합하다. • 굴 입구를 여러 개 만들어 누가 침입하면 도망가기 쉽게 대비해 놓는다. • 위로 올라가기를 좋아하는 동물은 명예욕과 인기욕이 강하다. • 굴에 사는 동물은 연구하고 공부하는 능력이 발달되어 있다. • 가축으로 길들여질 수 있으므로 조직 생활에 잘 적응한다.

5 진(辰)의 자연 물상

키워드		
	월(月)	봄의 기운이 왕성한 나무, 꽃, 채소, 곡식 등이 잘 자라는 비옥한 넓은 산, 넓은 들판, 넓은 땅
	연일시(年日時)	큰나무, 꽃, 채소, 곡식 등이 잘 자라는 비옥한 넓은 땅, 넓은 들판, 넓은 산

진월(辰月)	갑(甲)·을(乙) 일간	갑(甲) = 봄의 기운이 왕성한 봄날의 우뚝 솟은 큰나무 을(乙) = 봄의 기운이 왕성한 봄날의 난초, 국화, 새싹
	병(丙)·정(丁) 일간	병(丙) = 봄의 기운이 왕성한 봄날의 태양 정(丁) = 봄의 기운이 왕성한 봄날의 달·별
	무(戊)·기(己) 일간	무(戊) = 봄의 기운이 왕성한 봄날의 넓은 들판 기(己) = 봄의 기운이 왕성한 봄날의 정원(화단), 화분
	경(庚)·신(辛) 일간	경(庚) = 봄의 기운이 왕성한 봄날의 바위산 신(辛) = 봄의 기운이 왕성한 봄날의 보석
	임(壬)·계(癸) 일간	임(壬) = 봄의 기운이 왕성한 봄날에 내리는 폭우 계(癸) = 봄의 기운이 왕성한 봄날에 내리는 안개비

연(年)／일(日)／시(時)	진(辰)이 2개 이상	갑(甲)·을(乙) 일간	갑(甲) = 나무, 꽃, 곡식이 잘 자라는 비옥한 넓은 땅의 우뚝 솟은 큰나무 을(乙) = 나무, 꽃, 곡식이 잘 자라는 비옥한 넓은 땅의 난초, 국화, 새싹
		병(丙)·정(丁) 일간	병(丙) = 나무, 꽃, 곡식이 잘 자라는 비옥한 넓은 땅에 떠 있는 태양 정(丁) = 나무, 꽃, 곡식이 잘 자라는 비옥한 넓은 땅에 떠 있는 달·별
		무(戊)·기(己) 일간	무(戊) = 나무, 꽃, 곡식이 잘 자라는 비옥한 넓은 땅의 넓은 들판 기(己) = 나무, 꽃, 곡식이 잘 자라는 비옥한 넓은 땅의 정원(화단), 화분
		경(庚)·신(辛) 일간	경(庚) = 나무, 꽃, 곡식이 잘 자라는 비옥한 넓은 땅의 바위산 신(辛) = 나무, 꽃, 곡식이 잘 자라는 비옥한 넓은 땅에 있는 보석
		임(壬)·계(癸) 일간	임(壬) = 나무, 꽃, 곡식이 잘 자라는 비옥한 넓은 땅에 내리는 폭우 계(癸) = 나무, 꽃, 곡식이 잘 자라는 비옥한 넓은 땅에 내리는 안개비

동물 물상	용[辰]	• 용은 상상 속의 동물로 현실의 동물은 아니다. • 물이나 굴에 살면 연구, 공부의 재능이 있고 위로 올라가면 명예욕, 인기욕이 강하다. • 사주에 진(辰)이 많은 사람은 연구, 공부 등의 학습 능력이 뛰어나고 명예나 인기를 얻으려고 노력하는 타입이다.

키워드		월(月)	봄의 기운이 아직 많이 남아있는 여름이 시작하는 계절
		연일시(年日時)	큰 불길이지만 꺼질 듯 말 듯 불타오른다.
사월 (巳月)		갑(甲)·을(乙) 일간	갑(甲) = 봄의 기운이 강하게 남아있는 여름이 시작되는 계절의 우뚝 솟은 큰 나무 을(乙) = 봄의 기운이 강하게 남아있는 여름이 시작되는 계절의 난초, 국화, 새싹
		병(丙)·정(丁) 일간	병(丙) = 봄의 기운이 강하게 남아있는 여름이 시작되는 계절의 태양 정(丁) = 봄의 기운이 강하게 남아있는 여름이 시작되는 계절의 달·별
		무(戊)·기(己) 일간	무(戊) = 봄의 기운이 강하게 남아있는 여름이 시작되는 계절의 넓은 들판 기(己) = 봄의 기운이 강하게 남아있는 여름이 시작되는 계절의 정원(화단), 화분
		경(庚)·신(辛) 일간	경(庚) = 봄의 기운이 강하게 남아있는 여름이 시작되는 계절의 바위산 신(辛) = 봄의 기운이 강하게 남아있는 여름이 시작되는 계절의 보석
		임(壬)·계(癸) 일간	임(壬) = 봄의 기운이 강하게 남아있는 여름이 시작되는 계절에 내리는 폭우 계(癸) = 봄의 기운이 강하게 남아있는 여름이 시작되는 계절에 내리는 안개비
연 (年) ／ 일 (日) ／ 시 (時)	사 (巳) 가 2 개 이 상	갑(甲)·을(乙) 일간	갑(甲) = 꺼질 듯 말 듯 불타오르는 큰불 속의 우뚝 솟은 큰나무 을(乙) = 꺼질 듯 말 듯 불타오르는 큰불 속의 난초, 국화, 새싹
		병(丙)·정(丁) 일간	병(丙) = 꺼질 듯 말 듯 불타오르는 큰불 속에 떠 있는 태양 정(丁) = 꺼질 듯 말 듯 불타오르는 큰불 속에 떠 있는 달·별
		무(戊)·기(己) 일간	무(戊) = 꺼질 듯 말 듯 불타오르는 큰불 속의 넓은 들판 기(己) = 꺼질 듯 말 듯 불타오르는 큰불 속의 정원(화단), 화분
		경(庚)·신(辛) 일간	경(庚) = 꺼질 듯 말 듯 불타오르는 큰불 속의 바위산 신(辛) = 꺼질 듯 말 듯 불타오르는 큰불 속에 있는 보석
		임(壬)·계(癸) 일간	임(壬) = 꺼질 듯 말 듯 불타오르는 큰불 속에 내리는 폭우 계(癸) = 꺼질 듯 말 듯 불타오르는 큰불 속에 내리는 안개비
동물 물상		뱀[巳]	• 뱀은 어두운 굴에서 살고 파충류 중에서 가장 특별하게 진화되었다. 몸이 가늘며 길며 후각이나 열감지 능력, 진동감지 능력이 발달되어 있다. • 사주에 사(巳)가 많은 사람은 감각이 예민하고 감수성이 발달되었으며 감정 기복이 있다. • 굴에 사는 동물은 학습 능력이 뛰어난 데, 사(巳)가 많은 사람도 이 능력이 발달되었다.

천간(天干)과 지지(地支) — 지지의 물상(物象)

7 오(午)의 자연 물상

키워드		월(月)	여름이 본격적으로 시작되는 뜨거운 계절
		연일시(年日時)	뜨겁고 무더운 불의 기운
오월 (午月)		갑(甲)·을(乙) 일간	갑(甲) = 본격적으로 시작하는 뜨거운 여름의 우뚝 솟은 큰나무 을(乙) = 본격적으로 시작하는 뜨거운 여름의 난초, 국화, 새싹
		병(丙)·정(丁) 일간	병(丙) = 본격적으로 시작하는 뜨거운 여름의 태양 정(丁) = 본격적으로 시작하는 뜨거운 여름의 달·별
		무(戊)·기(己) 일간	무(戊) = 본격적으로 시작하는 뜨거운 여름의 넓은 들판 기(己) = 본격적으로 시작하는 뜨거운 여름의 정원(화단), 화분
		경(庚)·신(辛) 일간	경(庚) = 본격적으로 시작하는 뜨거운 여름의 바위산 신(辛) = 본격적으로 시작하는 뜨거운 여름의 보석
		임(壬)·계(癸) 일간	임(壬) = 본격적으로 시작하는 뜨거운 여름에 내리는 폭우 계(癸) = 본격적으로 시작하는 뜨거운 여름에 내리는 안개비 또는 이슬비
연 (年) / 일 (日) / 시 (時)	오 (午) 가 2 개 이 상	갑(甲)·을(乙) 일간	갑(甲) = 뜨거운 열기와 불기둥이 가득한 곳의 우뚝 솟은 큰나무 을(乙) = 뜨거운 열기와 불기둥이 가득한 곳의 난초, 국화, 새싹
		병(丙)·정(丁) 일간	병(丙) = 뜨거운 열기와 불기둥이 가득한 곳에 떠 있는 태양 정(丁) = 뜨거운 열기와 불기둥이 가득한 곳에 떠 있는 달·별
		무(戊)·기(己) 일간	무(戊) = 뜨거운 열기와 불기둥이 가득한 곳의 넓은 들판 기(己) = 뜨거운 열기와 불기둥이 가득한 곳의 정원(화단), 화분
		경(庚)·신(辛) 일간	경(庚) = 뜨거운 열기와 불기둥이 가득한 곳의 바위산 신(辛) = 뜨거운 열기와 불기둥이 가득한 곳에 있는 보석
		임(壬)·계(癸) 일간	임(壬) = 뜨거운 열기와 불기둥이 가득한 곳에 내리는 폭우 계(癸) = 뜨거운 열기와 불기둥이 가득한 곳에 내리는 안개비 또는 이슬비
동물 물상		말[午]	• 말은 초원에 살며 드넓은 들판을 뛰고 달리는 활동적인 동물이다. • 12띠 동물 중 몸의 균형미가 가장 뛰어나고 근육이 발달되었다. • 사주에 오(午)가 많은 사람은 적극적 활동적 모험적 성향이 발달했으며, 화려하고 표현하는 능력이 있다. • 반복되는 일보다는 자유롭게 자신의 감정을 적극적으로 드러내면서 행동으로 보여주는 일이 잘 어울린다.

키워드		월(月)	여름의 절정을 이루는 무덥고 뜨거운 계절
		연일시(年日時)	메마르고 건조한 산, 들판, 밭, 황무지
미월 (未月)		갑(甲)·을(乙) 일간	갑(甲) = 뜨거운 열기가 가득한 한여름의 우뚝 솟은 큰나무 을(乙) = 뜨거운 열기가 가득한 한여름의 난초, 국화, 새싹
		병(丙)·정(丁) 일간	병(丙) = 뜨거운 열기가 가득한 한여름의 태양 정(丁) = 뜨거운 열기가 가득한 한여름의 달·별
		무(戊)·기(己) 일간	무(戊) = 뜨거운 열기가 가득한 한여름의 넓은 들판 기(己) = 뜨거운 열기가 가득한 한여름의 정원(화단), 화분
		경(庚)·신(辛) 일간	경(庚) = 뜨거운 열기가 가득한 한여름의 바위산 신(辛) = 뜨거운 열기가 가득한 한여름에 있는 보석
		임(壬)·계(癸) 일간	임(壬) = 뜨거운 열기가 가득한 한여름에 내리는 폭우 계(癸) = 뜨거운 열기가 가득한 한여름에 내리는 안개비
연 (年) ／ 일 (日) ／ 시 (時)	미 (未) 가 2 개 이 상	갑(甲)·을(乙) 일간	갑(甲) = 메마르고 건조한 산, 들판, 밭, 황무지의 우뚝 솟은 큰나무 을(乙) = 메마르고 건조한 산, 들판, 밭, 황무지의 난초, 국화, 새싹
		병(丙)·정(丁) 일간	병(丙) = 메마르고 건조한 산, 들판, 밭, 황무지에 떠 있는 태양 정(丁) = 메마르고 건조한 산, 들판, 밭, 황무지에 떠 있는 달·별
		무(戊)·기(己) 일간	무(戊) = 메마르고 건조한 산, 들판, 밭, 황무지의 넓은 들판 기(己) = 메마르고 건조한 산, 들판, 밭, 황무지의 정원(화단), 화분
		경(庚)·신(辛) 일간	경(庚) = 메마르고 건조한 산, 들판, 밭, 황무지의 바위산 신(辛) = 메마르고 건조한 산, 들판, 밭, 황무지에 있는 보석
		임(壬)·계(癸) 일간	임(壬) = 메마르고 건조한 산, 들판, 밭, 황무지에 내리는 폭우 계(癸) = 메마르고 건조한 산, 들판, 밭, 황무지에 내리는 안개비
동물 물상		양[未]	• 포유류이며 몸길이 약 130㎝, 뿔길이 약 15㎝이다. • 털색은 회갈색과 흑갈색이고, 뿔색은 검은색이다. • 야생에서는 바위 틈새에 서식하고 식물의 잎과 줄기를 먹으며 절벽 같은 높은 곳을 기어오르고 떼를 지어 산다. • 성격은 활발하고 민첩하며, 자신만의 공간이나 코드가 맞는 사람들과 어울리기를 좋아한다. • 자신의 신념과 생각을 끈기 있고 꾸준하게 적극적으로 실천하는데, 양이 절벽이나 바위를 벗어나지 못하는 것처럼 크게 모험하고 결단하는 능력은 부족하다.

9 | 신(申)의 자연 물상

키워드	월(月)	무더운 더위와 장마, 태풍이 있는 계절
	연일시(年日時)	커다란 광산, 바위, 돌산, 기차, 유조선, 비행기
신월 (申月)	갑(甲)·을(乙) 일간	갑(甲) = 더위와 장마, 태풍이 오는 계절의 우뚝 솟은 큰나무 을(乙) = 더위와 장마, 태풍이 오는 계절의 난초, 국화, 새싹
	병(丙)·정(丁) 일간	병(丙) = 더위와 장마, 태풍이 오는 계절의 태양 정(丁) = 더위와 장마, 태풍이 오는 계절의 달·별
	무(戊)·기(己) 일간	무(戊) = 더위와 장마, 태풍이 오는 계절의 넓은 들판 기(己) = 더위와 장마, 태풍이 오는 계절의 정원(화단), 화분
	경(庚)·신(辛) 일간	경(庚) = 더위와 장마, 태풍이 오는 계절의 바위산 신(辛) = 더위와 장마, 태풍이 오는 계절의 보석
	임(壬)·계(癸) 일간	임(壬) = 더위와 장마, 태풍이 오는 계절에 내리는 폭우 계(癸) = 더위와 장마, 태풍이 오는 계절에 내리는 안개비
연 (年) ／ 일 (日) ／ 시 (時)	신 (申) 이 2 개 이 상	
		갑(甲)·을(乙) 일간 — 갑(甲) = 바위산, 바위사막, 원석, 광산의 우뚝 솟은 큰나무 을(乙) = 바위산, 바위사막, 원석, 광산의 난초, 국화, 새싹
		병(丙)·정(丁) 일간 — 병(丙) = 바위산, 바위사막, 원석, 광산에 떠 있는 태양 정(丁) = 바위산, 바위사막, 원석, 광산에 떠 있는 달·별
		무(戊)·기(己) 일간 — 무(戊) = 바위산, 바위사막, 원석, 광산의 넓은 들판 기(己) = 바위산, 바위사막, 원석, 광산의 정원(화단), 화분
		경(庚)·신(辛) 일간 — 경(庚) = 바위산, 바위사막, 원석, 광산의 바위산 신(辛) = 바위산, 바위사막, 원석, 광산에 있는 보석
		임(壬)·계(癸) 일간 — 임(壬) = 바위산, 바위사막, 원석, 광산에 내리는 폭우 계(癸) = 바위산, 바위사막, 원석, 광산에 내리는 안개비
동물 물상	원숭이[申]	• 원숭이는 12띠 동물 중 가장 인간과 닮았고 똑똑하다. • 초원, 바위, 땅과 나무 위에서 생활하며, 몸무게 80g~200kg까지 다양한 종류가 있다. • 원숭이는 열매를 먹고 씨앗을 떨어트리며, 나뭇가지를 부러뜨려 숲 안까지 햇빛을 비추게 하기에 숲의 정원사라고 부른다. • 신(申)이 많은 사람은 지능이 높고 적응력이 뛰어나며, 아이디어가 많고 손재주가 좋다. • 위아래가 확실하여 손윗사람에게 충성하고 아랫사람에게 엄격하다. • 창의력과 감각이 발달되어 예체능, 연예 분야 등에 재능이 있다.

천간(天干)과 지지(地支) ― 지지의 물상(物象)

키워드	월(月)	본격적으로 가을이 무르익는 계절
	연일시(年日時)	가공 제련하여 만든 귀금속과 생활용품

유월 (酉月)	갑(甲)·을(乙) 일간	갑(甲) = 본격적으로 시작하는 가을의 우뚝 솟은 큰나무 을(乙) = 본격적으로 시작하는 가을의 난초, 국화, 새싹
	병(丙)·정(丁) 일간	병(丙) = 본격적으로 시작하는 가을의 태양 정(丁) = 본격적으로 시작하는 가을의 달 · 별
	무(戊)·기(己) 일간	무(戊) = 본격적으로 시작하는 가을의 넓은 들판 기(己) = 본격적으로 시작하는 가을의 정원(화단), 화분
	경(庚)·신(辛) 일간	경(庚) = 본격적으로 시작하는 가을의 바위산 신(辛) = 본격적으로 시작하는 가을의 보석
	임(壬)·계(癸) 일간	임(壬) = 본격적으로 시작하는 가을에 내리는 폭우 계(癸) = 본격적으로 시작하는 가을에 내리는 안개비

연 (年) / 일 (日) / 시 (時)	유 (酉) 가 2 개 이 상	갑(甲)·을(乙) 일간	갑(甲) = 가공 제련하여 만든 귀금속과 생활용품과 우뚝 솟은 큰나무 을(乙) = 가공 제련하여 만든 귀금속과 생활용품과 난초, 국화, 새싹
		병(丙)·정(丁) 일간	병(丙) = 가공 제련하여 만든 귀금속과 생활용품과 태양 정(丁) = 가공 제련하여 만든 귀금속과 생활용품과 달 · 별
		무(戊)·기(己) 일간	무(戊) = 가공 제련하여 만든 등의 귀금속과 생활용품과 넓은 들판 기(己) = 가공 제련하여 만든 귀금속과 생활용품과 정원(화단), 화분
		경(庚)·신(辛) 일간	경(庚) = 가공 제련하여 만든 귀금속과 생활용품과 바위산 신(辛) = 가공 제련하여 만든 귀금속과 생활용품과 보석
		임(壬)·계(癸) 일간	임(壬) = 가공 제련하여 만든 귀금속과 생활용품에 내리는 폭우 계(癸) = 가공 제련하여 만든 귀금속과 생활용품에 내리는 안개비

동물 물상	닭[酉]	• 닭은 새벽 일찍 일어나 저녁 늦게 잠자리에 들 때 까지 쉬지 않고 다니면서 먹이를 찾느라 튼튼하다. • 닭은 가축으로 키우면서 달걀과 고기를 얻는다. • 닭은 지능이 매우 높다. 숫자 개념도 있고 다양한 감정도 느낀다. • 유(酉)가 많으면 부지런하고 바쁘며 성실하고 봉사정신이 뛰어나다. • 닭이 저녁에 귀소본능이 있듯이 유(酉)가 많은 사람도 가정적이고 조직의 규율이나 규칙에 잘 적응한다. • 먹이의 많은 부분이 모래인 것처럼 노력에 비해 인덕이 부족한 것이 단점이다.

11 술(戌)의 자연 물상

키워드		월(月)	가을이 무르익어가는 계절
		연일시(年日時)	메마르고 영양분을 모두 빼앗긴 넓은 흙산, 넓은 황무지, 넓은 들녘
술월 (戌月)		갑(甲)·을(乙) 일간	갑(甲) = 본격적으로 깊어가는 가을의 우뚝 솟은 큰나무 을(乙) = 본격적으로 깊어가는 가을의 계절의 난초, 국화, 새싹
		병(丙)·정(丁) 일간	병(丙) = 본격적으로 깊어가는 가을의 태양 정(丁) = 본격적으로 깊어가는 가을의 달·별
		무(戊)·기(己) 일간	무(戊) = 본격적으로 깊어가는 가을의 넓은 들판 기(己) = 본격적으로 깊어가는 가을의 정원(화단), 화분
		경(庚)·신(辛) 일간	경(庚) = 본격적으로 깊어가는 가을의 바위산 신(辛) = 본격적으로 깊어가는 가을의 보석
		임(壬)·계(癸) 일간	임(壬) = 본격적으로 깊어가는 가을에 내리는 폭우 계(癸) = 본격적으로 깊어가는 가을에 내리는 안개비
연 (年) ／ 일 (日) ／ 시 (時)	**술 (戌) 이 2 개 이 상**	갑(甲)·을(乙) 일간	갑(甲) = 메마른 넓은 흙산, 황무지, 들녘의 우뚝 솟은 큰나무 을(乙) = 메마른 넓은 흙산, 황무지, 들녘의 난초, 국화, 새싹
		병(丙)·정(丁) 일간	병(丙) = 메마른 넓은 흙산, 황무지, 들녘에 떠 있는 태양 정(丁) = 메마른 넓은 흙산, 황무지, 들녘에 떠 있는 달·별
		무(戊)·기(己) 일간	무(戊) = 메마른 넓은 흙산, 황무지, 들녘의 넓은 들판 기(己) = 메마른 넓은 흙산, 황무지, 들녘의 정원(화단), 화분
		경(庚)·신(辛) 일간	경(庚) = 메마른 넓은 흙산, 황무지, 들녘의 바위산 신(辛) = 메마른 넓은 흙산, 황무지, 들녘에 있는 보석
		임(壬)·계(癸) 일간	임(壬) = 메마른 넓은 흙산, 황무지, 들녘에 내리는 폭우 계(癸) = 메마른 넓은 흙산, 황무지, 들녘에 내리는 안개비
동물 물상		개[戌]	• 개는 생물학적으로 늑대와 같은 종이다. 12만 년 전 늑대로서 인간과 산 흔적이 발견되었고 3만 년 전에 늑대가 아닌 개로서 인간과 함께 살았다고 본다. • 개는 인간과 공존해 왔으며 인간에 대한 의존성이 매우 크다. • 개는 후각과 청각이 뛰어나고 민첩하다. • 술(戌)이 많은 사람은 부지런하고 민첩하며 보수적이고 가정적이다. 자신이 좋아하는 사람한테 애정이 깊다. • 머리가 총명하고 조직에 충성하며 계획적이고 원칙을 중요하게 생각한다.

키워드	월(月)	가을 기운이 많이 남아있는 초겨울로 가을과 겨울이 함께 있는 계절
	연일시(年日時)	깨끗한 물로 자연의 생명을 살리는 영양분이 있는 호수, 강, 바다

해월 (亥月)	갑(甲)·을(乙) 일간	갑(甲) = 입동이 지났지만 가을 기운이 남아있는 계절의 우뚝 솟은 큰나무 을(乙) = 입동이 지났지만 가을 기운이 남아있는 계절의 난초, 국화, 새싹
	병(丙)·정(丁) 일간	병(丙) = 입동이 지났지만 가을 기운이 남아있는 계절의 태양 정(丁) = 입동이 지났지만 가을 기운이 남아있는 계절의 달·별
	무(戊)·기(己) 일간	무(戊) = 입동이 지났지만 가을 기운이 남아있는 계절의 넓은 들판 기(己) = 입동이 지났지만 가을 기운이 남아있는 계절의 정원(화단), 화분
	경(庚)·신(辛) 일간	경(庚) = 입동이 지났지만 가을 기운이 남아있는 계절의 바위산 신(辛) = 입동이 지났지만 가을 기운이 남아있는 계절의 보석
	임(壬)·계(癸) 일간	임(壬) = 입동이 지났지만 가을 기운이 남아있는 계절에 내리는 함박눈 계(癸) = 입동이 지났지만 가을 기운이 남아있는 계절에 내리는 싸락눈

연(年) / 일(日) / 시(時)	해(亥)가 2개 이상	갑(甲)·을(乙) 일간	갑(甲) = 깨끗한 물로 생명을 살리는 영양분이 있는 호수, 강, 바다의 우뚝 솟은 큰나무 을(乙) = 깨끗한 물로 생명을 살리는 영양분이 있는 호수, 강, 바다의 난초, 국화, 새싹
		병(丙)·정(丁) 일간	병(丙) = 깨끗한 물로 생명을 살리는 영양분이 있는 호수, 강, 바다에 떠 있는 태양 정(丁) = 깨끗한 물로 생명을 살리는 영양분이 있는 호수, 강, 바다에 떠 있는 달·별
		무(戊)·기(己) 일간	무(戊) = 깨끗한 물로 생명을 살리는 영양분이 있는 호수, 강, 바다의 넓은 들판 기(己) = 깨끗한 물로 생명을 살리는 영양분이 있는 호수, 강, 바다의 정원(화단), 화분
		경(庚)·신(辛) 일간	경(庚) = 깨끗한 물로 생명을 살리는 영양분이 있는 호수, 강, 바다의 바위산 신(辛) = 깨끗한 물로 생명을 살리는 영양분이 있는 호수, 강, 바다에 있는 보석
		임(壬)·계(癸) 일간	임(壬) = 깨끗한 물로 생명을 살리는 영양분이 있는 호수, 강, 바다에 내리는 함박눈 계(癸) = 깨끗한 물로 생명을 살리는 영양분이 있는 호수, 강, 바다에 내리는 싸락눈

동물 물상	돼지[亥]	• 돼지는 멧돼지를 말한다. 멧돼지는 깊은 산 활엽수가 우거진 곳에 서식하며 지능이 높아 사람의 간단한 말도 알아 듣는다. • 멧돼지는 상처가 생기면 얼음물에 들어가 상처를 지혈하거나 송진으로 상처를 봉합하고 몸에 있는 진드기를 잡으려고 진흙에 뒹굴고 몸을 햇볕에 말리기도 한다. • 해(亥)가 많은 사람은 머리가 총명하고 아이디어가 많다. • 해(亥)가 사주에 많으면 안정적 안전적인 성향이며, 창의적이고 조직에 적응력이 뛰어나다.

DAY
20

사주 분석 ─
음양(陰陽)과 오행(五行)의 이해

TODAY'S POINT | 음양오행을 잘 활용하여 미래 예측보다는
개인과 사회를 발전시키는 역동적 학문으로!

사주명리학, 미래를 족집게처럼 예언할 것인가? 현재를 열심히 살 수 있도록 할 것인가?

동양의 운명학(運命學)에는 사주명리학, 관상학, 성명학, 풍수지리학, 귀문둔갑, 하락이수, 자미두수 등이 있고, 서양의 운명학에는 관상학, 골상학, 수상학, 지문학, 점성학(별자리), 타로카드 등이 있다. 서양의 운명학과 동양의 운명학은 미래를 예측하는 모습으로 시작되었다. 동양의 운명학은 미래를 예측하고 예언하는 숙명론적인 형태가 예나 지금이나 변함없이 지속되고 있다. 하지만 서양의 운명학은 기독교의 영향으로 미래를 예측하고 예언하는 문화에서 각 개인의 성격, 특성, 심리, 직업적성, 직무역량 등을 분석하는 심리상담, 직업적성, 신경정신학 등으로 흡수 발전되었다.

동양의 운명학은 미래의 운명, 미래의 삶에 집착하고 천착하다 보니 현재 지금의 삶에 대한 연구는 사라지게 되었다. 서양의 운명학은 미래의 운명과 삶을 예언하고 예측하는 방향에서 현재의 삶에 대한 연구로 방향 전환을 하다 보니 개인의 성격 특성을 분석하여 장점을 살리고 단점을 보완하는, 직업적성 직무역량을 통한 개인, 직장, 사회, 국가를 발전시키는 역동적 학문으로 성장하였다. 관상학에서 시작된 애니어그램, 주역에서 시작된 MBTI 등의 학문이 더욱 발전하고 있다. 이렇게 서양의 운명학이 개인의 발전은 물론 직장, 사회, 국가에 기여하는 학문으로 발전해가는 와중에도 동양의 운명학은 오직 「개인의 미래에 큰 재물을 얻을 것인가? 성공할 것인가?」 등 미래 예측에 머물다 보니 사이비나 미신의 틀에서 벗어나지 못하고 있다.

이제는 운명학이란 학문이 성격, 심리, 특성, 직업적성, 직무역량, 육체건강, 정신건강 등 다양한 방향에 대한 분석과 연구로 인간에게 도움이 되는 진정 가슴 따뜻한 새로운 학문으로 거듭나길 간절히 바라는 마음이다.

DAY 20 >> 사주 분석 —
음양(陰陽)과 오행(五行)의 이해

1 음양(陰陽)의 이해

동양의 사상과 문화에는 음양과 오행의 영향이 매우 크다. 음양오행을 설명하는 책만을 몇 권이나 쓸 수 있지만, 여기서는 사주명리학에서 활용하는 음양 부분만 간단하게 설명한다.

(1) 천간지지의 음양

	천간	지지
양(陽)	갑(甲) 병(丙) 무(戊) 경(庚) 임(壬)	자(子) 인(寅) 진(辰) 오(午) 신(申) 술(戌)
음(陰)	을(乙) 정(丁) 기(己) 신(辛) 계(癸)	축(丑) 묘(卯) 사(巳) 미(未) 유(酉) 해(亥)

(2) 오행의 음양

	오행(五行)
양(陽)	목화토(木火 +土) 갑을병정무(甲乙丙丁戊)
음(陰)	금수토(金水 −土) 기경신임계(己庚辛壬癸)

(3) 신살의 음양

양(陽)	백호대살(白虎大殺)	갑진(甲辰), 을미(乙未), 병술(丙戌), 정축(丁丑), 무진(戊辰), 임술(壬戌), 계축(癸丑)
	괴강살(魁罡殺)	무진(戊辰), 무술(戊戌), 경진(庚辰), 경술(庚戌), 임진(壬辰), 임술(壬戌)
	양인살(羊刃殺)	병오(丙午), 무오(戊午), 임자(壬子)
음(陰)	귀문관살(鬼門關殺)	진해(辰亥), 자유(子酉), 미인(未寅), 사술(巳戌), 오축(午丑), 묘신(卯申)

(4) 점수의 음양

양(陽)

① 한 오행의 점수가 50점 이상일 때

② 일간과 일간을 생하는 오행이 80점 이상일 때

③ 일간이 생하는 오행, 일간이 극하는 오행, 일간을 극하는 오행 점수가 80점 이상일 때

음(陰)

① 사주원국의 오행 점수가 고루 분포되어 있을 때

(5) 음양의 성격

음양	양	음
성격	외향적	내향적
	적극적	소극적
	행동적	사고적
	능동적	수동적
	모험적	안전적
	동적	정적
MBTI	E	I

2　오행(五行) 이해

	목(木)	화(火)	토(土)	금(金)	수(水)
계절	봄	여름	환절기	가을	겨울
하루 (시간)	아침	낮	사이	저녁	밤
색상	청(靑)	적(赤)	황(黃)	백(白)	흑(黑)
방향 (방위)	동(東)	남(南)	중앙	서(西)	북(北)
품성	인(仁)	예(禮)	신(信)	의(義)	지(智)
사대문	흥인지문(興仁之門)	숭례문(崇禮門)	보신각(普信閣)	돈의문(敦義門)	홍지문(紅脂門)
자연	나무	불	흙	금속·바위	물
천간 (天干)	갑(甲) 을(乙)	병(丙) 정(丁)	무(戊) 기(己)	경(庚) 신(申)	임(壬) 계(癸)
지지 (地支)	인(寅) 묘(卯)	사(巳) 오(午)	진(辰) 술(戌) 축(丑) 미(未)	신(申) 유(酉)	해(亥) 자(子)
오음 (五音)	ㄱ ㅋ	ㄴ ㄷ ㅌ ㄹ	ㅇ ㅎ	ㅅ ㅈ ㅊ	ㅁ ㅂ ㅍ
숫자	3, 8	2, 7	5, 10	4, 9	1, 6
운동 성향	품격있는 성장	열정적 확산	관계적 포용	계획적 완벽	신중한 생각
성격	성장하는 자유로운 배려하는 인간적인 명예를 추구하는 자비로운 헌신하는	행동적인 모험적인 적극적인 활동적인 표현을 하는 창조적인 융합하는	관계적인 포용하는 여유 있는 끈기 있는 인내하는 친밀한 소통하는	계획적인 준비하는 단계적인 흑백논리 봉사적인 완벽한 정돈하는	생각 많은 정보수집적인 충성하는 창의적인 안전한 수리적인 상상력이 풍부한
건강	간장 담(쓸개) 정형외과	혈관 심장 순환기내과	비장 위장 비뇨기과	대장 폐 정형외과	산부인과 비뇨기과

MBTI	NFP		NFP 중 2개 STJ 중 1개				STJ		STJ 중 2개 NFP 중 1개	
문·이과	문과 80% 이과 20%		문과 60% 이과 40%				이과 80% 문과 20%		이과 60% 문과 40%	
직업 적성	교육 상담 법학 문학 역사 정치	정신과 심리학 철학 종교 복지 언론	체육 경찰 건축 연예 MC 컴퓨터	교육 패션 역사 뷰티 예술 군인	건축 플랫폼 토목 관광 통역 항공	농업 부동산 중개 외교 건설 영업	기계 공학 기술 군인 경찰 악기	치과 성형외과 정형외과 컴퓨터 항공 게임	물리 수학 전산 경제 금융 작곡	문학 건축 컴퓨터 화학 약학 회계

DAY 21

사주 분석 —
고립(孤立)의 이해

고립은 살리고, 태과다는 눌러라

사주명리학의 사주팔자는 무존재, 고립, 발달, 과다, 태과다 등으로 분류할 수 있다. 그중에서 「고립」과 「태과다」로 건강을 분석한다. 「고립 오행」과 「태과다 오행」에 해당하면 건강에 문제가 생길 수 있다. "그렇다면 사주팔자 타고난 그대로 살아야 하는가?"라는 질문이 나올 수 있다. 그렇지는 않다. 자신의 사주에 건강 문제가 발생할 가능성이 있다면, 그 부분을 미리 조심하고 건강을 지키기 위해 노력하면 된다. 「고립 오행을 살리는」 색상과 방향, 「태과다 오행을 극하는」 색상과 방향을 활용하면 건강을 지키는 데 도움이 된다.

• 목(木)이 고립된 사주 : 목(木)은 파란색이니, 파란색 계열의 옷과 실내 인테리어를 활용하면 좋다.

• 목(木)이 태과다한 사주 : 목(木)을 극하거나 목(木)이 극하는, 금(金)에 해당하거나 금(金)을 생하는, 흰색 계열이나 노란색 계열의 옷과 실내 인테리어를 활용하면 좋다.

• 화(火)가 고립된 사주 : 화(火)는 빨간색이니, 빨간색 계열의 옷과 실내 인테리어를 활용하면 좋다.

• 화(火)가 태과다한 사주 : 화(火)를 극하거나 화(火)가 극하는, 수(水)에 해당하거나 수(水)를 생하는, 검정색 계열이나 흰색 계열의 옷과 실내 인테리어를 활용하면 좋다.

• 토(土)가 고립된 사주 : 토(土)는 노란색이니, 노란색 계열의 옷과 실내 인테리어를 활용하면 좋다.

- 토(土)가 태과다한 사주 : 토(土)를 극하거나 토(土)가 극하는, 목(木)에 해당하거나 목(木)을 생하는, 파란색 계열이나 검정색 계열의 옷과 실내 인테리어를 활용하면 좋다.
- 금(金)이 고립된 사주 : 금(金)은 흰색이니, 흰색 계열의 옷과 실내 인테리어를 활용하면 좋다.
- 금(金)이 태과다한 사주 : 금(金)을 극하거나 금(金)이 극하는, 화(火)에 해당하거나 화(火)를 생하는, 빨간색 계열이나 파란색 계열의 옷과 실내 인테리어를 활용하면 좋다.
- 수(水)가 고립된 사주 : 수(水)는 검정색이니, 검정색 계열의 옷과 실내 인테리어를 활용하면 좋다.
- 수(水)가 태과다한 사주 : 수(水)를 극하거나 수(水)가 극하는, 토(土)에 해당하거나 토(土)를 생하는, 노란색 계열이나 빨간색 계열의 옷과 실내 인테리어를 활용하면 좋다.

1 고립이란?

고립(孤立)은 저자가 명리학에서 최초로 정리한 이론이다.

고립(孤立)이란, 사주팔자에서 고립되어 자신의 오행이나 육친의 힘을 전혀 발휘하지 못하는 것을 말한다. 고립이 되면 해당 오행의 건강에 문제가 발생하고 해당 육친의 문제나 사회관계에 문제가 발생한다. 이 책에서는 오행 고립에 따른 건강을 다룬다.

2 오행의 고립을 살펴보는 방법

(1) 연천간 고립은 연지, 월간, 월지를 살펴서 고립 여부를 분석한다.

연천간 병화(丙火)의 고립 여부를 보려면 월천간, 월지지, 연지지인 경(庚), 술(戌), 자(子)의 병화(丙火) 관계를 살핀다.

(2) 연지지 고립은 연간, 월간, 월지를 살펴서 고립 여부는 분석한다.

연지지 자수(子水)의 고립 여부를 보려면 월천간, 월지지, 연천간인 경(庚), 술(戌), 병(丙)과 자수(子水)의 관계를 살핀다.

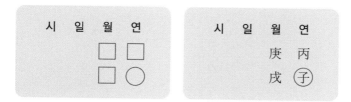

(3) 월천간 고립은 연간, 연지, 월지, 일간, 일지를 살펴서 고립 여부를 분석한다.

월천간 경금(庚金)의 고립 여부를 보려면 연천간, 연지지, 월지지, 일천간, 일지지인 병(丙), 오(午), 자(子), 갑(甲), 인(寅)과 경금(庚金)의 관계를 살핀다.

(4) 월지지 고립은 연간, 연지, 월간, 일간, 일지를 살펴서 고립 여부를 분석한다.

월지지 자수(子水)의 고립 여부를 보려면 연천간, 연지지, 월천간, 일천간, 일지지인 병(丙), 오(午), 무(戊), 갑(甲), 인(寅)과 자수(子水)의 관계를 살핀다.

(5) 일천간 고립은 월간, 월지, 일지, 시간, 시지를 살펴서 고립 여부를 분석한다.

일천간 갑목(甲木) 고립 여부를 보려면 월천간, 월지지, 일지지, 시천간, 시지지인 경(庚), 술(戊), 술(戊), 병(丙), 오(午)와 갑목(甲木)의 관계를 살핀다.

(6) 일지지 고립은 월간, 월지, 일간, 시간, 시지를 살펴서 고립 여부를 분석한다.

일지지 술토(戊土) 고립 여부를 보려면 월천간, 월지지, 일천간, 시천간, 시지지인 갑(甲), 인(寅), 갑(甲), 경(庚), 자(子)와 술토(戊土)의 관계를 살핀다.

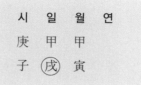

(7) 시천간 고립은 일간, 일지, 시지를 살펴서 고립 여부를 분석한다.

시천간 갑(甲)의 고립 여부를 보려면 일천간, 일지지, 시지지인 무(戊), 오(午), 신(申)과 갑(甲)의 관계를 분석해야 한다.

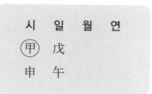

(8) 시지지 고립은 일간, 일지, 시간을 살펴서 고립 여부를 분석한다.

시지지 인(寅)의 고립 여부로 보려면 시천간, 일천간, 일지지인 무(戊), 경(庚), 오(午)와 인(寅)의 관계를 분석해야 한다.

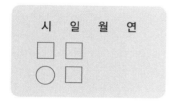
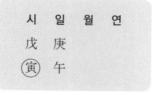

(9) 2개의 오행이나 3개의 오행이 고립되는 경우도 있다.

이 경우는 사주 전체와 주변을 분석해야 한다.

(10) 연천간, 연지지 오행이 같은 오행이어서 고립이 아닌 것처럼 보일 때도 주변 오행이 연천간, 연지지 2개 합한 것보다 강력하면 이 또한 고립이 된다.

아래 사주는 을묘(乙卯)가 20점으로 붙어 있어 고립이 아닌 것처럼 보이지만, 주변 금(金)이 90점으로 똘똘 뭉쳐서 금극목(金剋木)하고 있어 을묘(乙卯)가 고립이다.

아래 사주는 연주 을묘(乙卯)의 목(木)과 월간 을목(乙木)까지 목(木)의 점수가 30점으로 고립이 아닌 것처럼 보이지만, 주변에 금(金)이 80점으로 2배 이상 강하게 있어 목 30점이 금극목(金剋木)으로 고립이다.

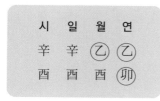

(11) 고립의 실제

시	일	월	연
	丙	壬	
	午	午	

임수(壬水) 고립이다.
화(火)로 둘러싸여 있어 고립이다.

시	일	월	연
	戊	壬	
	辰	戌	

임수(壬水) 고립이다.
토(土)로 둘러싸여 있어 고립이다.

시	일	월	연
	乙	壬	
	卯	寅	

임수(壬水) 고립이다.
목(木)으로 둘러싸여 있어 고립이다.

시	일	월	연
	辛	壬	
	酉	申	

임수(壬水) 고립이다.
금(金)으로 둘러싸여 있어 고립이다.

시	일	월	연
	壬	壬	
	子	子	

임수(壬水) 고립이 아니다.

시	일	월	연
	甲	壬	
	寅	寅	

임수(壬水) 고립이 아니다.
인월(寅月)은 수(水) 30점이므로 고립이 아니다.

시	일	월	연
戊	戊	庚	壬
戌	戌	未	子

임자(壬子) 고립이다.

시	일	월	연
丙	丙	丙	壬
午	午	午	子

임자(壬子) 고립이다.

시	일	월	연
乙	乙	乙	壬
卯	卯	卯	子

임자(壬子) 고립이다.

시	일	월	연
壬	己	戊	戊
子	未	戌	戌

시주(時柱) 임자(壬子) 고립이다.
토(土)의 점수가 70점으로 임자(壬子) 수(水) 25점으로 고립된다.

시	일	월	연
壬	己	壬	壬
子	未	子	子

시주(時柱) 임자(壬子) 고립 아니다.
토(土)의 점수가 25점으로 임자(壬子) 수(水) 25점으로 고립이 안 된다.

시	일	월	연
壬	己	壬	己
子	未	子	未

시주(時柱) 임자(壬子) 고립 아니다.
시주(時柱)는 25점이고, 일주(日柱) 또한 토(土) 25점으로 시주는 고립이 안 된다.

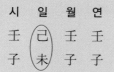

일주(日柱) 기미(己未)는 주변의 수(水)로 고립된다.

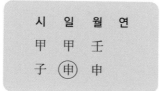

연주(年柱) 기미(己未)는 20점인데, 월주(月柱) 임자(壬子) 수(水)가 40점으로 2배가 넘으니 고립된다.

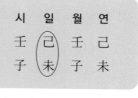

일주(日柱) 기미(己未)는 월주(月柱) 수(水) 40점과 시주(時柱) 수(水) 25점에 둘러싸여 고립된다.

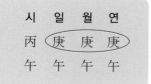

일지 신금(申金)은 주변이 수(水) 75점으로 금생수(金生水)로 금(金)이 고립된다.

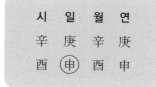

일지 신금(申金)은 주변이 목(木) 20점, 수(水) 25점, 화(火) 30점으로 신금(申金)이 고립된다.

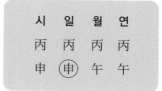

일지 신금(申金)은 시주(時柱) 금(金)과 합하여 금(金) 15점이지만, 화(火) 95점으로 과도한 화(火)에 의해 고립된다. 오월(午月)에 시지의 신금(申金)은 화(火) 15점으로 본다.

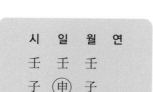

연월일 천간 금(金) 30점으로 힘이 있어 보이지만, 화(火) 80점으로 2배 이상 둘러싸여 있으니 고립된다.

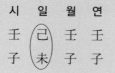

사주가 금(金)으로만 이루어져 있어 일지 신금(申金)으로 고립이 안 된다.

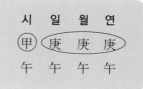

연월일 천간 경금(庚金)이 30점이지만, 시천간 갑목(甲木)과 연월일시지 화(火) 70점으로 고립된다. 시천간 갑목(甲木)은 일천간 경금(庚金), 일지 오화(午火), 시지 오화(午火)로 고립된다.

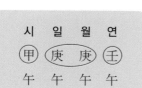

연천간 임수(壬水) 고립, 시천간 갑목(甲木) 고립, 월일천간 경금(庚金) 고립이다. 화(火) 70점으로 과다이다.

3 %와 점수 분석

(1) % 분석

시	일	월	연
7.5	25	7.5	7.5
10	10	25	7.5

(2) 점수 분석

시	일	월	연
10	30	10	10
15	15	30	10

(3) 월지 점수 분석

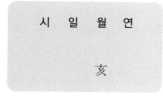

시	일	월	연
		亥	

수(水) 1개
수(水) 30점

시	일	월	연
		子	

수(水) 1개
수(水) 30점

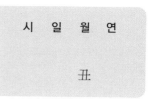

시	일	월	연
		丑	

토(土) 1개
수(水) 30점

시	일	월	연
		寅	

목(木) 1개
수(水) 30점

시	일	월	연
		卯	

목(木) 1개
목(木) 30점

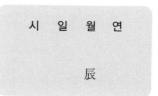

시	일	월	연
		辰	

토(土) 1개
목(木) 15점
토(土) 15점

시	일	월	연
		巳	

화(火) 1개
화(火) 30점

시	일	월	연
		午	

화(火) 1개
화(火) 30점

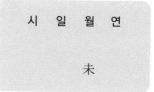

시	일	월	연
		未	

토(土) 1개
화(火) 30점

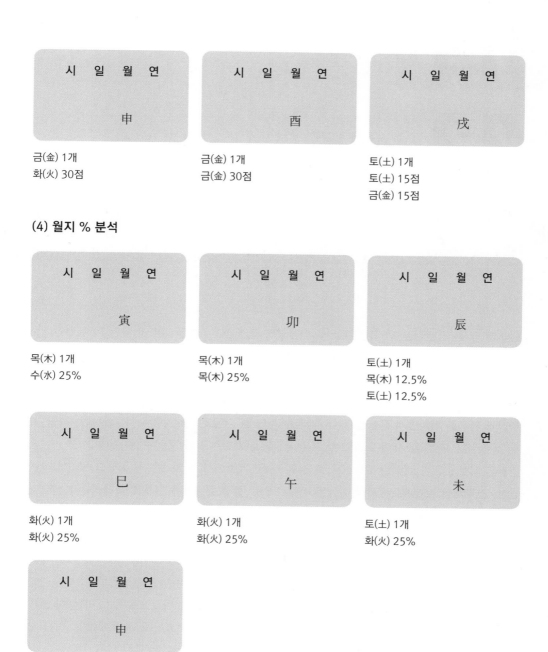

시	일	월	연
			申

금(金) 1개
화(火) 30점

시	일	월	연
			酉

금(金) 1개
금(金) 30점

시	일	월	연
			戌

토(土) 1개
토(土) 15점
금(金) 15점

(4) 월지 % 분석

시	일	월	연
			寅

목(木) 1개
수(水) 25%

시	일	월	연
			卯

목(木) 1개
목(木) 25%

시	일	월	연
			辰

토(土) 1개
목(木) 12.5%
토(土) 12.5%

시	일	월	연
			巳

화(火) 1개
화(火) 25%

시	일	월	연
			午

화(火) 1개
화(火) 25%

시	일	월	연
			未

토(土) 1개
화(火) 25%

시	일	월	연
			申

금(金) 1개
화(火) 25%

DAY

22 사주 분석 — 건강 분석

정신건강

현대에 와서 「정신건강」이 화두(話頭)로 떠올랐다. 언론에 「무차별 칼부림 사건」이 횡행한다는 보도가 끊이지 않고 SNS에도 시민들의 불안함을 대변하듯 관련 이야기가 넘쳐난다. 칼부림 범죄 예고가 뜨자 탱크를 도심에 배치하는 상황에까지 이르렀다.

저자는 오랜 시간 사주명리학과 정신건강과의 상관관계를 연구해왔다. 정신건강에 대한 오랜 임상과 연구를 거치면서 정신건강이 나빠지는 원인 중 가장 큰 요소가 「나를 지켜주는 사람」이란 것을 알게 되었다. 「내가 의지할 수 있는 사람과 분리되는 것이 곧 공포」인 것이다.

인간은 서로 돕고 연대하는 이타심을 통해 지구 생태계의 최고 위치에 서게 되었다. 호모사피엔스가 오랜 세월 발전해오면서 살아남은 이유가 바로 함께 공동체를 이루고 이타심을 중심으로 서로 도우며 살아왔기 때문이다. 끈끈한 유대감이 곧 생존 도구가 되었기에, 내 곁에 있던 이와 헤어지고 분리되는 것이 엄청난 슬픔이자 고통이 되었다. 오직 인간에게만 「종교」라는 특별한 문명이 존재하는 이유는 「죽음」이라는 가장 본질적이고도 영원한 이별에서 비롯되는 분리 공포를 극복하고자 탄생한 한줄기 희망이라고 본다.

그렇다면 문명이 현대화하면서 왜 정신건강에 문제가 더 많아졌을까? 옛날에는 「마을」이 존재하였다. 부모가 들판에 일을 나가도 이웃 어른이 아이들을 자연스럽게 함께 돌보았다. 이런 시스템이 갖추어져 있었기에 분리 공포가 없었다. 그러나 지금에 와서는 그런 마을 형태보다 더 큰 집단을 형성하여 많은 사람들이 아파트라는 공간에 밀집해 살지만, 문을 꽁꽁 걸어 잠그고 만날 때만 어색한 인사를 나눈다. 이렇게 현대인에게 분리 공포는 자연스럽게 생겼고, 이로 인해 정신건강에 문제를 일으키는 퍼센트도 높아졌다. 또한, 맞벌이부부와 이혼이 많아져 어릴 적 부모와의 애착 관계가 분리되는 공포가 생겨 정신건강에 좋지 않은 영향을 미치고 있다.

DAY 22 >> 사주 분석 ─ 건강 분석

1　육체적 건강과 정신적 건강

사주명리학에서 건강 분석은 육체적 건강 분석과 정신적 건강 분석이 있다. 육체적 문제는 오행의 고립과 태과다에서 강하게 나타나고, 과다와 무존재에서도 나타난다. 정신적 문제는 오행의 태과다와 과다, 그리고 음양에서 나타나는데 오행의 태과다와 과다, 음양에서 무조건 나타나지 않고 어릴 적 부모님과 가족의 유대관계에 따라 문제가 없을 수도, 있을 수도 있다.

2　육체적 건강 분석

육체적 건강의 80% 이상은 오행의 고립, 태과다, 무존재, 과다의 사주에서 문제가 나타난다. 육체적 건강의 20% 정도는 음(陰)과 양(陽)에 따라 나타난다. 오행에는 각 오행별 건강을 상징하는 것이 있는데 다음과 같다.(저자의『사주명리학 완전정복』참조.)

(1) 오행과 음양의 건강 종류

① 오행의 건강 종류

오행	오장	육부	오행의 불균형으로 인한 건강 문제
목(木) 건강	간	담(쓸개)	뼈의 질환(관절), 여성 질환 수술
화(火) 건강	심장	소장	혈관 질환, 안과 질환, 심장 질환
토(土) 건강	비장	위장	산부인과 질환, 비뇨기과 질환
금(金) 건강	폐	대장	뼈의 질환
수(水) 건강	신장	방광	산부인과 질환, 비뇨기과 질환, 스트레스성, 신경성, 과민성, 알레르기

② 음양의 건강 종류

음	양
• 천간 음(陰) 을정기신계(乙丁己辛癸)가 많은 사주 • 금(金) 수(水)가 많은 사주 • 귀문관살 • 오행이 고루 분산된 사주	• 천간 양(陽) 갑병무경임(甲丙戊庚壬)가 많은 사주 • 목(木) 화(火)가 많은 사주 • 괴강, 백호, 양인 • 오행이 어느 한 오행으로 편중된 사주
음 과다 건강	**양 과다 건강**
알레르기, 아토피, 과민성 대장, 스트레스성 위염	고혈압, 중풍, 갑상선 질환, 화병

(2) 오행 건강의 이해

고립, 태과다, 무존재, 과다, 음양의 건강은 이 자체만으로 건강문제가 발생하는 것이 아니라 똑같은 사주 구성이어도 부모의 유전이나 스트레스 유무에 따라 뇌출혈로 쓰러지거나 암으로 진행되기도 하고 가벼운 건강문제로 그냥 지나가기도 한다. 유전은 어쩔 수 없다고 해도 스트레스를 줄이고 마음의 여유를 갖고 꾸준히 음식 조절과 운동을 통해 건강관리를 하는 것이 중요하다.

① 목(木) 건강

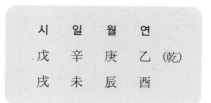

고립	고립

1974년 12월 20일 (양) 오전 0시 30분

시	일	월	연	
丙	乙	丙	甲	(乾)
子	未	子	寅	

• 을목(乙木) 일간이 수(水) 45점의 과도한 생을 받아 고립되어 있다.
• 간경화, 패혈증으로 사망하였다.

1945년 5월 2일 (양) 오후 8시

시	일	월	연	
戊	辛	庚	乙	(乾)
戌	未	辰	酉	

• 을목(乙木) 연간이 토(土)와 금(金)으로 고립되어 있다.
• 간암으로 사망하였다.

② 화(火) 건강

2000년 10월 7일 (양) 오전 8시

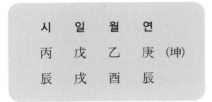

시	일	월	연	
丙	戊	乙	庚	(坤)
辰	戌	酉	辰	

• 시천간(時天干) 병화(丙火)가 토(土)에 고립 되어 있다.
• 뇌출혈로 사망하였다.

1966년 8월 18일 (음) 낮 12시

시	일	월	연	
庚	甲	丁	丙	(坤)
午	午	酉	午	

• 화(火)가 60점으로 과다이다.
• 뇌출혈로 사망하였다.

1963년 7월 23일 (양) 낮 12시

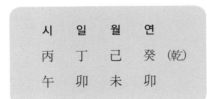

시	일	월	연	
丙	丁	己	癸	(乾)
午	卯	未	卯	

• 화(火)가 65점 과다이다.
• 목(木)이 25점으로 화(火)의 땔감이 되어 목생화(木生火)를 하여 화(火)가 태과다에 가깝다.
• 뇌출혈로 사망하였다.

③ 토(土) 건강

1970년 8월 1일 (양) 오전 10시

시	일	월	연	
丁	癸	癸	庚	(乾)
巳	丑	未	戌	

• 연지 술토(戌土)와 일지 축토(丑土)가 고립.
• 연지 술토(戌土)가 미월(未月) 화(火) 30점의 생을 받아 고립되었고, 일지 축토(丑土)가 화 (火) 55점의 생을 받아 고립되었다.
• 위암으로 사망하였다.

1928년 9월 3일 (음) 오후 2시

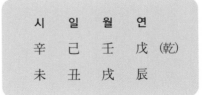

시	일	월	연	
辛	己	壬	戊	(乾)
未	丑	戌	辰	

• 토(土)가 75점으로 과다하다.
• 위암으로 사망하였다.

④ 금(金) 건강

고립

1971년 4월 12일 (양) 오전 6시

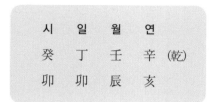

시	일	월	연
癸	丁	壬	辛 (乾)
卯	卯	辰	亥

• 연천간 신금(辛金)이 고립되었다.
• 대장암으로 사망하였다.

고립

1990년 2월 18일 (양) 낮 12시

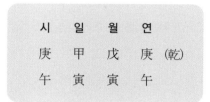

시	일	월	연
庚	甲	戊	庚 (乾)
午	寅	寅	午

• 시천간 경금(庚金)이 고립되었다.
• 대장암으로 사망하였다

과다

1947년 8월 5일 (음) 오후 6시

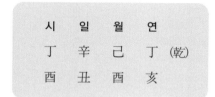

시	일	월	연
丁	辛	己	丁 (乾)
酉	丑	酉	亥

• 금(金)이 55점으로 과다하다.
• 더불어 토(土) 25점이 토생금(土生金)하여
  금(金)의 점수가 더 강해졌다.
• 금(金)55점 토생금 80점으로 금(金)의 점수
  가 강하다.
• 폐암으로 사망하였다.

과다

1960년 10월 23일 (양) 오후 6시 30분

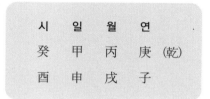

시	일	월	연
癸	甲	丙	庚 (乾)
酉	申	戌	子

• 금(金)이 60점으로 과다하다.
• 가을 술(戌)월에 유(酉)시 사주는 술(戌)을 금
  (金) 20점으로 본다.
• 췌장암으로 사망하였다.
• 계수(癸水) 갑목(甲木), 병화(丙火)도 고립인
  사주이다.

⑤ 수(水) 건강

1960년 9월 4일 (음) 오후 6시

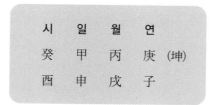

시   일   월   연
癸   甲   丙   庚 (坤)
酉   申   戌   子

- 시천간 계수(癸水)와 연지지 자수(子水)가 과도한 금(金)으로 고립되었다.
- 수(水) 고립과 금(金) 과다로 췌장암, 신장암으로 사망하였다.

1973년 1월 17일 (양) 오전 1시

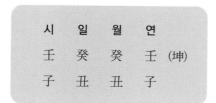

시   일   월   연
壬   癸   癸   壬 (坤)
子   丑   丑   子

- 수(水)가 95점으로 태과다이다.
- 신장암으로 사망하였다.

1940년 2월 2일 (양) 오후 10시

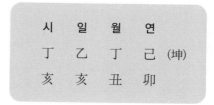

시   일   월   연
丁   乙   丁   己 (坤)
亥   亥   丑   卯

- 수(水)가 60점으로 과다하다.
- 신장암으로 사망하였다.

(3) 음양 건강의 이해

	음	양
건강	알러지, 아토피, 신경성 위장 질환 과민성 대장 질환, 우울증, 무기력증 불면증, 강박증, 달팽이 콤플렉스	화병, 조증, 순환기내과 혈압, 중풍, 뇌출혈, 갑상선

3　정신적 건강 분석

정신건강은 음양오행의 과다에서 나타난다. 또한, 육친의 과다에서 나타나는데, 육친의 과다가 있다고 무조건 나타나는 것은 아니다. 과다와 더불어 어릴적 부모와의 관계, 즉 부모의 사망, 폭력적인 부부싸움, 이혼 등 부모와의 분리공포가 가장 강하게 정신문제를 일으키고, 그 다음으로는 청소년기에 사랑하는 사람한테 배신당하는 것이다. 짝사랑과의 이별, 배우자의 사망, 배우자의 외도, 배우자의 배신, 배우자의 폭력 등 사랑하는 사람과의 이별로 인한 분리공포가 정신건강에 문제를 일으킨다.

사랑하는 사람과 분리공포 외에 자신의 일(운동 · 연예 · 예술 · 직업)에서 실패한 것에 대한 두려움, 즉 일과의 분리공포가 자신한테 건강문제를 일으킨다. 예를 들어 축구선수, 농구선수, 핸드볼선수 등이 골을 못 넣으면 선수생명이 끝났다고 번아웃, 즉 운동과의 분리될 두려움이 있으면 이로 인한 정신건강의 문제가 발생한다.

음양오행과 육친의 정신건강 문제는 트라우마(trauma), 외상 후 스트레스 장애(분리장애공포, PTSD) 등이 있다.

(1) 오행의 정신건강

목(木)	애정결핍, 억압거부증, 완벽 컴플렉스(사람 · 인성), 의대증(衣帶症), 이성개조성향, 조울증(반음성우울증), 평강공주 증후군, 폐소공포증, 피해망상, 행복공포증(캐호포비아, cherophobia), 순교자 증후군
화(火)	ADHD, 가르시아 효과, 나르시시즘, 노아 신드롬, 분노조절장애(간헐적 폭발성 장애), 신상품 증후군(지름신), 애니멀 호딩, 양극성 장애, 조울증, 조증상태, 히스테리
토(土)	거식증, 리셋 증후군(reset syndrome), 무기력증, 므두셀라 중후군(Methuselah syndrome), 사이코패스, 사회성 결여(회피성), 애정결핍, 잠자는 공주 증후군(Klein-Levi's smdromes), 저장강박증(저장집착증 · 쓰레기 집착), 조울증(사회적 우울증 · 양극성 장애), 폭식증, 허언증
금(金)	강박장애, 게임중독, 공황장애, 기억삭제, 분노조절장애(충동조절장애 · 간헐적 폭발성장애), 사이코패스, 상황반복, 서번트 중후군(savant syndrome), 수면장애, 아스퍼거 증후군, 양극성 장애, 억제, 완벽 컴플렉스(일 · 환경), 자폐증, 정신지체장애, 침투, 틱 장애, 편집증, 사회 공포증, 건망 증후군
수(水)	가스라이팅, 강박장애(강박적사고), 건강염려증, 결단장애, 과민증(환청 · 환시 · 불면 · 악몽), 달팽이 컴플렉스, 대인기피증, 리플리증후군, 만성피로증후군, 무기력증, 뮌하우젠증후군, 베르니케증후군, 불안장애, 빙의(신내림), 사이버 중독, 사회공포증, 소시오패스, 수면장애, 약물중독, 오셀로증후군, 오만증후군(傲慢症後群), 우울증, 코르사코프증후군(건망증후군), 조현병(정신분열증), 지적 콤플렉스, 파랑새증후군, 포모증후군, 허언증(공상허언증), 환공포증, 순교자 증후군

DAY
23
투파이론과 물상이론 1 —
갑(甲)~무(戊)

투파(透派)이론, 그리고 병존(竝存)·삼존(三存)·사존(四存)

물상이론은 앞서 설명했기 때문에 여기에서는 투파이론에 대해 간단하게 설명하겠다. 투파이론에서 「투(透)」라는 글자는 「꿰뚫다」, 「투과(透過)한다」는 의미다. 사주명리학의 투파 이론이란, 지지 또는 암장의 글자가 천간으로 꿰뚫고 올라가 사람의 삶에 일정한 역할을 하는지를 분석하는 학문이다. 천간의 글자가 지지와의 관계로 사람에게 어떤 영향을 주는지를 연구하는 학문이기도 하다.

병존(竝存), 삼존(三存), 사존(四存) 등은 투파이론 중 하나인데, 천간에 같은 천간이 2개, 3개, 4개 존재할 때 인간의 삶에 어떤 특징을 보여주는지를 연구한다. 사주명리학에서는 오행의 영향력이 매우 크기 때문에 같은 오행, 같은 천간이 천간에 존재한다면 당연히 성격에도 작용한다. 사람의 삶, 즉 인생에 커다란 변화와 변동, 사건이나 사고를 만들어내지는 못하지만 작은 변화와 변동, 사건과 사고를 만들어내는 특징을 지닌다. 이 병존, 삼존, 사존의 연구를 통해 사주명리학의 이론과 실전에 발전이 이루어지길 바란다.

DAY 23 >> 투파이론과 물상이론 1 —
갑(甲) ~ 무(戊)

1 병존(竝存)·삼존(三存)·사존(四存)이란?

천간(天干)은 하나 있을 때보다 같은 천간이나 지지가 2개, 3개, 4개 있을 때 특징이 강하게 나타난다.

병존(2개)은 떨어져 있는 것보다 붙어 있을 때 특성이 강하고, 3개나 4개는 그 자체만으로도 특성이 강하게 나타난다. 일간이 포함된 병존, 삼존이 일간을 포함하지 않은 병존, 삼존보다 작용력이 강하다.

2 병존(竝存)·삼존(三存)·사존(四存)의 분석

(1) 갑(甲)의 분석

① 갑갑(甲甲) 병존(竝存)
- 특성 : 갑목(甲木)은 큰 나무이고, 큰 나무 2그루가 서 있는 형상이다.
- 일찍 고향을 떠나거나 부모와의 갈등이 있을 가능성이 높다. 특히 지배적이거나 지시형 부모 아래에서는 갈등이 더욱 높다.

② 갑갑갑(甲甲甲) 삼존(三存)
- 특성 : 갑목(甲木)은 큰 나무이고, 큰 나무 여러 그루가 서 있는 형상이다.
- 인간성에 대한 흑백논리가 정확하다. 간섭이 심한 부모와 갈등이 있고, 칭찬하고 강화해주는 부모를 만나면 항상 열심히 하고 뛰어난 능력을 발휘한다.

공무원

1984년 3월 1일 (양) 술(戌)시

시	일	월	연	
甲	甲	丙	甲	(坤)
戌	午	寅	子	

배우·강사

1984년 10월 11일 (음) 유(酉)시

시	일	월	연
甲	戊	甲	甲 (坤)
寅	寅	戌	子

가수

1997년 5월 2일 (양) 술(戌)시

시	일	월	연
甲	甲	甲	丁 (乾)
戌	辰	辰	丑

③ 갑갑갑갑(甲甲甲甲) 사존(四存)

- 특성 : 갑목(甲木)이 큰 나무이고, 큰 나무가 울창하고 무성하게 서 있는 형상이다.
- 인간성, 옳고 그름에 대한 흑백논리가 정확하다. 계획적으로 움직이고 원칙을 중시하는 조직에서는 견디기 힘든데, 지시하거나 지배하는 사람과 조직에는 저항적이다. 칭찬하고 강화해주는 부모를 만나면 자유롭고 창의적인 분야, 타인을 성장시키는 분야에서 능력을 발휘할 가능성이 높다.

논개(1574 ~ 1593)

1574년 9월 3일 (음) 오후 8시

시	일	월	연
甲	甲	甲	甲 (坤)
戌	戌	戌	戌

(2) 을(乙)의 분석

① 을을(乙乙) 병존(竝存)

- 특성 : 갑(甲)이 없는 을을(乙乙) 병존은 기댈 곳 없는 꽃나무, 난초, 새싹, 넝쿨(장미·담쟁이·칡)의 형상이다.
- 가족, 친척, 친구 등 주변 사람에게 사랑받고 싶어서 자꾸 주려는 헌신적인 모습이 나타나는데, 인덕이 부족해 사람들한테 배신당하고 상처를 입는다.

의사

1986년 3월 22일 (양) 유(酉)시

시	일	월	연	
乙	乙	辛	丙	(坤)
酉	丑	卯	寅	

약사

1984년 1월 22일 (양) 축(丑)시

시	일	월	연	
丁	乙	乙	癸	(乾)
丑	卯	丑	亥	

가수

1992년 11월 2일 (음) 유(酉)시

시	일	월	연	
乙	乙	辛	壬	(坤)
酉	巳	亥	申	

회계사

1982년 11월 8일 (양) 유(酉)시

시	일	월	연	
乙	乙	辛	壬	(乾)
酉	未	亥	戌	

② 갑을을(甲乙乙) 병존(竝存)

- 특성 : 을을(乙乙) 병존의 꽃나무, 난초, 새싹, 넝쿨(장미·담쟁이·칡)이 갑목(甲木) 큰 나무에 기대어 감고 올라가는 형상이다.
- 주변에 사람이 모이고 인덕이 있는데, 다만 기대거나 함께하려고 하다 보니 가까운 사람에게 너무 과도한 이타심이 생겨 배신당하거나 손해를 본다.

정치인

1963년 10월 23일 (음) 오후 6시

시	일	월	연	
乙	乙	甲	癸	(乾)
酉	酉	子	卯	

③ **을을을(乙乙乙)의 삼존(三存)**

- 특성 : 꽃나무, 난초, 새싹, 넝쿨 등이 집단으로 모여 있는 형상이다.
- 주변에 사람이 모이고 인덕이 있다. 특히 지지(地支)에는 바위에 해당하는 금(金)이 많거나, 금(金) 합국(合局)을 이루거나, 꽃·난초·새싹·넝쿨을 번성시키는 태양에 해당하는 화(火)가 많으면 더욱 좋은 사주가 된다.

경찰공무원

1985년 9월 23일 (양) 술(戌)시

시	일	월	연	
丙	乙	乙	乙	(乾)
戌	丑	酉	丑	

정치인

1935년 8월 29일 (음) 축(丑)시

시	일	월	연	
丁	乙	乙	乙	(乾)
丑	巳	酉	亥	

등소평(1905~1997, 중화인민공화국 제3대 최고지도자)

1905년 8월 24일 (음) 오전 2시

시	일	월	연	
乙	甲	乙	乙	(乾)
丑	子	酉	巳	

④ **을을을을(乙乙乙乙) 사존(四存)**

- 특성 : 천간에 을(乙)이 4개 있으면 매우 넓은 꽃정원, 난초정원, 논·밭에 가득한 곡식의 형상이다.
- 생산성이 좋고 생명력도 뛰어나며 인덕이 많다.

연구원

1985년 10월 3일 (양) 유(酉)시

시	일	월	연
乙	乙	乙	乙 (坤)
酉	亥	酉	丑

농구선수

1965년 9월 28일 (양) 유(酉)시

시	일	월	연
乙	乙	乙	乙 (乾)
酉	酉	酉	巳

(3) 병(丙)의 분석

① 병병(丙丙) 병존(竝存)

- 특성 : 병화(丙火)는 태양, 용광로, 산불, 화산, 큰 꽃의 형상이고, 병병(丙丙) 병존(竝存)은 2개의 태양이 있는 모습, 용광로가 끓고 있는 모습, 산불의 모습, 큰 꽃이 피어 있는 형상이다.
- 자신의 감정과 생각을 표현하고 드러내며 행동하는 성향이다.

사진작가

1983년 4월 8일 (양) 진(辰)시

시	일	월	연
壬	丙	丙	癸 (乾)
辰	寅	辰	亥

군인

1992년 4월 30일 (양) 신(申)시

시	일	월	연
丙	丙	甲	壬 (乾)
申	子	辰	申

배우

1962년 8월 6일 (양) 오후 4시

시	일	월	연	
丙	丙	丁	壬	(坤)
申	子	未	寅	

학원강사

1981년 9월 5일 (양) 술(戌)시

시	일	월	연	
戊	丙	丙	辛	(坤)
戌	戌	申	酉	

의사

1980년 1월 4일 (양) 술(戌)시

시	일	월	연	
戊	丙	丙	己	(乾)
戌	子	子	未	

자산관리사

1985년 10월 14일 (양) 축(丑)시

시	일	월	연	
己	丙	丙	乙	(乾)
丑	戌	戌	丑	

② **병병병(丙丙丙) 삼존(三存)**

- 특성 : 병화(丙火)는 태양, 용광로, 산불, 화산, 큰 꽃의 형상이다. 병병병(丙丙丙) 삼존(三存)은 태양이 여러 개 떠 있는 무더운 모습, 용광로가 들끓는 모습, 큰 산불, 커다란 화산, 무리 지어 핀 꽃의 형상이다.
- 열정이 넘치고 활동성이 크다. 역마의 기운이 있으며, 자신의 감정을 즉각 드러내면서 표현하고, 모험적 창조적 기질과 다양한 것을 하나로 통합하고 통섭하는 자질이 강하다.

검사

1956년 8월 22일 (음) 오후 4시 30분

시	일	월	연	
丙	丙	丁	丙	(乾)
申	申	酉	申	

경찰공무원

1986년 4월 2일 (양) 신(申)시

시	일	월	연	
丙	丙	辛	丙	(乾)
申	子	卯	寅	

기업인

1986년 8월 20일 (양) 유(酉)시

시	일	월	연	
丁	丙	丙	丙	(乾)
酉	申	申	寅	

노총위원

1976년 8월 30일 (양) 인(寅)시

시	일	월	연	
丙	甲	丙	丙	(乾)
寅	寅	申	辰	

배우

1976년 8월 21일 (양) 술(戌)시

시	일	월	연	
丙	乙	丙	丙	(坤)
戌	巳	申	辰	

화가

1936년 6월 24일 (음) 오후 8시

시	일	월	연	
丙	乙	丙	丙	(乾)
戌	丑	申	子	

자영업

1986년 8월 20일 (양) 묘(卯)시

시	일	월	연	
辛	丙	丙	丙	(乾)
卯	申	申	寅	

노무현(1946~2009, 제16대 대한민국 대통령)

1946년 9월 1일 (양) 진(辰)시

시	일	월	연	
丙	戊	丙	丙	(乾)
辰	寅	申	戌	

③ 병병병병(丙丙丙丙) 사존(四存)

- 특성 : 병화(丙火)는 태양, 용광로, 산불, 화산, 큰 꽃의 형상이다. 병병병병(丙丙丙丙) 사존(四存)은 4개의 태양이 떠 있는 무덥고 뜨거운 모습, 큰 산들이 불타는 모습, 화산이 폭발하는 형상이다.
- 자신의 감정을 감추지 않고 밖으로 드러내어 솔직한 언어로 표현하는 타입이다.
- 옳지 않거나 부당한 일을 강요하면 반드시 지적하고, 부당한 일에 대한 잘못을 시인하지 않으면 크게 화를 낸다. 패션감각이 극단적이어서 갖춰 입어야 할 때는 잘 입지만 집 근처에 나가거나 편한 사람을 만날 때는 대충 입고 나가는 타입이다.

태권도선수

1976년 8월 12일 (양) 오후 4시

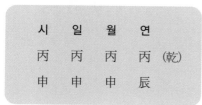

시	일	월	연	
丙	丙	丙	丙	(乾)
申	申	申	辰	

(4) 丁의 분석

① 정정(丁丁) 병존(竝存)

- 특성 : 정정(丁丁)은 촛불, 별, 꽃, 가로등을 상징한다.
- 은은하게 어둠을 밝히면서 빛나는 것처럼 자신을 드러내는 것을 좋아하고, 감수성과 음악성이 발달하였다.
- 언어 표현력과 패션 감각이 뛰어나며 적극적인 타입이다.
- 도화(桃花, 연기 · 연예 · 방송)의 기운이 있으나 정정(丁丁)은 2송이의 꽃이 있는 모습으로, 어두운 밤하늘의 반달처럼 쓸쓸함과 외로움, 감수성이 있다.

배우

1979년 8월 18일 (양) 미(未)시

시	일	월	연	
丁	丁	壬	己	(乾)
未	巳	申	未	

승무원

1987년 1월 18일 (양) 미(未)시

시	일	월	연	
丁	丁	辛	丙	(坤)
未	卯	丑	寅	

언론인

1981년 10월 6일 (양) 묘(卯)시

시	일	월	연	
癸	丁	丁	辛	(乾)
卯	巳	酉	酉	

연구원

1978년 6월 4일 (양) 자(子)시

시	일	월	연	
庚	丁	丁	戊	(乾)
子	酉	巳	午	

영상 디자이너

1991년 7월 6일 (양) 미(未)시

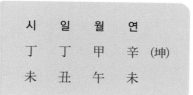

시	일	월	연	
丁	丁	甲	辛	(坤)
未	丑	午	未	

의사

1985년 10월 3일 (음) 해(亥)시

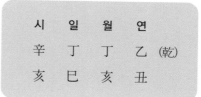

시	일	월	연	
辛	丁	丁	乙	(乾)
亥	巳	亥	丑	

의사

1986년 11월 29일 (양) 미(未)시

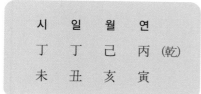

시	일	월	연	
丁	丁	己	丙	(乾)
未	丑	亥	寅	

정약용(1762~1836, 조선 문신, 유학자)

1762년 8월 5일 (양) 사(巳)시

시	일	월	연	
乙	丁	丁	壬	(乾)
巳	未	未	午	

② 정정정(丁丁丁) 삼존(三存)

- 특성 : 정정정(丁丁丁) 삼존(三存)은 보름달, 구름 없는 밤하늘에 빛나는 별, 화려한 꽃들로 만개한 형상이다.
- 언어 표현력이 발달하고 예술성과 감수성이 타고난 사람이다. 자신을 세상에 드러내는데 재능이 있다.

배우

1989년 3월 18일 (양) 미(未)시

시	일	월	연	
丁	丁	丁	己	(坤)
未	丑	卯	巳	

웹툰작가

1981년 9월 26일 (양) 미(未)시

시	일	월	연	
丁	丁	丁	辛	(乾)
未	未	酉	酉	

③ 정정정정(丁丁丁丁) 사존(四存)

• 특성 : 정정정정(丁丁丁丁) 사존(四存)은 구름 한 점 없는 밤하늘에 반달이 떠 있는 모습, 구름 한 점 없는 하늘에 은하수가 가득한 모습, 온 세상이 꽃들로 만개한 형상이다.

• 감각과 감수성이 발달하였으며 예술성과 표현력이 뛰어나고 많은 사람들에게 인기가 있다.

배우

1987년 8월 6일 (양) 오후 3시

시	일	월	연	
丁	丁	丁	丁	(坤)
未	亥	未	卯	

(5) 무(戊)의 분석

① 무무(戊戊) 병존(竝存)

• 특성 : 무토(戊土)는 넓은 들판이나 흙산으로 목[木/나무], 화[火/용암], 금[金/금속], 수[水/물]를 지니고 있듯이, 소통능력이 뛰어나고 대인관계와 활동의 폭이 넓어 해외를 왕래하는 역마살 성향이 강하다.

• 자신의 감정을 잘 드러내지 않고 생각을 감춘 채 은근하고도 끈기 있게 맡은 일을 밀고 나가는 타입이다.

국악인

1990년 11월 13일 (음) 미(未)시

시	일	월	연	
己	戊	戊	庚	(坤)
未	戌	子	午	

비서관

1979년 7월 30일 (양) 오(午)시

시	일	월	연	
戊	戊	辛	己	(乾)
午	戌	未	未	

변리사

1984년 10월 11일 (양) 오(午)시

시	일	월	연	
戊	戊	甲	甲	(乾)
午	寅	戌	子	

영어강사

1984년 4월 24일 (양) 유(酉)시

시	일	월	연	
辛	戊	戊	甲	(坤)
酉	子	辰	子	

의사

1981년 7월 29일 (양) 오(午)시

시	일	월	연	
戊	戊	乙	辛	(乾)
午	申	未	酉	

변호사

1971년 2월 12일 (양) 낮 12시

시	일	월	연	
戊	戊	庚	辛	(坤)
午	辰	寅	亥	

회계사

1981년 3월 01일 (양) 오(午)시

시	일	월	연
戊	戊	庚	辛 (乾)
午	寅	寅	酉

학원원장

1984년 2월 14일 (양) 오(午)시

시	일	월	연
戊	戊	丙	甲 (坤)
午	寅	寅	子

② 무무무(戊戊戊) 삼존(三存)

- 특성 : 무토(戊土)의 넓은 들판, 넓은 흙산이 3개 있는 모습으로, 함께하는 목[木/나무], 화[火/용암], 금[金/바위와 금속], 수[水/물]가 매우 많다.
- 사람과 소통을 잘하고 대인관계가 원만하며 평소에 감정을 겉으로 쉽게 드러내지 않는다.
- 좋은 것이 좋은 것이라는 마음가짐으로 세상을 살아가는 성향이다. 활동영역이 넓어 해외를 왕래하는 역마의 기운이 강하다.

야구선수

1988년 7월 22일 (양) 오(午)시

시	일	월	연
戊	戊	己	戊 (乾)
午	寅	未	辰

배우

1985년 2월 18일 (양) 낮 12시

시	일	월	연
戊	戊	戊	乙 (乾)
午	子	寅	丑

약사

1988년 8월 1일 (양) 오(午)시

시	일	월	연
戊	戊	己	戊 (乾)
午	子	未	辰

③ **무무무무(戊戊戊戊) 사존(四存)**

- 특성 : 무토(戊土)가 4개 있는 형상이므로, 들판과 흙산이 매우 넓고 커서 역마의 기가 아주 강하고, 넓은 땅에는 목[木/나무], 화[火/용암], 금[金/바위·금속], 수[水/물]의 포용량이 매우 크다.
- 자신의 생각을 드러내지 않고 상대와 소통하기 때문에 대인관계가 원만하다.
- 여유로운 표정과 자신의 감정을 드러내지 않고 대화하기 때문에 상대는 자신의 생각과 말을 수용하는 것이라고 착각하지만 감정과 표정을 감출 뿐 자신이 하려는 일을 끈기 있게 밀고 나가면서 자신의 생각을 은근히 고집하는 타입이다.

배우

1958년 4월 23일 (음) 낮 12시

시	일	월	연
戊	戊	戊	戊 (乾)
午	午	午	戌

투파이론과 물상이론 2 —
기(己)~계(癸)

예로부터 천간을 중요하게 생각하여
천간을 분석 해설하는 이론이 탄생하였다.

MBTI로 분석한 금과다(金過多)와 금태과다(金太過多)

(1) 양팔통 · 괴강 · 백호 · 양인 : 양의 기운이 강하다. → ESTJ에 가깝다.

MBTI 선호 지표	E – 외향(Extroversion) : 외부 · 표현 · 표출 · 행동 S – 감각(Sensing) : 현실 · 실천 · 실용 · 실질 T – 사고(Thinking) : 논리 · 구체적 · 사실 판단 J – 판단(Judging) : 목적 · 절차 · 계획 · 준비
성격	과거 경험을 현실에 적용, 구체적, 기존 일의 반복을 선호, 명확한 것 선호, 목적성, 사실적인 활동, 실질적인 계획 추진, 안정적 선택, 전통가치 존중, 조직관리 우수, 직접적으로 영향력 행사, 체계적 관리와 일처리, 프로젝트 완성 능력, 현실 중심적, 현실 감각 우월, 확실한 일에 관심
키워드	계획적, 고집 센, 공정한, 대범한, 보수적, 속물적, 손익 계산, 솔직한, 완고한, 위계질서가 엄격한, 이익 추구, 전통적, 직설적, 책임감 강한, 체계적, 추진력, 현실적
별명	엄격한 경영자, 엄격한 관리자, 체계적인 관리자, 효율적인 조직 관리자, 자기 주도적인 운영자

(2) 금태과다(金太過多)·금과다(金過多) : 음팔통, 귀문관살, 천문성이 강하다. → ISTJ에 가깝다.

MBTI 선호 지표	I – 내향(Introversion) : 내면·생각·안정·마음 S – 감각(Sensing) : 현실·실천·실용·실질 T – 사고(Thinking) : 논리·구체적·사실 판단 J – 판단(Judging) : 목적·절차·계획·준비
성격	개인의 가치와 개성 무시, 과거 경험을 현실에 적용, 구체적 목적, 규칙과 규율을 잘 준수, 꼼꼼하고 세심하며 디테일한, 내향적이고 내적 자아 탐구, 맡은 일을 철저하게 완수함, 반복적, 보수적이고 안전함을 선호, 빈틈없고 용의단정, 신중하고 책임감 있는 일 처리, 실제 사실에 입각한 일 처리, 안전하고 안정된 선택, 일사불란한 조직적 사고, 일상적인 일에 인내력 강함, 자신의 감정과 기분을 파악하기 어려움, 자유는 혼돈이라 생각, 전통가치를 존중, 정리정돈을 잘하는, 정확하고 체계적인 기억, 주어지고 짜여진 업무에 안정감, 직접 확인하고 영향력 행사, 집중력과 정확성 선호, 체계적 일 추진, 침착한 현실감각, 타인의 감정과 기분을 파악하기 어려움, 타협심 부족, 폐쇄적 사고
키워드	계획적, 공정함, 관습적, 보수적, 사실적, 솔직한, 자기애 강함, 전통적, 절차적, 조직적, 준비적, 직선적, 추진력, 표현적, 현실적
별명	책임감 있는 사람, 조사관, 감시자, 소금형 인간 , 청렴결백한 논리주의자, 현실주의자, 독단적 논리주의자, 격렬한 논리주의자

(1) 기(己)의 분석

① 기기(己己) 병존(竝存)

- 특성 : 마당의 흙, 정원, 텃밭 등을 상징한다.
- 안정적이고 안전한 삶을 추구하며, 타인과의 연결이 끊어지거나 혼자되는 것에 대한 두려움이 있다. 타인의 의견을 잘들어주고 받아들이며 경청하고 공감하는 능력이 뛰어나다.

격투기선수

1981년 11월 17일 (양) 묘(卯)시

시	일	월	연
丁	己	己	辛 (乾)
卯	亥	亥	酉

국가대표 운동선수

1994년 5월 23일 (양) 오후 6시

시	일	월	연
癸	己	己	甲 (乾)
酉	酉	巳	戌

가수

1980년 3월 17일 (양) 유(酉)시

시	일	월	연
癸	己	己	庚 (乾)
酉	丑	卯	申

컴퓨터 프로그래머

1977년 11월 28일 (양) 사(巳)시

시	일	월	연
己	己	辛	丁 (乾)
巳	丑	亥	巳

한의사

1982년 10월 3일 (양) 신(申)시

시	일	월	연
壬	己	己	壬 (乾)
申	未	酉	戌

② 기기기(己己己) 삼존(三存)

- 특성 : 학교 소운동장, 마을 앞 논, 다랭이논, 작은 동산 등을 상징한다.
- 타인 앞에서는 의견을 수용하는 공감 능력이 뛰어나지만 자신의 안정된 삶에 필요하다고 생각하면 실천하고, 도움이 되지 않으면 회피하는 타입이다.

방송작가

1979년 5월 19일 (양) 오후 10시

시	일	월	연
己	丙	己	己 (坤)
亥	戌	巳	未

의사

1979년 6월 1일 (양) 미(未)시

시	일	월	연
辛	己	己	己 (乾)
未	亥	巳	未

③ 기기기기(己己己己) 사존(四存)

- 특성 : 대운동장, 들판, 앞산, 뒷산 등을 상징한다.
- 타인과의 갈등을 회피하고 타인의 의견을 수용하는 태도를 갖고 있다. 감정을 잘 조절하고 매사 긍정적이며 순간순간 적절하게 대처하는 능력이 있다. 상대방 기분이 좋아지게 하고 평화로운 분위기를 유지하려고 노력한다. 삶의 평화를 깨는 상황은 가능한 한 피하거나 만들지 않으려는 자기만의 고집과 끈기가 있다.

가수·배우

1979년 6월 1일 (양) 오전 10시

시	일	월	연
己	己	己	己 (乾)
巳	亥	巳	未

검사

1969년 5월 14일 (양) 오전 10시

시	일	월	연
己	己	己	己 (乾)
巳	丑	巳	酉

(2) 경(庚)의 분석

① 경경(庚庚)의 병존(竝存)

- 특성 : 바위산, 바위사막, 커다란 금속을 형상한다.
- 변함없이 자신의 생각을 유지하고 고집하는 성향이다. 계획과 준비가 철저하고 하고 싶은 일과 하기 싫은 일에 정확한 흑백논리가 있다.

건설업자

1977년 1월 23일 (양) 진(辰)시

시	일	월	연	
庚	庚	辛	丙	(乾)
辰	辰	丑	辰	

보안검색요원

1995년 3월 20일 (양) 진(辰)시

시	일	월	연	
庚	庚	己	乙	(坤)
辰	戌	卯	亥	

MC·개그맨

1973년 1월 4일 (양) 오전 8시

시	일	월	연	
庚	庚	壬	壬	(坤)
辰	子	子	子	

의사

1987년 1월 21일 (양) 진(辰)시

시	일	월	연	
庚	庚	辛	丙	(乾)
辰	午	丑	寅	

의사

1983년 8월 30일 (양) 술(戌)시

시	일	월	연
丙	庚	庚	癸 (坤)
戌	寅	申	亥

군인

1992년 12월 20일 (양) 진(辰)시

시	일	월	연
庚	庚	壬	壬 (坤)
辰	午	子	申

배우

1962년 12월 28일 (양) 오전 8시

시	일	월	연
庚	庚	壬	壬 (乾)
辰	子	子	寅

이순신(1545~1598, 시호 충무, 조선 무신)

1545년 4월 28일 (양) 해(亥)시

시	일	월	연
丁	庚	庚	乙 (乾)
亥	申	辰	巳

② 경경경(庚庚庚) 삼존(三存)

- 특성 : 넓고 높은 바위산, 넓은 바위사막을 상징한다.
- 원칙주의자, 완벽주의자 성향으로 주변 사람들에게 도덕적 이상주의, 업무적 완벽주의가 되도록 강요하는 성향이다. 강력한 목적의식과 사명감이 있으며, 정해진 목표를 반드시 실천해야만 안정감을 느끼는 타입이다.

배우

1990년 4월 5일 (양) 신(申)시

시	일	월	연
甲	庚	庚	庚 (乾)
申	子	辰	午

가수

1990년 5월 25일 (양) 오전 8시

시	일	월	연
庚	庚	辛	庚 (坤)
辰	寅	巳	午

회사대표

1980년 3월 3일 (음) 묘(卯)시

시	일	월	연
己	庚	庚	庚 (乾)
卯	申	辰	申

③ 경경경경(庚庚庚庚) 사존(四存)

- 특성 : 산맥을 이루는 바위산, 끝없이 펼쳐진 바위사막.
- 고집이 매우 세고 자신에게 맡겨진 일이나 하고자 하는 일은 반드시 결과를 이루어내는 뚝심이 있다. 반드시 미리 준비하고 계획하는 자신만의 원리원칙이 있고 완벽주의자 기질이 있다. 흑백논리가 정확하여 옳고 그름과 좋고 싫음이 명확한 성향이다.

정치인

1950년 2월 28일 (음) 진(辰)시

시	일	월	연
庚	庚	庚	庚 (乾)
辰	辰	辰	寅

배우

1970년 4월 30일 (양) 오전 8시

시	일	월	연
庚	庚	庚	庚 (坤)
辰	辰	辰	戌

(3) 신(辛)의 분석

① 신신(辛辛) 병존(竝存)

- 특성 : 예리한 칼날, 날카로운 송곳, 잘 다듬어진 보석을 상징한다.
- 섬세하고 꼼꼼하며, 논리적이고 분석적이며 예민한 성향이다. 이익과 손해에 대해 정확하고 손해가 생기는 일에 대해서는 비판하고 간섭하는 타입이다. 매사 일 지향적이고 안정적

안전적인 삶을 꿈꾸며, 자신이 직접 확인할 수 있는 일이나 손으로 하는 일을 선호한다. 남성은 비판성이 강해 가까운 가족과의 갈등이나 사건 사고를 조심해야 하고, 여성은 가정에 대한 보호 본능이 강하며 보수적인 성향이다.

간호사

1992년 11월 21일 (양) 사(巳)시

시	일	월	연	
癸	辛	辛	壬	(坤)
巳	丑	亥	申	

건설업

1990년 5월 16일 (양) 진(辰)시

시	일	월	연	
壬	辛	辛	庚	(乾)
辰	巳	巳	午	

교수

1966년 11월 18일 (양) 묘(卯)시

시	일	월	연	
辛	辛	己	丙	(乾)
卯	巳	亥	午	

아나운서

1986년 8월 5일 (양) 묘(卯)시

시	일	월	연	
辛	辛	乙	丙	(坤)
卯	巳	未	寅	

의사

1985년 4월 3일 (음) 진(辰)시

시	일	월	연	
壬	辛	辛	乙	(乾)
辰	酉	巳	丑	

컨설턴트

1978년 12월 25일 (양) 묘(卯)시

시	일	월	연	
辛	辛	甲	戊	(乾)
卯	酉	子	午	

프로그래머

1984년 11월 13일 (양) 묘(卯)시

시	일	월	연	
辛	辛	乙	甲	(坤)
卯	亥	亥	子	

이희호(1922~2019, 제15대 대통령 김대중의 부인)

1922년 9월 21일 (음) 오(午)시

시	일	월	연	
甲	辛	辛	壬	(坤)
午	巳	亥	戌	

② 신신신(辛辛辛) 삼존(三存)

- 특성 : 잘 다듬어서 빛나는 보석들, 날카로운 주방용품 등을 상징한다.
- 예리하고 예민한 성향이다. 꼼꼼하고 디테일하며 빈틈없는 일 처리 능력을 가지고 있다. 계획하고 준비한 일에 안정감을 느끼고 기계적 반복적인 일에 능력을 발휘한다. 타인의 빈틈이나 실수를 한눈에 파악하는 능력이 있고, 잘못을 반드시 지적해야 마음이 편하기 때문에 잔소리가 많은 사람으로 인식되기 쉽다.

방송국 PD

1979년 7월 23일 (양) 묘(卯)시

시	일	월	연	
辛	辛	辛	己	(乾)
卯	卯	未	未	

배우

1990년 6월 5일 (양) 오전 7시

시	일	월	연	
辛	辛	辛	庚	(坤)
卯	丑	巳	午	

필라테스 강사

1992년 1월 6일 (양) 미(未)시

시	일	월	연	
乙	辛	辛	辛	(坤)
未	巳	丑	未	

③ 신신신신(辛辛辛辛) 사존(四存)

- 특성 : 예리하고 날카로운 공장의 칼들, 반짝이며 빛나는 공장의 보석들을 상징한다.
- 빈틈없는 예리함과 꼼꼼함, 뚝심 있고 고집이 센 성향이 결합된 타입이다.
- 매사 준비하고 계획하며 원리원칙적이다. 계획한 일은 반드시 마무리해야 하는 완벽주의자 성향이기에 원칙주의자로서 원칙을 중요하게 생각한다.
- 강한 목적의식을 갖고 반드시 실천해낸다. 자신의 생각과 행동에는 일관성을 유지하려고 하는데, 자신의 삶에서 손해 보는 일은 절대 양보하지 않는 강박증이 있다.

방송인

1972년 1월 11일 (양) 오전 7시

시	일	월	연	
辛	辛	辛	辛	(坤)
卯	丑	丑	亥	

가수

2001년 3월 9일 (양) 오전 6시

시	일	월	연	
辛	辛	辛	辛	(坤)
卯	未	卯	巳	

(4) 임(壬)의 분석

① 임임(壬壬) 병존(竝存)

- 특성 : 유유히 흘러가는 강물, 맑게 빛나는 호수를 상징한다.
- 임임(壬壬) 병존(竝存)은 연월일시 어디에 있어도 도화(桃花, 인기인 · 연예 · 예술 · 방송)의 기질을 가지고 있다. 당연히 임(壬) 일간이면서 임임(壬壬) 병존(竝存)은 작용력이 더 강하다.
- 항상 안전하고 안정적인 삶을 지키기 위해 고민한다. 자신의 안정도 중요하지만 가족, 지역 사회, 조직 등 공동체의 안전에도 관심이 크다. 안전을 추구하다 보니 우유부단해 보이기도 하고 결정과 판단이 늦은 경우가 많다.
- 창의성과 아이디어가 뛰어나고 수리력과 정보수집력도 뛰어나다.

대학교수

1959년 9월 6일 (음) 오전 5시

시	일	월	연
壬	壬	癸	己 (乾)
寅	戌	酉	亥

유튜버

1998년 11월 1일 (양) 술(戌)시

시	일	월	연
庚	壬	壬	戊 (坤)
戌	子	戌	寅

통역사

1987년 7월 22일 (양) 인(寅)시

시	일	월	연
壬	壬	丁	丁 (坤)
寅	申	未	卯

② 임임임(壬壬壬) 삼존(三存)

- 특성 : 바닷물, 큰 강물, 태풍을 몰고 오는 먹구름을 상징한다.
- 삼존(三存)은 도화(桃花)이다. 일간이 임(壬)이면서 삼존일 때 작용력이 크지만 일간이 아니어도 삼존의 작용력이 있다.
- 창의력과 상상력이 뛰어나고 생각이 깊고 사색을 많이 하는 편이다.
- 세상의 모든 것을 알고 있어야 안전하고 두렵지 않다고 생각한다. 단순히 정보를 수집하고 지식을 얻는 것에 멈추지 않고 그것이 진실인지 거짓인지 반복하여 검증한다. 지식 추구에 삶의 의미를 두기 때문에 박학다식하고 관찰력이 뛰어나다. 이해력이 뛰어나고 논리적 사고를 좋아한다.
- 안전하고 안정적인 삶에 집착하기 때문에 성취 욕구와 성공 욕망이 매우 크고 일확천금의 꿈이 있다.

금융회사 직원

1983년 1월 4일 (양) 사(巳)시

시	일	월	연
乙	壬	壬	壬 (坤)
巳	辰	子	戌

배우

1982년 3월 1일 (양) 오후 8시

시	일	월	연
壬	癸	壬	壬 (坤)
戌	未	寅	戌

네일샵 운영자

1984년 8월 10일 (음) 인(寅)시

시	일	월	연
壬	壬	壬	甲 (坤)
寅	寅	申	子

의사

1982년 2월 12일 (양) 진(辰)시

시	일	월	연
壬	丙	壬	壬 (乾)
辰	寅	寅	戌

임상병리사

1983년 1월 4일 (양) 유(酉)시

시	일	월	연
己	壬	壬	壬 (乾)
酉	辰	子	戌

③ 임임임임(壬壬壬壬) 사존(四存)

- 특성 : 넓고 큰 바닷물, 넓고 큰 호수, 넓고 큰 강물, 장마를 가져올 먹구름을 상징한다.
- 사존(四存)은 도화(桃花)의 작용력이 매우 크다.
- 연예, 예술, 방송 분야의 끼가 매우 강하고 창의성과 아이디어가 뛰어나다. 지식을 축적하고 정보를 수집하기 위해 부단히 노력한다.
- 어떤 행동을 하기 전에 반드시 생각하고 사색하며 미래에 일어날 수 있는 문제를 다양하게 준비한다. 현재의 안전을 위해 과다한 욕망을 꿈꾸고 상상력이 많다 보니 창의적이지만 변덕스러운 성향이 있다.
- 지식탐구, 민감성, 상상력, 심미안, 수리력, 학구적, 과학적 성향이 강하다. 자신의 지성과 지식에 의존하면서 미적, 문학적 감수성으로 진리를 표현하려고 한다.

건축가

1952년 10월 26일 (음) 오전 4시

시	일	월	연	
壬	壬	壬	壬	(乾)
寅	辰	子	辰	

가수

1992년 12월 22일 (양) 오전 4시

시	일	월	연	
壬	壬	壬	壬	(坤)
寅	申	子	申	

가수

1972년 2월 21일 (양) 오전 4시

시	일	월	연	
壬	壬	壬	壬	(乾)
寅	午	寅	子	

회사원

1982년 12월 15일 (양) 인(寅)시

시	일	월	연	
壬	壬	壬	壬	(乾)
寅	申	子	戌	

(5) 계(癸)의 분석

① 계계(癸癸) 병존(竝存)

- 특성 : 계수(癸水)는 안개비, 이슬비, 싸락눈을 상징한다.
- 계계(癸癸) 병존(竝存)은 도화(桃花)로 작용한다. 일간에 계수(癸水)가 있으면 병존(竝存)은 작용력이 강하고, 일간이 아니어도 병존 또한 작용력이 있다.
- 세상이 위험한 것으로 가득 차 있다고 생각하며 늘 안전하고 싶은 욕망을 갖고 있다. 항상 신중하게 결정하는데 심사숙고하는 타입이다. 확인한 것도 다시 확인하는 미래 염려증이 있으며 결정장애, 판단장애의 성향이다.

배우

1971년 3월 19일 (양) 오후 11시

시	일	월	연	
癸	癸	辛	辛	(乾)
亥	卯	卯	亥	

디자이너

1989년 9월 20일 (양) 신(申)시

시	일	월	연	
庚	癸	癸	己	(坤)
申	未	酉	巳	

피아니스트

1965년 6월 20일 (음) 유(酉)시

시	일	월	연	
辛	癸	癸	乙	(坤)
酉	酉	未	巳	

수의사

1982년 8월 8일 (양) 축(丑)시

시	일	월	연	
癸	癸	丁	壬	(乾)
丑	亥	未	戌	

약사

1987년 4월 4일 (양) 미(未)시

시	일	월	연	
己	癸	癸	丁	(坤)
未	未	卯	卯	

학원강사(자영업)

1982년 12월 16일 (양) 해(亥)시

시	일	월	연	
癸	癸	壬	壬	(坤)
亥	酉	子	戌	

학원강사

1987년 6월 23일 (양) 해(亥)시

시	일	월	연	
癸	癸	丙	丁	(乾)
亥	卯	午	卯	

② 계계계(癸癸癸) 삼존(三存)

- 특성 : 계수(癸水)는 안개비, 이슬비, 싸락눈을 상징한다.
- 계수가 3개 있으니 하늘 가득한 이슬비의 형상이다. 계계계(癸癸癸) 삼존(三存)은 도화(桃花)로써 삼존은 연월일시 어디에 있어도, 떨어져 있어도 작용력이 크다.
- 공동체, 집단, 가정 등 소속된 곳에서 책임감 있고 충실하게 살아가는 사람이다. 의존적인 성향이 강하고 사회 통념과 트랜드에 충실한 타입이다. 다만 소속에서 벗어나면 엄청난 두려움 때문에 감정을 폭발시키기도 한다. 우유부단하고 신중한 사람이기에 대신 해결해주거나 선택해주는 사람을 만나면 적극적으로 신뢰하고 의존한다.

빅데이터 엔지니어

1984년 10월 6일 (양) 해(亥)시

시	일	월	연	
癸	癸	癸	甲	(乾)
亥	酉	酉	子	

박지원(1737~1805, 호 연암, 조선 문신, 실학자)

1737년 2월 5일 (음) 축(丑)시

시	일	월	연	
癸	癸	癸	丁	(乾)
丑	亥	卯	巳	

③ 계계계계(癸癸癸癸) 사존(四存)

- 특성 : 계수(癸水)가 안개비, 이슬비, 싸락눈을 상징한다.
- 계수(癸水)가 4개 있으니 많은 양의 이슬비나 싸락눈이 내리는 형상이다. 계수(癸水)는 도화(桃花)의 작용이 있으니 천간 4개의 도화가 있어 작용력이 크다.
- 미래에 대해 지나치게 걱정하고 세상은 안전하지 않다고 생각한다. 안전과 안정에 집착하여 눈 앞에 있는 문제나 일에 도전하지 못하고 행복을 놓치는 경우가 많다. 지금의 두려움을 일확천금을 꿈꾸면서 빠르게 성공하는 것으로 대체하려고 하고, 사이비 종교나 굿, 부적 등에 의존하여 두려움을 없애려고도 하므로 조심해야 한다.
- 세상에 대한 호기심이 커서 지식 탐구, 정보 수집으로 해답을 찾으려고 항상 노력하며 연구하고 검증하는 타입이다.

의대 교수

1963년 10월 11일 (음) 오후 10시

시	일	월	연	
癸	癸	癸	癸	(乾)
亥	酉	亥	卯	

화가

1993년 11월 18일 (양) 오후 11시

시	일	월	연	
癸	癸	癸	癸	(乾)
亥	卯	亥	酉	

DAY

25 신살 이론 1

백호대살이 있으면 피 흘리며 죽는가?

「백호대살(白虎大殺)」. 「백호(白虎)」는 「흰 호랑이」이고, 「대살(大殺)」은 「크게 죽는다」는 의미로, 「흰 호랑이에게 잡아먹혀 피 흘리며 죽는다.」는 흉(凶)한 살이다.

백호대살과 비슷한 살인 「괴강살(魁罡殺)」은 으뜸 괴(魁), 별 이름 강(罡)으로 「별 중의 별」, 으뜸의 별인 「북두칠성의 첫 번째 별」이란 의미가 있다. 괴강살은 강력한 힘과 권력을 상징하는데, 좋고 싫음이 명확하고 지배하고 통제하는 강력한 기운을 가지고 있다. 그래서 군인이나 경찰, 또는 살인자나 깡패가 된다고도 하는 살로 피를 보게 되는 살이다.

「양인살(羊刃殺)」도 백호대살과 비슷한 작용을 하는데, 「피를 흘리고 죽는다는 살」이다. 양 양(羊), 칼 인(刃), 죽일 살(殺)로 양인살(陽刃殺)로도 사용하는데, 양 양(羊)의 양인(羊刃)은 인간에게 도움이 되고 선한 양을 잡는 칼을 상징하고, 태양 양(陽)의 양인(陽刃)은 태양의 햇살에 반짝이는 칼로 날카롭고 강한 칼날을 상징한다.

다시 백호대살로 돌아가 보자. 옛날에는 호랑이에게 물려 죽는 것이 가장 무서운 일이었다. 호랑이 중에서도 100년에 한두 마리 탄생한다는 흰 호랑이(백호)가 그 신비하고 특별한 모습 때문에 더욱 두렵고 강력한 호랑이의 상징이 되었다. 현대에 와서는 호랑이에게 물려 죽는 일은 없으니, 험하게 피 흘려 죽는 것으로 대체하여 해석하게 되었다.

신살은 근묘화실(限運·宮運·柱運) 이론을 바탕으로 많이 분석한다. 연주는 조부모, 월주는 부모형제, 일주는 자신과 배우자, 시주는 자식으로, 연주에 백호대살이 있으면 조부모가 피 흘리며 죽는다고 겁주고 협박하는 살로 분석한다.

백호대살을 왜 이렇게 분석하게 되었을까? 괴강살·양인살과 마찬가지로 백호대살이 사주에 존재하면, 특히 3개(월일은 2개) 이상 있으면 고집, 뚝심, 끈기가 있으며 인정욕구, 명예욕구가 강하다.

과거 남성이 지배하던 세상에서 여성이 자기주장을 했다면 도저히 용납할 수 없는 일이었을 것이다. 그래서 지배계층인 남성에게 저항하고 시시비비를 따지는 사주팔자인 백호대살을 부정적인 의미로 몰고 가 저항하지 못하게 만들었다. 게다가 여성의 자기 존중감에서 나오는 주장을 원천봉쇄하기 위해 적극적인 행동 성향을 지닌 백호대살을 가족을 죽이는 부정적인 살로 만들어 놓았다고 여겨진다.

神

신살(神殺) = 신살(神煞)

신살(神殺)은,
신(神)과 살(殺)의 합성어

신(神)

- 「귀신같이 좋은 일이 찾아온다」
  는 행운을 상징하는 길(吉)한 신
  (神)이다.
- 「귀인(貴人) 또는 하늘의 별처
  럼 좋은 일이 반짝이며 빛난다」
  고 해서 성(星)이라고도 부른다.

살(殺)

살(殺 / 煞)은
「죽이다」라는
강하고 부정적인 기운을
내포하고 있다.

신살(神殺) 활용의 주의

- 신(神)과 살(殺)로 나뉘어 시작되었지만 신살(神殺)을 돈벌이 수단으로 이용하다 보니 「살(殺)을 풀어야 해」,
  「살(殺)이 끼었어」 등으로 겁주는 사이비들 때문에 신살(神殺)이 부정적인 의미로 사용되고 있다.
- 현대에 와서는 시대가 바뀌어 예전에는 부정적인 일이나 직업이 인식의 변화로 긍정적인 신살(神殺)로 활용하
  고 있다.
- 예를 들어, 도화살(桃花殺)은 예전에는 광대나 기생이 되어 천대받고 살았지만, 현대에는 예술 계통이나 연예인
  의 기질을 지닌 사람들로 BTS나 서태지처럼 최고의 인기를 누리면서 사랑 받을 수 있다.

신(神)

신(神·星·貴人)에는
천을귀인(天乙貴人), 천덕귀인(天德貴人),
월덕귀인(月德貴人), 월공귀인(月空貴人),
문창귀인(文昌貴人), 천의귀인(天醫貴人),
암록귀인(暗綠貴人), 삼귀귀인(三貴貴人),
합신(合神), 문창성(文昌星),
금여성(金輿星) 등이 있다.

신살(神殺)

- 오랜 세월 지속적으로 생성되어 왔기 때문에 신살(神殺)의 종류가 정확히 몇 개인지는 알 수 없지만, 대략 500개 전후로 추정하고 있다.
- 신살(神殺)은 사주명리학 역사에서 오랜 세월 활용하거나 이용되었는데, 지금도 역학자들이 활용하고 있다. 하지만, 사이비 역술가, 점술가, 무속인이 굿이나 부적을 강요하기 위해 돈벌이 수단으로 자주 사용하기도 한다.

살(殺)

살(殺 / 煞)에는
충살(沖殺), 파살(破殺),
원진살(寃嗔殺), 역마살(驛馬殺),
도화살(桃花殺), 화개살(花蓋殺),
귀문관살(鬼門關殺), 양인살(羊刃殺),
괴강살(魁罡殺), 백호대살(白虎代殺),
공망살(空亡殺), 형살(刑殺)
등이 있다.

현대의 신살(神殺) 사용

- 신살 사용에 신중해야 한다.
- 과거에 존재했고 스승이 가르쳤다고 무조건 함부로 사용하면 안 된다.
- 반드시 임상 후 통계를 바탕으로 정확한 결과를 갖고 사용해야 한다.
- 타당성이 없거나 검증이 아직 안 된 신살은 사용하지 않아야 한다.
- 몇백 년 동안 신살이 대중들에게 겁을 주면서 굿이나 부적을 강매하고 돈을 갈취하였는데, 현재도 겁박의 수단으로 돈벌이를 하는 사이비들이 건재하고 있다.
- 이 책을 공부하는 독자는 신살을 이용한 부정적인 상담으로 돈벌이에 사용하지 않았으면 한다.
- 신살은 인간이 살아가는데 나타나는 특징, 특성의 기질로 장점과 단점이 동시에 있다.

- 합(合)은 대체적으로 길신(吉神)으로 긍정적인 행운으로 해석한다.
- 합(合)은 「합한다, 하나가 된다」는 의미다. 일반 이론에서는 서로 화합하여 결속하므로 대부분 좋게 해석하지만, 저자의 임상 결과로는 합(合)이 길(吉)한 작용만 하는 것은 아니라 긍정적 부정적 의미를 다 갖는다. 상황에 따라 변화 변동, 사건 사고, 길(吉)한 일, 흉(凶)한 일, 길흉이 없는 일 등 다양하다.
- 합(合)에는 천간합(天干合), 지지합(地支合/六合), 삼합(三合), 방합(方合), 방위합(方位合) 등이 있다.
- 초기 전통 명리학에서는 일부 신살(神殺)과 형(刑), 충(沖), 회(會), 합(合), 해(害) 등의 법칙이 형성되었다. 수대(隨代) 소길(蕭吉)의 『오행대의(五行大義)』에서는,
    - "오행의 근본은 하늘[天]로부터 받아 태어나고 땅[地]에서 받아 이루어지며, 양(陽)에서 기(氣)를 받고 음(陰)에서 형태를 정한다. 오행(五行)의 체(體)는 치우쳐 세워지지 않으므로 각각 합(合, 화합)이 있다."
    - "천간(天干)의 합(合)은 음과 양의 배합이다. 이 2가지가 서로 합(화합)한 후에 모두 원래의 기질을 변화시켜 다른 기질을 형성한다. 이것이 바로 화(化)이다. 갑(甲)과 기(己)가 합하여 토(土)로 화(化)하고, 을(乙)과 경(庚)이 합하여 금(金)으로 화(化)하고, 병(丙)과 신(辛)이 합하여 수(水)로 화(化)하고, 정(丁)과 임(壬)이 합하여 목(木)으로 화(化)하고, 무(戊)와 계(癸)가 합하여 화(火)로 화(化)한다."
    - "지지(地支)의 합(合)에는 자(子)와 축(丑)이 합하고, 인(寅)과 해(亥)가 합하고, 묘(卯)와 술(戌)이 합하고, 진(辰)과 유(酉)가 합하고, 사(巳)와 신(申)이 합하고, 오(午)와 미(未)가 합한다."

(1) 천간합(天干合)

- 천간(天干)에서 이루어지는 합(合)으로, 천간 10개가 서로 짝을 지어 합(合)하는 것이다.
- 합은 양과 음, 음과 양 등 다른 음양끼리 만나서, 합을 통해 하나의 오행이 탄생하고 합(合)한 2개의 오행은 작용력이 변화한다.

① 갑기합화토(甲己合化土) : 갑목(甲木)과 기토(己土)가 만나 합(合)하면 토(土)로 변화한다.

② 을경합화금(乙庚合化金) : 을목(乙木)과 경금(庚金)이 만나 합(合)하면 금(金)으로 변화한다.

③ 병신합화수(丙辛合化水) : 병화(丙火)와 신금(辛金)이 만나 합(合)하면 수(水)로 변화한다.

④ 정임합화목(丁壬合化木) : 정화(丁火)와 임수(壬水)가 만나 합(合)하면 목(木)으로 변화한다.

⑤ 무계합화화(戊癸合化火) : 무토(戊土)와 계수(癸水)가 만나 합(合)하면 화(火)로 변화한다.

• 합(合)의 성격

시	일	월	연
庚	庚	庚	庚

• 경금(庚金)의 성격이 강하게 나타난다.

시	일	월	연
乙	乙	乙	乙

• 을목(乙木)의 성격이 강하게 나타난다.

시	일	월	연
乙	乙	乙	庚

• 을목(乙木)의 성격을 타고나고 갖고 있으나 경금(庚金)의 성격이 생활에서 중간중간 나타난다.

시	일	월	연
丙	丙	丙	丙

• 병화(丙火)의 성격이 강하게 나타난다.

시	일	월	연
丙	丙	丙	辛

• 병화(丙火)의 성격을 타고나고 갖고 있으나 수(水)의 성격이 생활에서 중간중간 나타난다. 화(火)의 조증과 수(水)의 울증 기질이 섞여 있다.

시	일	월	연
辛	辛	辛	辛

• 신금(辛金)의 성격이 강하게 나타난다.

시	일	월	연
辛	辛	辛	丙

• 신금(辛金)의 성격을 타고나고 갖고 있으나 수(水)의 성격이 생활에서 중간중간 나타난다.

시	일	월	연
甲	甲	甲	甲

• 갑목(甲木)의 성격이 강하게 나타난다.

시	일	월	연
甲	甲	甲	己

• 갑목(甲木)의 성격을 타고나고 갖고 있으나 토(土)의 성격이 생활에서 중간중간 나타난다.

시	일	월	연
丁	丁	丁	丁

• 정화(丁火)의 성격이 강하게 나타난다.

시	일	월	연
丁	丁	丁	壬

• 정화(丁火)의 성격을 타고나고 갖고 있으나 목(木)의 성격이 생활에서 중간중간 나타난다.

시	일	월	연
壬	壬	壬	壬

• 임수(壬水)의 성격이 강하게 나타난다.

시	일	월	연
壬	壬	壬	丁

• 임수(壬水)의 성격을 타고나고 갖고 있으나 목(木)의 성격이 생활에서 중간중간 나타난다.

시	일	월	연
戊	戊	戊	戊

• 무토(戊土)의 성격이 강하게 나타난다.

시	일	월	연
戊	戊	戊	癸

• 무토(戊土)의 성격을 타고나고 갖고 있으나 화(火)의 성격이 생활에서 중간중간 나타난다.

시	일	월	연
癸	癸	癸	癸

• 계수(癸水)의 성격이 강하게 나타난다.

시	일	월	연
癸	癸	癸	戊

• 계수(癸水)의 성격을 타고나고 갖고 있으나 화(火)의 성격이 생활에서 중간중간 나타난다.

(2) 지지합(地支合)

- 지지(地支)에서 이루어지는 합(合)으로, 천간합(天干合)처럼 음과 양이 만나 합을 이룬다. 지지(地支) 12개가 둘씩 짝을 지어 합이 된다.
- 지합(支合), 육합(六合), 지육합(支六合), 지지육합(地支六合)이라고도 한다.
- 육합(六合), 지지육합(地支六合)은 지지(地支) 12자가 둘씩 짝을 지어 6개의 짝이 이루어져 붙여진 이름이다.

① 자축합화토(子丑合化土) : 자수(子水)와 축토(丑土)가 만나 합하면 토(土)로 변한다.
 자축(子丑) 합(合) 토(土)가 뒤에서 공부할 방합(方方) 해자축(亥子丑) 합(合) 수(水)가 되어 어떤 것을 적용해야 할지 혼란스럽다.

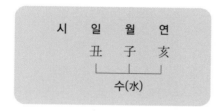

- 해자축(亥子丑) 3글자가 사주에 모두 있을 때는 무조건 수(水)로 합(合)이 된다.

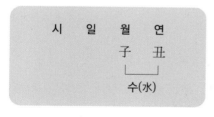

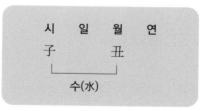

- 월지에 자(子)나 축(丑)이 있으면 자축(子丑)은 수(水)로 합(合)이 된다.
- 월지는 겨울에 해당하고 수(水)의 기운이 매우 강하므로 자축(子丑)의 합(合)은 수(水)가 된다.

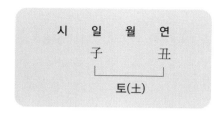

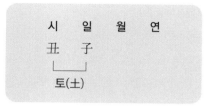

- 월지에 자 (子)나 축 (丑)이 없으면 자축(子丑)은 토(土)로 합(合)이 된다.

② 인해합화목(寅亥合化木) : 인목(寅木)과 해수 (亥水)가 만나 합하면 목(木)으로 변한다.

③ 묘술합화화(卯戌合化火) : 묘목(卯木)과 술토 (戌土)가 만나 합하면 화(火)로 변한다.

④ 진유합화금(辰酉合化金) : 진토(辰土)와 유금 (酉金)이 만나 합하면 금(金)으로 변한다.

⑤ 사신합화수(巳申合化水) : 사화(巳火)와 신금 (申金)이 만나 합하면 수(水)로 변한다.

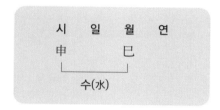

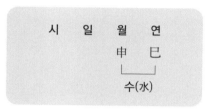

- 사신합화수(巳申合化水)는 특히 월지에 있을 때 여름의 화(火)의 기운이 수(水)로 변화하기 때문에, 화(火)의 조증과 수(水)의 울증이 동시에 나타나 성격 변화와 감정 기복이 심하다.

(3) 지지삼합(地支三合)

- 지지(地支) 3개가 모여서 하나로 합하기 때문에 삼합(三合)이라 한다. 지지 12자가 4칸씩 건너뛰면서 3개가 하나로 합(合)하여 삼합(三合)이 된다. 삼합은 삼회국(三會局), 회국(會局)이라고도 한다. 삼합은 본래의 기(氣, 합한 오행)의 장생(長生), 제왕(帝王), 묘지(墓地) 세 자리에 위치한 지지(地支)가 만나서 합(合)이 된다. 그러나 삼합에 앞서 12운성을 학습하는 것은 무척 어려운 일이므로 여기서는 제외하고 삼합을 설명한다.

- 일반적으로 궁합을 보거나 혼인대길일을 잡을 때도 삼합을 활용한다. 일반적으로 어른들이 「네 살 차이는 궁합도 보지 않고 결혼해도 된다.」라는 말을 자주 하는데 여기서 「4살 차이」가 바로 삼합이다.

① 목(木)의 삼합(三合) 형국(形局) : 해묘미(亥卯未)는 합하여 목(木)으로 변화한다.

② 화(火)의 삼합(三合) 형국(形局) : 인오술(寅午戌)은 합하여 화(火)로 변화한다.

③ 금(金)의 삼합(三合) 형국(形局) : 사유축(巳酉丑)은 합하여 금(金)으로 변화한다.

④ 수(水)의 삼합(三合) 형국(形局) : 신자진(申子辰)은 합하여 수(水)로 변화한다.

• 삼합(三合)은 3개가 모두 있어서 이루어진다.

• 반합(半合)은 삼합 중 2개로 이루어지는데, 도화(桃花) 자오묘유(子午卯酉)가 있는 경우에만 이루어진다.

• 삼합(三合)은 월지에 있을 때 작용력이 크다.

• 삼합(三合)이 있으면 변화 변동에 욕망이 크다.

• 삼합(三合)이 월지에 있고, 대운이나 연운에 삼합 글자가 들어오면 욕망이 과도해져서 구설수나 사건 사고에 휘말릴 수 있다.

(4) 지지방합(地支方合)

• 방합(方合)은 방위(方位)가 같은 지지가 모여서 이루는 합(合)이다. 동서남북을 이룬다고 하여 방위(方位)의 합(合), 삼회방(三會方), 지지회방(地支會方)이라고 한다.

① 동방(東方)은 목(木) : 인묘진(寅卯辰)이 모여 있으면 동쪽이 된다.

② 남방(南方)은 화(火) : 사오미(巳午未)가 모여 있으면 남쪽이 된다.

③ 서방(西方)은 금(金) : 신유술(申酉戌)이 모여 있으면 서쪽이 된다.

④ 북방(北方)은 수(水) : 해자축(亥子丑)이 모여 있으면 북쪽이 된다.

• 방합(方合)은 2글자가 같은 오행이고, 1글자만 토(土)로 이루어진다.

• 방합(方合)은 삼합(三合)에 비해 작용력이 약하다.

• 방합(方合)은 같은 방위에 있는 글자 3개가 모여 합을 이룬 것이다.

2 형(刑)

• 형(刑)은 형살(刑殺)이라고도 한다. 형(刑)도 충(沖)처럼 긍정적인 의미와 부정적인 의미를 모두 갖고 있다.

• 수대(隨代) 소길(蕭吉)의 『오행대의(五行大義)』의 「논형(論刑)」에서는 한서(漢書)를 인용하여 상형(相刑) 관계의 탄생 원인을 해석하고 있다.

– "목이 근본으로 되돌아가는데 해묘미(亥卯未)의 목(木)의 자리는 북방에서 형벌한다. 해(亥)는 스스로 형(刑)하고, 묘(卯)는 자(子)에 형(刑)하고, 미(未)는 축(丑)에 형(刑)한다.

수(水)는 미(未)를 향해 흘러가는데 신자진(申子辰)에 있는 수(水)의 자리는 동쪽에서 형벌한다. 신(申)은 인(寅)을 형(刑)하고, 자(子)는 묘(卯)에 형(刑)하고, 진(辰)은 스스로 형(刑)한다. 금(金)은 강건하고 화(火)는 강력하여 각자 고향으로 돌아가는데 사유축(巳酉丑)의 금(金) 자리인 서쪽에서 형벌한다. 사(巳)는 신(申)을 형(刑)하고, 유(酉)는 스스로 형(刑)하고, 축(丑)은 술(戌)에 형(刑)한다. 인오술(寅午戌)의 화(火) 자리는 남쪽에서 형벌한다. 인(寅)의 형(刑)은 사(巳)에 있고, 오(午)는 스스로 오(午)에 형(刑)하고, 술(戌)은 미(未)에 형(刑)한다."

- 형(刑)의 관계도

	목(木)이 생명의 근원 수(水)로 돌아간다			수(水)가 동쪽으로 흘러간다			금(金)이 강건하여 고향인 금(金)으로 간다			화(火)가 강력하여 고향인 화(火)로 간다		
회국 (會局)	목국(木局)			수국(水局)			금국(金局)			화국(火局)		
	亥	卯	未	申	子	辰	巳	酉	丑	寅	午	戌
회방 (會方)	亥	子	丑	寅	卯	辰	申	酉	戌	巳	午	未
	북방(北方)			동방(東方)			서방(西方)			남방(南方)		

- 형(刑)의 형살(刑殺)

  ① 목국(木局) : 해해(亥亥), 묘자(卯子), 미축(未丑)

  ② 수국(水局) : 신인(申寅), 자묘(子卯), 진진(辰辰)

  ③ 금국(金局) : 사신(巳申), 유유(酉酉), 축술(丑戌)

  ④ 화국(火局) : 인사(寅巳), 오오(午午), 술미(戌未)

- 형(刑)의 관계를 다음과 같이 분류한다.

  ① 자형(自刑) : 해해(亥亥), 진진(辰辰), 유유(酉酉), 오오(午午)

  ② 상형(相刑) : 자묘(子卯)

  ③ 삼형(三刑) : 인사신(寅巳申), 축술미(丑戌未)

- 형(刑)은 「교도소를 간다. 형벌을 받는다.」인데 의미는 없다.

- 일반적으로 인사신(寅巳申)이 있으면 지나치게 자기 중심적이고, 축술미(丑戌未)는 은혜를 모르는 사람으로 은혜를 원수로 갚고, 자묘(子卯)는 성격이 포악하다고 하는데 통계성이 전혀 없다.

- 청대(淸代)의 임철초(任鐵樵)는 『적천수(滴天髓)』를 주석한 『적선수징의(滴天髓徵義)』에서 "형

(刑, 형벌)의 뜻은 취할 내용이 없다. 해(亥)와 해(亥)가 형(刑)하고, 진(辰)이 진(辰)을 형(刑)하고, 유(酉)가 유(酉)를 형(刑)하고, 오(午)가 오(午)를 형(刑)한다고 하는데, 본래 자기가 자기를 보는 것을 동일한 기(氣)를 말하므로 어떻게 서로 형(刑, 형벌)한다고 하겠는가? 자(子)가 묘(卯)를 형(刑)하고, 묘(卯)가 축(丑)을 형(刑)하고, 축(丑)이 술(戌)을 형(刑)하는 것은 모두 본래의 기(氣)인데 어떻게 형(刑)하겠는가? 인(寅)이 사(巳)를 형(刑)하는 것은 목생화(木生火)가 상생하는데 어떻게 형(刑) 하겠는가? 신(申)이 인(寅)을 형(刑)하는 것은 인(寅)과 신(申)이 이미 충(沖)하는데 어찌 또 형(刑)한다고 하는가? 사(巳)와 신(申)을 형(刑)한다고 하는데 사(巳)와 신(申)이 합(合)하는데 어찌 형(刑)한다고 하겠는가?

- 정리하자면 "형(刑) 논리가 부족하고 총체적으로 상생과 상극이 옳은 것이다."라고 형(刑)의 부당성을 반박했다. 형(刑)은 자형(自刑)이나 상형(相刑)에 큰 의미를 부여하지 않으면 되고, 삼형(三刑)도 「형벌」과는 관계 없으며, 합(合)과 충(沖)이 비슷하게 변화 변동의 역할을 한다.

3 충(沖)

- 충(沖)은 충돌한다는 뜻으로, 서로 달려오면서 부딪치는 것을 의미한다. 충살(沖殺)이라고도 한다.
- 천간충(天干沖)과 지지충(地支沖)이 있다.
- 충(沖)은 나쁜 작용을 한다고 하지만 꼭 부정적인 것만 있지 않고 상황에 따라 부정적 긍정적 작용이 있다.
- 충(沖)이 부정적인 나쁜 작용으로 사건 사고를 부르는 경우는, 사주 원국에 충(沖)이 많고 대운과 연운에서 충(沖)이 들어올 때이다.
- 고립된 천간(天干)이나 지지(地支)를 여러 개가 충(沖)하는 것도 부정적인 나쁜 작용으로 사건 사고가 발생할 가능성이 높다.

예)

시	일	월	연
庚	甲	庚	甲
午	子	午	子

- 천간(天干)도 충(沖)으로만 이루어지고, 지지(地支)도 충(沖)으로만 이루어져 있어 사건 사고가 발생할 확률이 높은 사주이다.
- 충(沖)이 사주에 3, 4, 5개 정도 있고 합이 없으면 긍정적 변화 변동이 생길 확률이 높다.
- 충(沖)은 양과 양, 음과 음이 충(沖)한다.

(1) 천간충(天干沖)

- 천간에서 이루어지는 충(沖)이다.
- 천간충(天干沖)은 내가 극하는 오행 중에서 음양이 같은 것, 나를 극하는 오행 중에 음양이 같은 것과 각각 충(沖)을 이룬다. 즉, 양과 양이 충(沖)하고, 음과 음이 충(沖)하는데, 내가 극하는 천간과 나를 극하는 천간이 충(沖)한다.

천간이 극하는 충(沖)		천간		천간을 극하는 충(沖)
戊	↔	甲	↔	庚
己	↔	乙	↔	辛
庚	↔	丙	↔	壬
辛	↔	丁	↔	癸
壬	↔	戊	↔	甲
癸	↔	己	↔	乙
甲	↔	庚	↔	丙
乙	↔	辛	↔	丁
丙	↔	壬	↔	戊
丁	↔	癸	↔	己

(2) 지지충(地支沖)

- 지지(地支)에서 이루어지는 충으로, 각각의 지지는 자신으로부터 7번째 지지와 충하므로 칠충(七沖)이라고도 한다.
- 지지(地支)는 총 12개로 12달, 12시간, 12방향을 나타낸다.
- 12달 계절의 정반대인, 예를 들어 겨울 12월과 여름 6월이 충(沖)한다.
- 12시간의 밤 12시 자(子)시와 낮 12시 오(午)시가 충(沖)한다.
- 12방향의 북쪽과 남쪽이 충(沖)한다.

충		
子	↔	午
丑	↔	未
寅	↔	申
卯	↔	酉
辰	↔	戌
巳	↔	亥

- 백호대살(白虎大殺)은 백호(白虎), 즉 흰 호랑이가 의미하듯 피를 보는 살로서 사람들에게 가장 널리 알려져 있다. 옛날에는 호랑이에게 물려 죽는 것이 가장 위험한 일이었기에 가장 부정적이고 위험한 살(殺)의 하나로 활용되었다.

- 백호대살(白虎大殺)은 오랜 세월 대부분 부정적으로 인식되었고 사이비 무속인과 역술인들이 겁을 주고 협박하여 굿이나 부적을 강매하는 등 돈벌이 수단으로 사용되어 왔다.

- 백호대살(白虎大殺)이 왜 부정적인 살(殺)의 대명사가 되었을까? 백호대살은 사주에 많을수록 명예를 소중히 생각하고 고집이 세고 지배받기 싫어하며, 맡겨주고 인정할 때 능력을 몇 배로 발휘하는 타입이다. 그러나 고려나 조선시대와 같은 왕권시대에는 순종적이고 충성하는 사람이 출세하고, 자기 생각을 주장하거나 지배받지 않으려고 저항하는 사람은 반역자가 되었고, 남편에 순종하지 않고 바른 말을 하는 아녀자는 칠거지악의 며느리가 되었다. 현대에 와서는 자신의 능력을 적극적으로 발휘하는 사람이 리더가 되고 커리어우먼이 된다.

- 백호대살(白虎大殺)은 천간과 지지의 결합인 간지(60갑자 중 하나)로 이루어지는데 총 7개이며, 연월일시에 4개 모두 있을 때 작용력이 강하고, 3개 있을 때가 그 다음으로 작용력이 강하며, 2개 있을 때는 월과 일에 있을 때만 작용력이 강하다.

(1) 백호대살의 종류

- 갑진(甲辰), 을미(乙未), 병술(丙戌), 정축(丁丑), 무진(戊辰), 임술(壬戌), 계축(癸丑).

---

e스포츠 프로게임단 감독

1980년 10월 22일 (양) 낮 12시

시	일	월	연	
戊	戊	丙	庚	(乾)
午	辰	戌	申	

- 월에 병술(丙戌) 백호대살과 일에 무진(戊辰) 백호대살이 있다. 월과 일에는 2개만 있어도 작용력이 강하므로 백호대살의 작용력을 분석한다.
- 자기만의 생각이 뚜렷하고 은근한 고집이 있으며, 모든 일에 앞장서서 이끄는 타입이다.

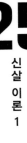

기업인

1955년 10월 28일 (양) 오전 8시

시	일	월	연
甲	壬	丙	乙 (乾)
辰	戌	戌	未

- 연월일시에 4개의 백호대살이 있다.
- 백호대살의 기운이 강하여 자신이 하려는 일을 뚝심 있게 밀고 나가는 능력이 있어 회사 창업으로 성공하였다.

5 괴강살(魁罡殺)

- 괴강살(魁罡殺)은 태어날 때 하늘의 괴강이라는 별이 비쳐서 붙여진 이름이며, 모든 사람을 제압하는 강력한 살(殺)이다.
- 괴강살(魁罡殺)의 괴(魁)는 으뜸 괴, 강(罡)은 별이름 강, 살(殺)은 죽일 살이다. 괴강살이 사주 원국(原局) 원명(原命)에 있으면 대체로 사주가 흉하다고 보았다. 흉폭, 살상, 재난, 극빈이 강력하게 작용하고, 특히 여자는 남편을 피 흘려 죽게 하는 살상의 기운이 있다고 하여 매우 부정적으로 분석했다.
- 백호대살(白虎大殺)과 마찬가지로 연주에 있으면 조부모가 피 흘려 죽는 단명이 있고, 월주에 있으면 부모형제가 피 흘려 죽는 단명이 있으며, 일주에 있으면 본인이나 배우자가 피 흘려 죽는 단명이 있고, 시주에 있으면 자식이 피 흘려 죽는 단명이 있다고 하여, 굿이나 부적을 강매하는 수단으로 많이 사용되었으나 전혀 타당성이 없다.
- 괴강(魁罡)은 백호대살과 비슷하게 은근한 끈기와 고집이 있으며, 인정받고 싶어하는 기질이 강하고, 어느 상황에서도 간섭을 거부하고 주장과 개성이 강하며, 믿고 맡겨줄 때 강력한 능력을 발휘한다. 1개 있을 때는 작용력이 약하고, 연월일시에 4개 있을 때 가장 강력하며, 3개 있을 때도 작용력이 있고, 2개 있을 때는 반드시 월과 일에 있어야 작용력이 있다.

(1) 괴강살의 종류
- 무진(戊辰), 무술(戊戌), 경진(庚辰), 경술(庚戌), 임진(壬辰), 임술(壬戌).

김유신 장군(595~673, 신라의 장군)

사주는 있지만 생년월일시를 알 수 없다.

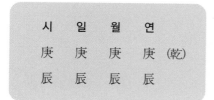

시	일	월	연
庚	庚	庚	庚 (乾)
辰	辰	辰	辰

• 연월일시에 모두 4개의 경진(庚辰) 괴강살이 있어 기운이 매우 강하다.

LPGA 우승한 골프선수

1988년 7월 12일 (양) 오후 8시

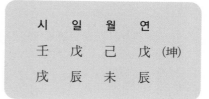

시	일	월	연
壬	戊	己	戊 (坤)
戌	辰	未	辰

• 연주에 무진(戊辰), 일주에 무진(戊辰), 시주에 임술(壬戌) 괴강이 3개 있어 괴강의 기운이 매우 강하다.

MC

1977년 11월 7일 (양) 낮 12시

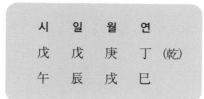

시	일	월	연
戊	戊	庚	丁 (乾)
午	辰	戌	巳

• 월주에 경술(庚戌), 일주에 무진(戊辰), 시주에 무오(戊午) 양인이 있어 괴강의 기운이 매우 강하다.

6　양인살(羊刃殺)

• 양인살(羊刃殺)의 이름은 고집 세기로 유명한 양과 칼을 뜻하며, 강렬함 · 난폭함 · 성급함을 의미한다.

• 양인살(羊刃殺)은 양 양(羊), 칼날 인(刃), 죽일 살(殺)이며, 양을 잡는 칼을 상징한다. 그러므로 양인살을 지닌 사람은 흉폭하고 냉혹하며, 잔인하고 무자비하며, 가족이나 주변 사람들이 피 흘려 죽는다는 무서운 살로 해석하지만 전혀 타당성이 없다.

• 양인살(羊刃殺)은 역술가에 따라 다르게 보고 있다.

① 양간(陽干)만 양인(羊刃)으로 보는 경우

일간	갑(甲)	병(丙)	무(戊)	경(庚)	임(壬)
지지	묘(卯)	오(午)	오(午)	유(酉)	자(子)

② 양간(陽干)과 음간(陰干)을 모두 양인(羊刃)으로 보는 경우

일간	갑(甲)	을(乙)	병(丙)	정(丁)	무(戊)	기(己)	경(庚)	신(辛)	임(壬)	계(癸)
지지	묘(卯)	진(辰)	오(午)	미(未)	오(午)	미(未)	유(酉)	술(戌)	자(子)	축(丑)

③ 일주(日柱)에 양인이 있는, 양인만 보는 경우를 일인(日刃)이라 한다.

일간	병(丙)	정(丁)	무(戊)	기(己)	임(壬)	계(癸)
지지	오(午)	미(未)	오(午)	미(未)	자(子)	축(丑)

- 양인살(羊刃殺) 또한 백호대살(白虎大殺), 괴강살(魁罡殺)과 마찬가지로 은근한 끈기와 고집, 권력과 명예욕, 리더십과 독립 의지, 목표 의식과 추진력 등의 기질을 가지고 있다.

물리치료학 박사

1992년 12월 8일 (양) 낮 12시

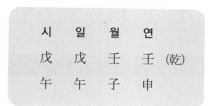

- 월주에 임자(壬子) 양인, 일주에 무오 (戊午) 양인, 시주에 무오(戊午) 양인으로, 양인의 기운이 매우 강하다.

---

7   백호대살(白虎大殺)·괴강살(魁罡殺)·양인살(羊刃殺)

- 백호대살(白虎大殺), 괴강살(魁罡殺), 양인살(羊刃殺)은 작용력이 비슷하기 때문에 이 3개가 섞여 있어도 같은 작용력이 있다고 본다.
- 연월일시에 3개 이상 있거나, 월일에 2개 있을 때 작용력이 크다.

- 맡겨주고 인정할 때 2배의 능력을 발휘하며, 명예를 소중히 여기고 끈기와 고집이 있다.
- 백호대살(白虎大殺), 괴강살(魁罡殺), 양인살(羊刃殺)은 일반적으로 배우자를 피 흘려 죽이는 살로 특히 여성에게 있을 때 부정적으로 보았다. 조선시대처럼 남성 위주의 사회에서 백호대살, 괴강살, 양인살이 있는 여성은 옳지 않은 일과 불평등을 강요당할 때 자신의 생각을 당당히 밝혔을 것이기에 이런 여성들을 부정적으로 생각한 남성들이 만들어낸 살이라고 볼 수 있다. 하지만 현대에서는 커리어우먼, 리더십 있는 여성 등의 살이라고 할 수 있다.

연봉100억 학원강사

1982년 12월 29일 (양) 오전 8시

시	일	월	연
壬	丙	壬	壬 (乾)
辰	戌	子	戌

- 연주 임술(壬戌) 백호이자 괴강, 월주 임자(壬子) 양인, 일주 병술(丙戌) 백호, 시주 임진(壬辰) 괴강으로 연월일시가 백호, 괴강, 양인으로 이루어져 있다.

가수

1997년 9월 1일 (양) 오후 8시

시	일	월	연
戊	丙	戊	丁 (乾)
戊	午	申	丑

- 연주 정축(丁丑) 백호, 일주 병오(丙午) 양인, 시주 무술(戊戌) 괴강으로 이루어졌다.

---

8 천문성(天門星)

- 천문성(天門星)은 「하늘의 문이 열려 있다」는 뜻으로, 사주에 천문성이 있는 사람은 하늘의 뜻을 다른 사람에 비해 잘 판단한다고 풀이한다. 즉, 건강이나 적성, 개성 등 사람의 특성을 다른 사람에 비해 잘 분석하고 읽어내는 재주가 있다.
- 천문성(天門星)은 하늘 천(天), 문 문(門), 별 성(星)을 사용하며, 하늘의 문이 열려있는 신살로 사람에 대한 애정이 있고, 사람을 분석하는 능력, 생명을 관장하는 직업에 적성이 있다.
- 의료인(의사 · 한의사 · 간호사) 법조인(판사 · 검사 · 변호사), 역학자, 심리학자, 상담가 등이 적성에 맞는다. 그러나 현재는 천문성 있는 사람이 의료인이나 법조인이 되기보다는, 한국의 입시교육에서 공부 잘하는 사람들이 의대나 로스쿨을 가는 안타까운 현실이다.

- 천문성(天門星)의 종류는 지지(地支)의 묘술해미(卯戌亥未)이다.
- 3개 이상 있거나, 월일에 2개 있을 때 작용력이 크다.

비뇨기과 의사

1974년 3월 23일 (양) 해(亥)시

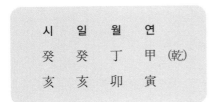

시	일	월	연
癸	癸	丁	甲 (乾)
亥	亥	卯	寅

- 월일시가 천문성 묘해해(卯亥亥)로 이루어졌다.

정신과 의사

1982년 6월 1일 (양) 술(戌)시

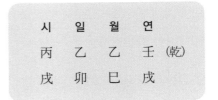

시	일	월	연
丙	乙	乙	壬 (乾)
戌	卯	巳	戌

- 연일시가 천문성 술묘술(戌卯戌)로 이루어졌다.

변호사

1971년 5월 25일 (양) 술(戌)시

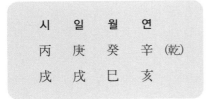

시	일	월	연
丙	庚	癸	辛 (乾)
戌	戌	巳	亥

- 연일시가 천문성 해술술(亥戌戌)로 이루어졌다.

국제 변호사

1982년 5월 4일 (양) 오후 10시

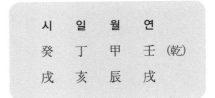

시	일	월	연
癸	丁	甲	壬 (乾)
戌	亥	辰	戌

- 연일시가 천문성 술해술(戌亥戌)로 이루어졌다.

신살 이론 2

| 신살의 부정적 사용보다는
신살의 장점을 활용해야 한다.

신살(神殺), 장점을 살려라

신살(神殺)은 신(神)과 살(殺)이 결합된 단어이다. 신(神)은 길(吉)한 길신(吉神) 작용을 하고, 살(殺)은 흉(凶)한 흉살(凶殺) 작용을 한다. 신(神)은 한자로 「신(神)」, 「귀신」이라는 뜻으로 평범한 삶을 살아가면서 자연스럽게 또는 갑작스럽게 귀신처럼 좋은 운이 오는 것을 말한다. 신(神)은 「귀인(貴人)」이라고도 하는데, 이 또한 「사람에게 귀한 운이 온다」, 「귀한 사람이 와서 돕는다」는 의미이다.

가장 대표적인 신(神)으로는 천을귀인(天乙貴人), 천덕귀인(天德貴人), 월덕귀인(月德貴人), 문창귀인(文昌貴人), 사길신(四吉神, 식신·재성·정관·정인), 복덕수기(福德秀氣), 천문성(天門星) 등이 있다.

살(殺) 또는 살(煞)은 한자로 「죽이다」라는 뜻으로 강한 부정적 기운을 의미한다. 이 살(殺) 또는 살(煞)을 활용하여 상담하러 온 내담자(고객)에게 겁과 협박으로 굿이나 부적 등을 강요하는 사이비 무속인과 역술인이 과거부터 많았고 현재도 많이 존재한다. 현대에 와서는 모든 살들을 장점과 단점이 모두 존재하는 것으로 분석하는 사람이 많아졌다.

역마살(驛馬殺)은 먼 곳까지 떠돌아다니는 살로, 잘 활용하면 외교관, 군인, 비행사, 스튜어디스, 통역사, 관광업, 무역업, 글로벌 가수 등으로 자신의 능력을 크게 발휘할 수 있다. 즉 사이비들의 「가출할 거야」, 「객사할 거야」라는 등의 부정적인 판단에서 점점 탈피하고 있다. 도화살(桃花殺) 또한 과거의 광대는 천민으로 사람 대접을 못 받았지만, 현대에서는 방송과 SNS 등이 일반화되면서 도화살 자체가 연예, 예술, 방송의 끼와 기질로 인기와 돈을 한꺼번에 얻을 수 있는 성공의 살로 인식되고 있다.

DAY 26 >> 신살 이론 2

1 도화살(桃花殺)

- 도화살(桃花殺)이 있으면 일반적으로 미색(美色)을 탐하고 성욕이 과하여 이성문제가 생기고, 음주가무에 빠지기 쉬우며, 음란하고 인륜을 거스르는 행동으로 패가망신한다고 설명한다.

- 도화살(桃花殺)은 12신살 중 연살(年殺)에 해당하며, 목욕살(沐浴殺) 또는 함지살(咸池殺)이라고도 한다.

- 도화살(桃花殺)의 해석은 다양하고 복잡하지만, 저자는 자오묘유(子午卯酉) 4글자를 도화살로 본다. 연월일시에 3개 이상 있거나 월일에 2개 있을 때 작용력이 크다고 본다. 자오묘유(子午卯酉)가 여러 개 있는 도화살보다는 작용력이 약하지만 연살(年殺) 도화살이 월지에 있어도 작용력이 있다. 임(壬), 계(癸)가 2개 붙어있거나 3개 이상 있을 때도 도화의 작용력이 크다. 임임(壬壬) 병존과 계계(癸癸) 병존은 일간에 있을 때 작용력이 크다.

- 연살 도화살의 종류
  ① 인오술(寅午戌)년 묘(卯)월
  ② 신자진(申子辰)년 유(酉)월
  ③ 사유축(巳酉丑)년 오(午)월
  ④ 해묘미(亥卯未)년 자(子)월

- 연예 · 예술 · 방송 · 체육 등에 재능이 있고, 사람들에게 인기가 많다.

- 직업적성은 연예 · 예술 · 방송 · 체육 등이 맞고, 도화살과 관련된 직업이 아니어도 방송에 출연하는 기회가 많아진다. 예를 들어, 의사나 변호사가 방송에 자주 출연한다면 도화가 있을 가능성이 높다.

- 도화살이 많은 사람은 조선시대나 고려시대에는 광대나 기생으로 살았을텐데, 조선시대 8대 천민(기생 · 광대 · 노비 · 승려 · 백정 · 무격(무당) · 기술자 · 상여꾼)으로 천대받았다. 그러나 시대가 변하여 현대에는 BTS, 뉴진스, 블랙핑크처럼 연예 · 예술의 끼를 발휘하는 인물이 될 수 있고, 사주의 살 자체가 문제가 아니라 직업으로 평등한가가 더 중요하다.

배우

1972년 6월 20일 (양) 낮 12시

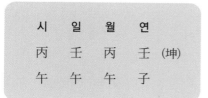

시	일	월	연	
丙	壬	丙	壬	(坤)
午	午	午	子	

• 사주 지지에 자오오오(子午午午)가 있어 도화살이 강하다

배우

1978년 1월 2일 (양) 오(午)시

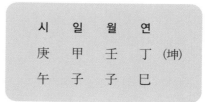

시	일	월	연	
庚	甲	壬	丁	(坤)
午	子	子	巳	

• 사주 지지에 자자오(子子午)가 있어 도화살이 강하다.

가수

1993년 3월 9일 (양) 유(酉)시

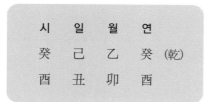

시	일	월	연	
癸	己	乙	癸	(乾)
酉	丑	卯	酉	

• 사주 지지에 유묘유(酉卯酉)가 있어 도화살이 강하다.

축구선수

1972년 6월 23일 (양) 오전 6시

시	일	월	연	
己	乙	丙	壬	(乾)
卯	酉	午	子	

• 사주 지지에 자오유묘(子午酉卯)가 있어 도화살이 강하다.

레이싱 모델

1990년 9월 23일(양) 오전 1시

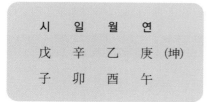

시	일	월	연	
戊	辛	乙	庚	(坤)
子	卯	酉	午	

• 사주 지지에 오유묘자(午酉卯子)가 있어 도화살이 강하다.

2 명예살(名譽殺)

- 명예살(名譽殺)은 저자가 직접 만든 단어로 일반적으로 고집살(固執殺), 화개살(華蓋殺)이라고 한다.

- 명예살(名譽殺)은 지지에 진술축미(辰戌丑未)가 3개 이상 있거나, 월일에 2개일 때 작용력이 크다.

- 명예살(名譽殺)은 진술축미(辰戌丑未) 4개가 골고루 모두 있으면 사고격(四庫格)이라 부르고, 특징이 더욱 강하게 작용한다.

- 명예살(名譽殺)이 많을수록 소통적이고 포용력이 커서 대인관계가 좋고, 사람 사이에서 평화가 지속되도록 중재하는 능력이 뛰어나다.

- 명예살(名譽殺)은 최근까지도 화개살(華蓋殺)이라 하여 꽃가마를 타는 살로 기생팔자, 스님 팔자라고 하였다. 왜냐하면, 이 살이 있는 사람은 은근히 지배받기 싫어하고 고집이 있기 때문에 고려나 조선시대처럼 여성의 지위가 불평등할 때는 집을 뛰쳐나가 스님이 되거나 기생이 되는 삶밖에 없었다. 그러나 지금은 커리어우먼, 전문가로서 능력을 발휘할 수 있다.

방송인

1970년 4월 15일 (양) 오후 2시

시	일	월	연
癸	乙	庚	庚 (坤)
未	丑	辰	戌

- 사주 연월일시에 술진축미(戌辰丑未)가 있어 명예살이 강하다.

단체 이사장

1970년 10월 9일 (양) 오전 7시

시	일	월	연
癸	壬	丙	庚 (坤)
卯	戌	戌	戌

- 사주 연월일에 술술술(戌戌戌)이 있어 명예살이 강하다.

3 역마살(驛馬殺)

- 역마살(驛馬殺)이 사주에 있으면 항상 활동적이고 분주하게 돌아다닌다고 해석한다.

- 역마살(驛馬殺)은 지지에 인신사해(寅申巳亥)가 3개 이상 있거나 월일에 2개일 때 작용력이 크다.

- 천간에서 무토(戊土), 지지에서 술토(戌土)가 붙어있거나 3개 이상일 때 작용력이 크다.
- 역마살(驛馬殺)이 있는 사람의 직업은 활동적이고 움직임이 많은 분야가 적합하다. 예를 들어, 외교관·비행사·스튜어디스·무역업·여행업·관광통역·이민·유학사업·군인·경찰 등과 관련이 있다.
- 고려나 조선의 왕권시대에는 농경사회였기에 농사가 가장 중심이었다. 농사를 지으려면 절대 타지역을 왕래하면 안 된다. 그러다 보니 역마살을 부정적인 시각으로 「객사한다」, 「노숙자가 된다」, 「가출한다」, 「떠돌이가 된다」 등으로 분석했다. 현대는 글로벌시대이다. 세계를 무대로 왕래하는 사람이 성공할 가능성이 높다.

가수

1992년 12월 4일 (양) 오전 10시

시	일	월	연
己	甲	辛	壬 (乾)
巳	寅	亥	申

- 사주 연월일시에 신해인사(申亥寅巳)가 있어 역마살이 강하다.

국제기관 기관장

1944년 6월 13일 (양) 낮 12시

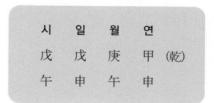

시	일	월	연
戊	戊	庚	甲 (乾)
午	申	午	申

- 사주 월일시 천간에 무(戊)가 2개 있고 신(申)이 2개 있어 역마살이 강하다.

통역사

1968년 1월 16일 (음) 오후 4시

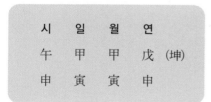

시	일	월	연
午	甲	甲	戊 (坤)
申	寅	寅	申

- 사주 연월일시에 신인인신(申寅寅申)이 있어 역마살이 강하다.

단체 이사장

1970년 10월 9일 (양) 오전 7시

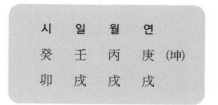

시	일	월	연
癸	壬	丙	庚 (坤)
卯	戌	戌	戌

- 사주 연월일에 술술술(戌戌戌)이 있어 역마살이 강하다.

4 귀문관살(鬼門關殺)

- 귀문관살(鬼門關殺)은 귀신이 왕래하는 살이란 뜻으로, 귀신이 든다 하여 굿을 하거나 부적을 쓰게 하는 부정적인 살(殺)이었고, 현재도 부정적인 의미로 겁을 주고 협박하는 데 자주 사용된다.
- 그러나 귀문관살(鬼門關殺)이 귀신이 왕래한다는 분석은 잘못된 것이다. 귀문관살의 특징은 감각이 예민하고 감수성이 발달하였으며, 사람의 생각이나 행동에 신경을 많이 쓰는 타입으로 타인의 마음을 읽는 능력이 뛰어나다. 안정적이고 안전한 환경을 선호하고, 타인을 배려하는 이타심이 강하며, 신중하고 생각이 많은 반면, 적극성과 배짱, 돌파력은 부족하다.
- 사업과 같은 모험을 하는 일은 피하는 것이 좋고, 연예 · 예술 · 문학 · 상담 · 사회복지 · 교육 등 사람을 도와 성장시키는데 탁월한 능력이 있다.

코칭 전문가

1961년 1월 30일 (음) 낮 12시

시	일	월	연	
戊	戊	辛	辛	(坤)
午	申	卯	丑	

- 묘신(卯申), 오축(五丑) 귀문관살

배우

1962년 8월 6일 (양) 오전 1시

시	일	월	연	
戊	丙	丁	壬	(坤)
子	子	未	寅	

- 미인(未寅) 귀문관살

가수

1995년 12월 30일 (양) 오후 6시

시	일	월	연	
乙	乙	戊	乙	(乾)
酉	未	子	亥	

- 자유(子酉) 귀문관살

- 천을귀인(天乙貴人)은 큰곰자리를 중심으로 170개의 별로 이루어진 별자리로 태미원(太微垣), 천시원(天市垣)과 더불어 삼원(三垣)이라고 부른다. 「천자(天子)의 별자리」, 「지존(至尊)의 별자리」라 부르는 자미궁(紫微宮)에 있는 신(神)을 가리킨다.
- 천을귀인(天乙貴人)은 총명하고 지혜가 뛰어나며, 비록 흉사(凶事)가 생겨도 타인의 도움으로 곧바로 길(吉)한 일로 변화하는 덕이 있다.
- 천을귀인(天乙貴人)은 일반적으로는 사주 지지, 연월일시 어디에 있어도 작용력이 있다. 그러나 이 책에서는 작용력이 큰 월지에 있을 때만 천을귀인(天乙貴人)으로 해석한다.

• 천을귀인 도표

일간	갑(甲)	을(乙)	병(丙)	정(丁)	무(戊)	기(己)	경(庚)	신(辛)	임(壬)	계(癸)
월지	축(丑)	자(子)	해(亥)	해(亥)	축(丑)	자(子)	축(丑)	인(寅)	묘(卯)	사(巳)
	미(未)	신(申)	유(酉)	유(酉)	미(未)	신(申)	미(未)	오(午)	사(巳)	묘(卯)

대기업 임원

1964년 2월 4일 (양) 오후 11시 40분

시	일	월	연	
甲	甲	乙	癸	(乾)
子	申	丑	卯	

- 갑목(甲木) 일간이 축(丑)월에 태어나 천을귀인이 있다.

대기업 고문

1964년 1월 26일 (양) 오전 2시

시	일	월	연	
乙	甲	乙	癸	(乾)
丑	戌	丑	卯	

- 갑목(甲木) 일간이 축(丑)월에 태어나 천을귀인이 있다.

스님

1934년 1월 23일 (양) 낮 12시

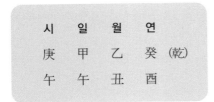

시	일	월	연	
庚	甲	乙	癸	(乾)
午	午	丑	酉	

• 갑목(甲木) 일간이 축(丑)월에 태어나 천을귀
인이 있다.

축구 감독

1946년 11월 8일 (양) 낮 12시

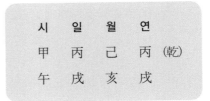

시	일	월	연	
甲	丙	己	丙	(乾)
午	戌	亥	戌	

• 병화(丙火) 일간이 해(亥)월에 태어나 천을귀
인이 있다.

학자

1927년 11월 18일 (양) 오전 8시

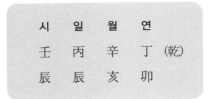

시	일	월	연	
壬	丙	辛	丁	(乾)
辰	辰	亥	卯	

• 병화(丙火) 일간이 해(亥)월에 태어나 천을귀
인이 있다.

---

6 **복덕수기(福德秀氣)・복덕수기격(福德秀氣格)**

• 복덕수기(福德秀氣)는 복(福)과 덕(德)이 넘친다는 신살(神殺)로 고전에서 많이 다룬다.

• 청(淸)나라 초기 진소암이 저술한 현대 명리이론의 근본서라고 주장하는 『명리약언(命理約言)』에서는 복덕수기(福德秀氣)에 대해 비판적이고, 명(明)나라 육오(育吾) 만민영(萬民英)이 1578년에 편찬한 『삼명통회(三命通會)』에서는 복덕수기에 대해 자세하게 설명하고 있다.

• 음(陰) 일간 을정기신계(乙丁己辛癸)가 지지(地支)에 사(巳), 유(酉), 축(丑)을 만났을 때로 보는 학설이 있고, 을사(乙巳), 을유(乙酉), 을축(乙丑)이 모두 있을 때로 보는 학설이 있으며, 을을을(乙乙乙)이 있거나 사유축(巳酉丑)이 있을 때로 보는 학설도 있다. 그 외 다양한 복덕수기(福德秀氣) 학설이 있다.

- 저자는 복덕수기(福德秀氣)의 다양한 이론 중 을을을(乙乙乙)과 사유축(巳酉丑) 2개를 인정한다.
- 복덕수기(福德秀氣)는 명예나 관직을 얻고 어느 한 분야에서 성공한 삶을 얻는 신살(神殺) 또는 격(格)으로, 복(福)이 크고 인덕(人德)이 좋은 사주를 타고났다고 본다. 그러나 타고났다고 그냥 좋은 것이 아니라 자신이 적극적으로 노력해야 자신에게 들어온다.

축구선수

2001년 2월 19일 (양) 오후 6시

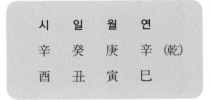

- 사주에 사유축(巳酉丑)이 있어 복덕수기가 있다.

정치인

1934년 12월 5일 (음) 오전 10시

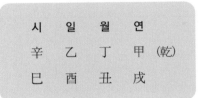

- 사주에 사유축(巳酉丑)이 있어 복덕수기가 있다.

기업인

1978년 1월 23일 (양) 오전 0시 30분

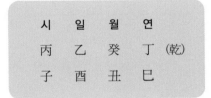

- 사주에 사유축(巳酉丑)이 있어 복덕수기가 있다.

등소평(1904~1997, 중국의 정치가)

1905년 9월 22일 (양) 오전 2시

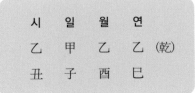

- 사주 천간에 을을을(乙乙乙)이 있고, 지지에 사유축(巳酉丑)이 있어 복덕수기가 있다.

스티븐 호킹(1942~2018, 물리학자)

1942년 1월 8일 (양) 오전 2시

시	일	월	연	
己	辛	辛	辛	(乾)
丑	酉	丑	巳	

- 사주 지지에 사유축(巳酉丑)이 있어 복덕수기가 있다.

7 금수쌍청(金水雙淸)·금수명수(金水明秀)·금수상함(金水相涵)

- 오행 중 금(金)과 수(水)가 나란히 있는 사주를 말한다.
- 가을에 태어난 수(水=壬·癸) 일간이거나 겨울에 태어난 금(金=庚·辛)일간을 말한다. 금(金)과 수(水)가 나란히 있을 때는 반드시 양금과 양수인 경임(庚壬)이 나란히 있거나 음금과 음수인 신계(辛癸)가 나란히 있어야 한다.
- 가을에 태어난 신유술(申酉戌)월의 임(壬)·계(癸)의 수(水) 일간은 추수통원(秋水通源)이라고도 부른다.
- 겨울에 태어난 해자축(亥子丑)월의 경(庚)·신(辛)의 금(金) 일간은 추수통원(秋水通源)이라고도 부른다.
- 순간 대처 능력이 뛰어나고 머리가 총명하고 암기를 잘하며, 정보수집과 연구 능력이 뛰어나 지혜롭고 문장력이 있으며, 동양학, 종교학, 생명과 관련된 일을 하기도 한다.
- 간혹 사이비 종교에 빠지거나 알콜, 마약, 게임 등에 중독되기도 한다.

배우

1997년 3월 30일 (양) 묘(卯)시

시	일	월	연 (乾)
辛	辛	癸	丁
卯	未	卯	丑

· 월천간 계(癸), 일천간 신(辛)으로 금수쌍청이다.

가수

1994년 9월 12일 (양) 미(未)시

시	일	월	연 (乾)
乙	辛	癸	甲
未	丑	酉	戌

· 월천간 계(癸), 일천간 신(辛)으로 금수쌍청이다.

배우

1972년 9월 18일 (양) 오전 1시

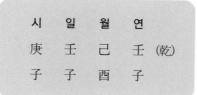

시	일	월	연
庚	壬	己	壬 (乾)
子	子	酉	子

- 일천간 임(壬), 시천간 경(庚)으로 금수쌍청이다.
- 가을 임(壬) 일간에 태어나 금수쌍청이다.

기업인

1957년 12월 14일 (양) 낮 12시

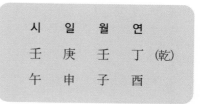

시	일	월	연
壬	庚	壬	丁 (乾)
午	申	子	酉

- 일천간 경(庚), 시천간 월천간 임(壬)으로 금수쌍청이다.
- 겨울 경(庚) 일간에 태어나 금수쌍청이다.

피겨 스케이팅 선수

1990년 9월 25일(양) 오전 2시

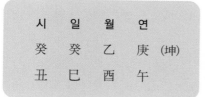

시	일	월	연
癸	癸	乙	庚 (坤)
丑	巳	酉	午

- 사주가 가을에 계수(癸水) 일간이라 금수쌍청이다.

대학교수

1970년 4월 12일 (양) 오전 8시

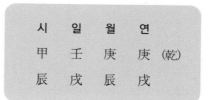

시	일	월	연
甲	壬	庚	庚 (乾)
辰	戌	辰	戌

- 사주에 임수(壬水) 경금(庚金)이 있어 금수쌍청이다.

국가기관장

1946년 12월 2일 (양) 오후 4시

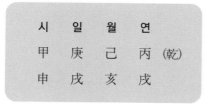

시	일	월	연
甲	庚	己	丙 (乾)
申	戌	亥	戌

- 사주가 한겨울에 경금(庚金) 일간이라 금수쌍청이다.

정치인

1960년 12월 18일 (양) 오후 4시

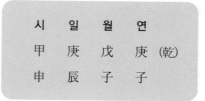

시	일	월	연
甲	庚	戊	庚 (乾)
申	辰	子	子

- 사주가 한겨울에 경금(庚金) 일간이라 금수쌍청이다.

대학 학장

1955년 8월 14일 (음) 낮 12시

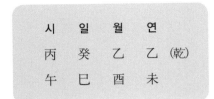

시	일	월	연
丙	癸	乙	乙 (乾)
午	巳	酉	未

• 사주가 가을에 계수(癸水) 일간이라 금수쌍
청이다.

정치인

1952년 12월 20일 (양) 낮 12시

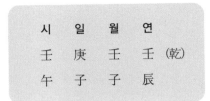

시	일	월	연
壬	庚	壬	壬 (乾)
午	子	子	辰

• 사주가 겨울에 경금(庚金) 일간이라 금수쌍
청이다.

MC·개그우먼

1973년 1월 4일 (양) 오전 8시

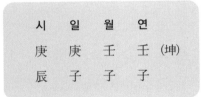

시	일	월	연
庚	庚	壬	壬 (坤)
辰	子	子	子

• 사주가 겨울에 경금(庚金) 일간이라 금수쌍
청이다.

배우

1962년 12월 28일 (양) 오전 8시

시	일	월	연
庚	庚	壬	壬 (乾)
辰	子	子	寅

• 사주가 겨울에 경금(庚金) 일간이라 금수쌍
청이다.

장관

1962년 10월 2일 (양) 낮 12시

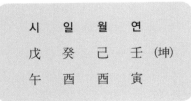

시	일	월	연
戊	癸	己	壬 (坤)
午	酉	酉	寅

• 사주가 가을에 계수(癸水) 일간이라 금수쌍
청이다.

조순(1928~2022, 전 경제학자·정치인)

1928년 1월 10일 (음) 오후 2시

시	일	월	연
乙	辛	癸	丁 (乾)
未	未	丑	卯

• 사주에 신금(辛金) 계수(癸水)가 있어 금수쌍
청이다.

- 오행의 목(木)과 화(火)는 양(陽)에 해당하고, 목생화(木生火)로 서로 생(生)하는 관계이다.
- 목(木)인 나무는 화(火)의 태양이 있어야 크게 성장하고, 화(火)는 목(木) 땔감이 있어야 활활 잘 타오른다.
- 갑목(甲木)·병화(丙火)·정화(丁火)가 나란히 있거나 을목(乙木)·병화(丙火)·정화(丁火)가 나란히 있을 때 작용력이 있다. 특히 일간과 월간, 일간과 시간에서 작용력이 크다.
- 여름생이 목(木) 일간인 갑목(甲木)·을목(乙木) 일간, 봄생이 병화(丙火)·정화(丁火) 일간일 때 목화통명(木火通明)이라고 한다.
- 목화통명(木火通明)의 사람은 전체를 관통하는 통섭력과 창의력이 뛰어나고, 동양학·종교학·심리학 등에 관심이 많다.
- 이타적이어서 타인의 성장, 교육, 코칭, 컨설팅을 하는 데 재능이 뛰어나다.
- 사람마다의 장점을 잘 캐치하여 능력을 최대한 발전시킬 수 있는 눈높이 교육의 달인이다.
- 총명하고 표현력이 뛰어나 예술·창조 분야와 기획력, 글쓰기에 재능이 있다.

바둑기사

1953년 3월 10일 (음) 진(辰)시

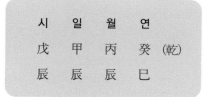

시	일	월	연
戊	甲	丙	癸 (乾)
辰	辰	辰	巳

- 사주 갑(甲) 일간, 월천간에 병(丙)이 있어 목화통명이 되었다.

야구선수

1973년 7월 28일 (양) 오후 4시

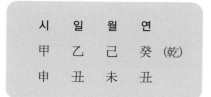

시	일	월	연
甲	乙	己	癸 (乾)
申	丑	未	丑

- 사주가 여름에 태어난 을(乙) 일간이 되어 목화통명이 되었다.

기업인

1956년 7월 6일 (양) 오후 8시

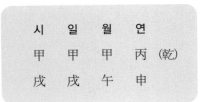

시	일	월	연
甲	甲	甲	丙 (乾)
戌	戌	午	申

- 사주가 여름에 태어난 갑(甲) 일간이 되어 목화통명이 되었다.

가수

1995년 7월 23일 (양) 미(未)시

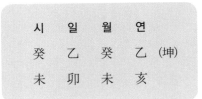

시	일	월	연
癸	乙	癸	乙 (坤)
未	卯	未	亥

- 사주가 여름에 태어난 을(乙) 일간이 되어 목화통명이 되었다.

축구선수

1992년 7월 8일 (양) 묘(卯)시

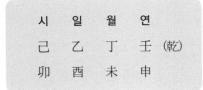

시	일	월	연
己	乙	丁	壬 (乾)
卯	酉	未	申

- 사주 을(乙) 일간, 월에 정(丁)이 있어 목화통명이 되었다.
- 사주가 여름에 태어난 을(乙) 일간이 되어 목화통명이 되었다.

빈센트 반고흐(1853~1890, 화가)

1853년 3월 30일 (양) 오(午)시

시	일	월	연
甲	丙	乙	癸 (乾)
午	申	卯	丑

- 사주 병(丙) 일간, 시천간에 갑(甲)이 있어 목화통명이 되었다.
- 사주가 봄에 태어난 병(丙) 일간이 되어 목화통명이 되었다.

아인슈타인(1879~1955, 물리학자)

1879년 3월 14일 (양) 오전 11시 30분

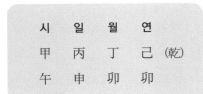

시	일	월	연
甲	丙	丁	己 (乾)
午	申	卯	卯

- 사주 병(丙) 일간, 시천간에 갑(甲)이 있어 목화통명이 되었다.
- 사주가 봄에 태어난 병(丙) 일간이 되어 목화통명이 되었다.

DAY
27

오행의 직무 역량 1 —
오행에 따른 리더의 직무 역량

TODAY'S POINT | 오행에는 성격, 직업적성, 건강의 특성이 있고,
직무역량의 특성도 존재한다.

연저지인(吮疽之仁)과 크랩 멘탈리티(Crab mentality)

리더에는 부하 직원 등 구성원의 능력을 「끌어내리는」 리더와 「끌어올리는」 리더가 있다.

인간 존중을 바탕으로 부하 직원 등 구성원의 잠재력을 발휘할 수 있도록 그들과 목표를 공유하고, 리더와 구성원 간의 신뢰를 형성시키면서 앞에서 이끌어주는 리더십을 「이타적 리더십」, 「배려적 리더십」, 「서번트(servant) 리더십」이라고 한다.

중국 《사기(史記)》의 『손자오기열전(孫子吳起列傳)』에는 「연저지인(吮疽之仁, 종기를 입으로 빨아주는 사람)」이라는 이야기가 나온다. 중국 전국시대의 오기(吳起)라는 장수가 자기 부하의 종기를 입으로 빨아서 낫게 했다는 데서 유래한 고사성어다. 연저지인은 부하에 대한 지극한 사랑과 배려를 긍정적인 의미로 사용하지만, 충성심을 유도하는 가스라이팅이라는 부정적인 의미로도 사용한다. 어쨌든 《사기》의 연저지인은 분명 이타적 리더십, 배려적 리더십, 서번트 리더십의 모습이라 할 수 있다.

「크랩 멘탈리티」는 잡혀서 양동이에 갇힌 여러 마리의 게 중 한 마리가 탈출하려고 하면 다른 게들이 집단적 이기심을 발동해 탈출하려는 게를 안으로 끌어들이는 행동이다. 리더는 문제가 발생했을 때 빠르게 해결하려는 의지가 있어야 하는데, 부하 직원에게 책임을 떠넘기고 자신은 책임을 회피함으로써 문제를 더 크게 확산시키는 어려운 상황에 직면하게 된다.

직무 역량이란, 기업이나 단체에서 원하는 목표 직무 또는 희망 직무를 수행하기 위해 기업이 요구하는 지식, 기술, 경험 등이다. 구성원이 직무를 효과적이고도 능률적으로 수행하여 탁월한 성과를 달성하기 위해 필요한 개인의 내재적인 특성, 즉 직무 수행에 필요한 지식, 전문성, 특성, 지혜 등이 직무 역량이다.

오행에 따른 리더의 직무 역량

1 배려하는 유형=목(木)

자기 인정	목표 지향	가치
• 정열적이다. • 인간관계를 중시한다. • 창의력을 성장시킨다. • 관점이 거시적이다. • 개인적이다. • 자유롭다. • 인간적인 사랑이 내재된 조직이 목표다. • 조직원의 자유를 중시한다. • 수레바퀴처럼 서로 돕는 조직을 구성한다.	• 교육의 질을 향상시킨다. • 직원의 동기를 격려한다. • 개인적인 욕구를 충족시킨다. • 발전을 위한 새로운 방향을 설정한다.	• 모두의 이익을 위해 함께 배려한다. • 협동 • 인화 • 화합 • 자율 • 성장

리더십 스타일	행동 표현	경향성
• 진실과 사랑을 추구한다. • 감성적이고 동정심이 많다. • 인간의 가능성을 갈망한다. • 사람 관계에 우호적이다. • 문제나 업무보다 사람이 먼저다. • 배려적이며, 타인의 공헌에 즉각적으로 감사함을 표시한다. • 자유롭고 표현력이 좋다.	• 열정적인 성장주의자. • 창의성이 뛰어나다. • 인간 사랑의 중요성을 인정한다. • 희망을 불러일으키고 잘 유지되게 한다. • 비전을 바라본다. • 조직이나 조직원을 대변한다.	• 창의적 창조적이다. • 상상력이 풍부하고 아이디어가 뛰어나다. • 비현실적이고 너무 이상적이다. • 너무 지나치게 낙관적이고 희망적이다. • 다른 사람들의 요구나 욕구에 민감하다. • 세부적으로 치밀하지 못하고 대강대강 한다. • 대인관계는 매우 섬세하지만, 업무는 부주의하다.
좋아하는 것	싫어하는 것	배워야 할 것
• 사람을 좋아한다. • 관계 속 조화로움을 좋아한다. • 도전을 좋아한다. • 다양성을 인정하고 좋아한다. • 미래에 대한 낙관과 희망을 좋아한다. • 개인적인 자유와 상상력을 좋아한다. • 새로운 아이디어, 브레인 스토밍을 좋아한다. • 사람들과 우호적인 관계를 좋아한다. • 개성 강한 스타일을 인정하고, 패션 감각이 좋다. • 자신을 낮추고 겸손한 사람을 좋아한다.	• 계획적이고 원칙적인 것을 싫어한다. • 구조적이고 일 중심적인 것을 싫어한다. • 전통적이고 관료주의적인 것을 싫어한다. • 사람 관계에서 둔감한 것을 싫어한다. • 비인간적인 결정을 싫어한다. • 공개적으로 자신이나 타인을 비판하는 것을 싫어한다. • 잘 모르는 사람이 아는 척하는 것을 어색해하고 싫어한다. • 사사건건 다툼과 대립을 조장하는 것을 싫어한다. • 시간이나 일을 강압하는 것을 싫어한다. • 자유의 억압을 싫어한다. • 반복적이고 기계적인 것을 싫어한다.	• 일을 진행할 때는 가능한 한 개인적인 친분 관계를 배제해야 한다. • 준비와 계획성이 철저하고 구조화시킬 수 있는 능력을 길러야 한다. • 체계적이고 단계적인 업무 능력을 배워야 한다.

2 특별한 유형=화(火)

자기 인정	목표 지향	가치
• 행동적이다. • 모험적이다. • 대처 능력이 좋다. • 알맞은 인재를 알맞은 자리에 사용한다. • 시기에 맞는 일을 한다. • 자신감이 있다. • 구체적이다. • 즉각적이다. • 대충 적당히 한다.	• 고객의 요구를 반영한다. • 적극적으로 홍보한다. • 표현하고 행동한다. • 자신감이 있다. • 현실적이고 실제적이다. • 인간 지향적이다. • 즐겁게 산다. • 함께 어울린다. • 공감한다.	• 일하는 사람이 먼저다. • 따뜻하고 개인을 존중하는 분위기를 만든다. • 모험 • 행동력 • 열정 • 융통성 • 쾌락 • 낙천
리더십 스타일	행동 표현	경향성
• 융통성 있고 개방적이다. • 모험을 좋아하고, 열정이 가득하다. • 현실적 문제에 초점을 맞춘다. • 관계 속에서 타협한다. • 도전적이다. • 화려함을 표현하는 설계와 계획을 세운다. • 단기 프로젝트를 선호한다. • 자유로운 행동을 추구한다. • 즉흥적이고 끈기가 부족하다.	• 현실 적응이 뛰어나다. • 분쟁을 조정하고 협상한다. • 적극적이고 업무를 신속히 처리한다. • 문제 해결에 적극적이다. • 적응력이 뛰어나고 현실주의자이다.	• 좋은 것이 좋다는 긍정적인 성향이다. • 재미있고 즐거움을 추구하는 낙천적인 성향이다. • 사실적 실용적이다. • 자신의 감정을 바로 드러내는 허심탄회한 경향이 있다. • 예술가, 실천가, 장인 정신의 경향이 있다. • 후회하는 일이나 관계는 회피하는 경향이 있다.

좋아하는 것	싫어하는 것	배워야 할 것
• 생각대로 행동하는 자유를 좋아한다. • 일이나 문제를 즉시 실행하고 해결하는 것을 좋아한다. • 협상하는 것을 좋아한다. • 육체적이고 정신적인 자유를 좋아한다. • 재능이 뛰어난 기술과 예술적 감각을 좋아한다. • 일이나 업무를 수행하는데 최고가 되는 것을 좋아한다. • 재미있고 흥미로운 것들을 좋아한다. • 게임과 모험 같은 스펙터클한 것을 좋아한다. • 패션 감각이 좋거나 엣지 있는 스타일을 좋아한다.	• 전통적이고 보수적인 것을 싫어한다. • 자유롭지 못한 환경을 좋아하지 않는다. • 이론적으로 분석하는 것을 싫어한다. • 보고서 작성 등 서류업무를 싫어한다. • 계획과 설계를 싫어한다. • 업무시간 연장이나 집에서도 일해야 하는 상황을 싫어한다. • 말은 장황하게 하고, 실천하지 않는 것을 싫어한다. • 넥타이를 맨 정장스타일을 싫어한다.	• 신중하고 안정적이며 안전한 것을 배워야 한다. • 하나를 마무리한 다음, 하나를 시작하는 단계적인 일 진행을 배워야 한다. • 체계적 계획적으로 업무를 추진해야 한다.

3 여유로운 유형=토(土)

자기 인정	목표 지향	가치
• 여유와 포용 • 원만한 관계 • 수용적이다. • 다양함을 좋아한다. • 낙천적이고 평화로운 것을 추구한다.	• 소통하는 조직을 추구한다. • 조화로운 관계를 지향한다. • 평화를 지키려고 하는 역할을 지향한다. • 극한적인 변화를 거부한다. • 자유로운 변화를 추구한다. • 자신이 원하는 관계의 분배를 지향한다. • 다양성과 융통성을 지향한다.	• 사람들과 관계를 맺고 서로 어울리며 배려한다. • 원만한 관계를 추구한다. • 수용적이다. • 조화로움에 가치를 둔다. • 중용적이다. • 평화로움을 추구한다.

오행의 직무 역량 1 — 오행에 따른 리더의 직무 역량

리더십 스타일	행동 표현	경향성
• 조화로운 관계를 설정한다. • 평화로운 관계를 조성한다. • 배려하고 어울려서 소통한다. • 적극적으로 함께한다. • 상황에 적응한다. • 적재적소에 어울리게 한다. • 세상을 모두 포용한다. • 여유롭고 평화롭다.	• 관계를 잘 맺는다. • 소통을 잘한다. • 평화를 지킨다. • 적응력이 뛰어나고 낙천적이다. • 융통성이 있고 여유롭다. • 분쟁을 조정하고 협상한다.	• 문제나 갈등을 해결하려고 노력한다. • 극단적인 상황에서는 회피하려고 한다. • 타인과의 갈등을 최소화하려는 경향이 있다. • 조직이나 개인 관계의 소통과 조화를 우선시한다. • 표정의 변화가 적고 여유롭다. • 지속적으로 사람들과 소통하고 행동하는 경향이 있다 • 몸을 부지런히 움직이고 활동하는 것을 좋아한다.
좋아하는 것	**싫어하는 것**	**배워야 할 것**
• 사람들의 소통을 좋아한다 • 사람들과 관계를 맺고 어울리는 것을 좋아한다. • 사람들과 낙천적이고 쾌락적인 관계를 좋아한다. • 조직이나 사람들의 의견이나 생각을 적극적으로 수용하는 것을 좋아한다. • 겉으로는 여유롭고 평화롭게 보이지만, 보이지 않는 곳에서는 열심히 하는 것을 좋아한다.	• 갈등이 점차 확대되는 것을 싫어한다. • 문제가 해결되지 않고 복잡해지는 것을 싫어한다. • 관계가 단절되고 대화가 막히는 것을 싫어한다. • 조직이나 사람들 사이에서 평화가 깨지는 것을 싫어한다. • 재미없고 일 지향적인 상황을 싫어한다. • 몇몇 사람들이 과시하거나 앞장서는 상황을 싫어한다.	• 일이나 사람에게 집중하는 것. • 너무 많은 관계보다 중요한 관계가 필요할 때가 많다는 것. • 갈등 상황을 적극적으로 해결하려고 노력하는 것. • 회피하는 행동을 줄이는 연습. • 갈등이나 문제를 회피하려다가 오히려 평화가 깨지고 더 큰 갈등과 문제가 생길 수 있다는 것.

4 **완벽한 유형=금(金)**

자기 인정	목표 지향	가치
• 성실과 근면 • 계획과 원칙 • 책임감 • 구체적, 세부적, 미시적, 물질적 • 작업 환경 • 통계적 • 획일성 • 계열과 서열 • 일의 구체성 • 사람보다 일의 분배와 역할을 더 중시한다. • 조직에 뚜렷한 목표가 있다.	• 결과 • 생산성 • 완벽함 • 정확성 • 현실적인 것 • 실제적인 것 • 경제적 발전	• 다른 사람을 통제하고, 계획적으로 일을 진행시키려는 확고한 마음을 추구한다.
리더십 스타일	**행동 표현**	**경향성**
• 단계적이고 질서 있는 환경을 선호한다. • 현실적이고 믿음직스러운 성향이다. • 본인뿐만 아니라 다른 사람에게도 현실적 계획적인 것을 요구한다. • 구조적이고 규칙적인 환경을 제공한다. • 제도와 규범의 가치를 존중하고 지키려고 한다. • 화합과 조직을 중시한다. • 목표 완수에 대한 강화보다 문제에 대한 비판이 우선이다.	• 균형과 조화를 추구한다. • 근면하고 성실하다. • 책임감이 뛰어나고, 완벽주의를 추구한다. • 관료적이고 전통주의적이다. • 업무 지향, 일 지향적이다. • 안정적이고 계획적이다. • 실현시키고 실천하려고 한다.	• 책임을 완수하려고 한다. • 근면하고 성실하다. • 조직적이고 정확하다. • 안정적이고 전통적이다. • 자신의 생각에 대해 확고부동한 원칙이 있다. • 재정과 금전적 문제에 있어 신중하고 계획적이다.

289

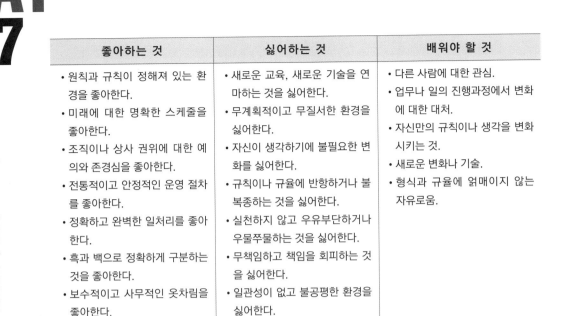

좋아하는 것	싫어하는 것	배워야 할 것
• 원칙과 규칙이 정해져 있는 환경을 좋아한다. • 미래에 대한 명확한 스케줄을 좋아한다. • 조직이나 상사 권위에 대한 예의와 존경심을 좋아한다. • 전통적이고 안정적인 운영 절차를 좋아한다. • 정확하고 완벽한 일처리를 좋아한다. • 흑과 백으로 정확하게 구분하는 것을 좋아한다. • 보수적이고 사무적인 옷차림을 좋아한다.	• 새로운 교육, 새로운 기술을 연마하는 것을 싫어한다. • 무계획적이고 무질서한 환경을 싫어한다. • 자신이 생각하기에 불필요한 변화를 싫어한다. • 규칙이나 규율에 반항하거나 불복종하는 것을 싫어한다. • 실천하지 않고 우유부단하거나 우물쭈물하는 것을 싫어한다. • 무책임하고 책임을 회피하는 것을 싫어한다. • 일관성이 없고 불공평한 환경을 싫어한다. • 조직에서 업무할 때 불손한 행동이나 말씨를 싫어한다.	• 다른 사람에 대한 관심. • 업무나 일의 진행과정에서 변화에 대한 대처. • 자신만의 규칙이나 생각을 변화시키는 것. • 새로운 변화나 기술. • 형식과 규율에 얽매이지 않는 자유로움.

5 **생각하는 유형=수(水)**

자기 인정	목표 지향	가치
• 아이디어 • 논리성 • 창의성과 독창성 • 폭넓은 거시적인 문제 • 개인적이고 공적인 것 • 전 세계적인 관점 • 풍부한 상상력 • 비생산적인 것 • 산만한 상상력 • 충성적이고 안전한 것	• 장래 계획 • 안전성 • 충실함과 충성심 • 새로운 상품 개발 • 혁신적인 아이디어	• 문제를 이론화하고 구체화하는 것을 추구한다. • 지능 • 복잡 • 능력 • 정보 • 사색 • 원칙

리더십 스타일	행동 표현	경향성
• 지식의 확장을 추구한다. • 정보 수집의 확장을 추구한다. • 실력 증진에 대한 욕구가 있다. • 체계적인 관계를 요구한다. • 새로운 아이디어를 추구한다. • 객관적으로 분석한다. • 자신의 감정에 예민하다. • 안정적인 현장을 중시한다.	• 분석적이다. • 사색적이고 정보를 수집한다. • 합리적으로 문제 해결을 한다. • 객관적이고 논리적이다. • 아이디어가 반짝이는 이상주의자이다. • 시스템을 구축하고 계획한다. • 안정적이고 의존적이다.	• 논리적이고 분석적이다. • 자기 비판적이고 반성적인 경향이 있다. • 아이디어와 상상력이 풍부하다. • 야심이 크고 경쟁적인 성향이 있다. • 지적이고 사색적이다.
좋아하는 것	싫어하는 것	배워야 할 것
• 논리적 분석과 연구를 좋아한다. • 미래의 가능성을 좋아한다. • 추상적인 개념과 아이디어를 좋아한다. • 조직이나 다른 사람들의 지식이나 능력을 받아들이는 것을 좋아한다. • 새로운 계획과 기획을 좋아한다. • 오락적이거나 낙천적인 것을 좋아한다. • 상황에 따라 옷을 다르게 입는 것을 좋아한다.	• 정보와 지식이 부족한 환경을 싫어한다. • 현재 처해 있는 상황이나 사실을 싫어한다. • 반복적으로 일어나는 일상적인 일을 싫어한다. • 창의력과 독창성이 부족한 것을 싫어한다. • 실용성이나 유용성이 부족한 전통적인 것을 싫어한다. • 규칙을 위한 규칙을 싫어한다. • 불안정한 상황을 싫어한다.	• 현실을 직시하는 것. • 쓸데없는 걱정을 없애는 것. • 자신의 생각이나 사고가 모두 이루어질 수 없다는 것. • 눈에 보이는 현실을 묘사하는 것. • 자신의 감정을 표현하고 토론하는 것.

DAY 28

오행의 직무 역량 2 —
구성원이 바라보는 오행 리더십

TODAY'S POINT | 오행의 리더십을 분석하는 것도 중요한 연구가 된다.

서로 도우며 살아갈 때 행복은 찾아온다

「천학지어(泉涸之魚) 상유이말(相濡以沫)」

「마른 샘의 물고기가 거품으로 서로를 적신다.」

『장자(莊子)』 「대종사(大宗師)」 편에 나오는 글귀로, 극한 어려움 속에서도 서로 돕고 살아가는 모습을 가리킨다.

가뭄이 심하던 한여름의 어느 날, 길을 가던 장자는 바닥이 드러난 샘을 지나게 되었다. 바닥에 물이 조금 남아있는 샘에는 물고기들이 등을 드러낸 채 허덕이고 있었다. 장자는 다음날 또다시 샘을 지났다. 전날보다 물이 더 마른 샘의 물고기들은 이제 배를 드러내고 있었다. 장자는 물이 완전히 마른 내일이면 물고기들이 살지 못할 거라고 생각하며 한숨을 쉬었다.

다음날도 또 샘을 지나게 된 장자는 샘의 물고기들이 궁금했다. 아마도 물고기가 모두 죽었을 거라고 생각하며 샘을 들여다보았다. 그런데 무슨 일인가? 물고기들은 거품을 뿜어내며 그 거품으로 서로를 적시며 버티고 살아남아 있었다.

죽음 앞의 극한 어려움 속에서도 서로 도우며 살아가는 모습의 물고기 일화를 보면서, 인간보다 하찮은 동물인 물고기도 서로를 도우며 버티는구나 생각하였다. 지적 능력이 뛰어나고 지구의 최상위 계층이라고 자부하는 인간들이 서로 돕고 사는 이타적이면서 배려적인 삶을 산다면, 모두가 행복한 세상을 만들 수 있지 않을까? 하는 꿈을 꾸어본다.

구성원이 바라보는 오행 리더십

1   배려하는 유형=목(木)

목(木) 리더의 평가	목(木) 부하가 보는	화(火) 부하가 보는	토(土) 부하가 보는
	• 배려심이 깊고 친절하다. • 순수하고 올바르다. • 재미있다. • 다만, 일과 업무에서는 계획성이 없고 현실적이지 않다. • 불안할 때가 있다.	• 우유부단하고 비현실적인 면이 있다. • 적극적인 비전이나 돌파력이 부족하다. • 대인관계에서 인간성과 배려에만 초점을 맞춘다.	• 다양하게 폭넓은 관계를 맺지 못한다. • 자신의 주변 사람들에게만 사랑을 베풀고 집중하며, 일에 열중하지 못한다.
	금(金) 부하가 보는	수(水) 부하가 보는	
	• 부드럽고 인간적이지만 계획적이지 못하다. • 너무 자유롭고 산만해서 마무리가 약하고, 결과를 이루어내는 능력이 부족하다.	• 비이론적이고 비현실적이며 비논리적이다. • 너무 이상에 치우쳐 있어 원대한 꿈과 미래에 대한 꿈은 좋지만 안정감이 떨어진다.	

2 　특별한 유형=화(火)

화(火) 리더의 평가	목(木) 부하가 보는	화(火) 부하가 보는	토(土) 부하가 보는
	• 직설적이고 자기 중심적이다. • 동정심이 없어 차가워, 결과나 승리를 위해 어떤 상황도 정당화시켜 쟁취하려고 한다.	• 매우 능력 있고 열정이 넘치는 사람이다. • 그러나 자기 주장만 펴고 산만하며 너무 급하다.	• 열정이 넘치고 활동력이 뛰어나다. • 그러나 자신의 감정을 컨트롤하지 못하고 평화를 깬다.
	금(金) 부하가 보는	수(水) 부하가 보는	
	• 계획과 준비 없이 무모하게 일만 추진하고 산만하게 벌이기만 해서, 일의 결과가 실패로 돌아갈 것 같다.	• 너무 서두르고 산만하며 안정적이지 못하다. • 큰소리 치고 우둔하며 무능력하여, 업무 완수에 한계가 있는 사람이다.	

3 　여유로운 유형=토(土)

토(土) 리더의 평가	목(木) 부하가 보는	화(火) 부하가 보는	토(土) 부하가 보는
	• 타인에 대한 배려와 인정이 넘쳐 대인관계는 매우 좋아 보인다. • 그러나 너무 많은 사람들과 어울리다 보니 산만해 보여서 그 누구도 만족시키지 못할 것이다.	• 무엇인가 열심히 하고 있고 자신의 감정을 쉽게 드러내지 않는다. • 그러나 대인관계에 치중하다 보니 일을 열정적으로 하는 모습을 찾아보기 힘들고 모험력이 떨어진다.	• 다양하게 관계를 맺고 어울리며 소통하는 모습은 좋아 보인다. • 그러나 바쁘다 보니 서로 만나서 일을 계획하고 완수해가는 시간적 여유가 부족하다.
	금(金) 부하가 보는	수(水) 부하가 보는	
	• 대인관계를 잘 이끌어가는 것은 인정할만하다. • 그러나 일은 잘하는지, 너무 산만하고 분주한 것은 아닌지 혼란스럽고 복잡한 리더라는 생각이 든다.	• 자신의 감성을 드러내지 않고 크게 걱정하지 않으며 늘 평화롭고 밝은 모습으로 관계를 맺어가는 모습이 보기 좋다. • 다만, 안정적이지 못하고 너무 자신의 감정을 드러내기 때문에 비밀 공유가 어려운 리더라는 생각이 든다.	

4 **완벽한 유형=금(金)**

	목(木) 부하가 보는	화(火) 부하가 보는	토(土) 부하가 보는
금(金) 리더의 평가	• 거시적으로 미래의 전망을 바라보지 못하고 너무 미시적인 현실에 초점을 맞추고 있다. • 비인간적이고 비판적인 사람으로 평가할 것이다.	• 융통성이 없고 고지식하며 보수적이다.	• 자기 중심적이고 일과 사람에 집착하고 묶어두려고 해서 답답하고 숨이 막히는 것 같다.

	금(金) 부하가 보는	수(水) 부하가 보는
	• 일과 업무에서 「나와 비슷한 사람」, 「일을 계획적으로 하는 사람」, 「일을 빈틈없이 하는 사람」으로 평가할 것이다. • 다만, 자기만의 생각과 색깔이 뚜렷하고 확고하기 때문에 의견이 일치하지 않으면 잠재적 갈등에서 극한적 상황으로 치달을 수 있다.	• 전통적이고 관료적인 절차에 집착하며 자기 중심적이다. • 미래의 희망과 비전이 결여되어 있다고 평가할 것 같다.

5 **생각하는 유형=수(水)**

	목(木) 부하가 보는	화(火) 부하가 보는	토(土) 부하가 보는
수(水) 리더의 평가	• 아이디어가 뛰어나고 좋은 생각을 가지고 있다. • 그러나 현실은 두려워하고, 미래는 꿈에 부푼 안정을 추구하는, 불안정한 리더로 평가할 것이다.	• 너무 공상적이고 실천력이 떨어진다. • 현재에서는 노력하지 않고 미래만 바라보는, 미래에만 살고 있는 리더로 평가할 것이다.	• 자신의 공간에서 자신만의 생각과 아이디어를 창조해내고 창의성을 발휘한다. • 그러나 대인관계가 부족하고 무슨 생각을 하는지 알 수 없는 리더로 평가할 것이다.

	금(金) 부하가 보는	수(水) 부하가 보는
	• 안정적이고 안전적인 것을 추구하는 노력은 마음에 들고 함께하고 싶지만, 계획성과 규칙을 무시하고 노력은 하지 않으면서 얻으려고만 하는 리더로 평가할 것이다	• 아이디어와 지식, 지능이 뛰어나고 능력이 있지만, 안정감이 떨어지고 지도자의 권위가 부족하다.

조직의 유형

1 **배려하는 유형=목(木)**

(1) 조직 형태의 중요성(목 유형이 추구하는)

- 자유로운 의사 결정을 추구한다.
- 조직과 개인의 성장과 성취를 이루어야 한다.
- 조직, 업무, 일을 거시적으로 바라본다.
- 조직과 개인의 욕구에 대해 인간적으로 배려한다.
- 조직과 개인의 창의력과 창조성을 인정하는 융통성이 있다.
- 수레바퀴 모양의 조직 구성을 선호한다.
- 목(木)유형에게는 구체적이고 사실적인 업무 현황을 숙지하도록 강조해야 한다.
- 목(木)유형에게는 계획적이고 세부적인 기획안을 준비하게 해야 한다.

(2) 조직의 가치와 목표(목 유형이 추구하는)

① 가치
- 모든 사람에게 골고루 문제 달성의 공헌이 돌아가게 하는, 인간 중심의 조직과 조직원에 가치를 둔다.

② 목표
- 개인의 요구와 욕구가 충족될만한 상품을 제조하거나 서비스를 제공하기 위해서다.
- 인간과 조직이 성장하고 성공하기 위한 교육, 연수, 컨설팅을 제공하는 것이 목표이다.

(3) 선호 경향과 시간 관리(목 유형이 추구하는)

① 기질
- 다른 사람을 위해 자신의 시간을 버리고 과감히 비워 놓는다
- 시간이란, 일을 위해 존재하는 것이 아니고 인간을 위해 존재하는 것이다.
- 시간이란, 삶의 여유, 인생의 의미, 가치관의 실현을 위한 것이다.
- 자신만의 내면의 시간, 즉 힐링타임을 중요시하고 자유롭게 활용한다.

② 시간 개념
- 다른 사람을 위한 배려, 헌신 그리고 다른 사람의 성장과 조언을 위한 시간을 할애하기 위해

항상 시간이 부족하다.

- 자유롭고 여유로운 생활을 영위하기 위해 보내는 시간이 많아 업무시간이 부족하다.
- 현재의 시간보다 미래의 시간으로 바라보기에 시간을 영원한 것처럼 착각한다.
- 현재의 시간을 규칙적으로 사용하거나 구속받는 것보다 자유로운 상상과 여유로운 관계에서 살아가려고 한다.

2 특별한 유형=화(火)

(1) 조직 형태의 중요성(화 유형이 추구하는)

- 화(火) 유형에게는 구체적이고 사실적인 업무 상황을 숙지하게 해야 한다.
- 계획적이고 세부적인 기획안을 준비하도록 해야 한다.
- 업무환경에서의 인간 상호관계를 중요시하고 관계의 형태를 숙지해야 한다.
- 조직에서 직원, 노동자, 종업원을 우선으로 생각하고, 그 다음으로 업무와 업무에서의 역할을 생각한다.

(2) 조직의 가치와 목표(화 유형이 추구하는)

① 가치

- 조직에서 조직원과 팀원들이 함께 조화롭게 소통하며 일하는 것에 가치를 둔다.
- 개인적인 창의성과 창조성이 보장되고 인간적이고 따뜻한 환경을 만들어가는 조직을 추구한다.

② 목표

- 창의성과 창조성이 보장된 현실적 실제적인 조직 목표를 갖고 인간 지향적인 환경을 만든다.

(3) 선호 경향과 시간 관리(화 유형이 추구하는)

① 기질

- 업무나 계획을 실행할 때 정해놓은 시간에 구애받지 않는다.
- 융통성이 있고 자신의 기분에 따라 업무나 일을 처리한다.
- 여유롭게 시간을 보내고 낙천적으로 업무를 하다가 업무처리 마지막 단계에서 시간에 쫓겨 허둥대면서 일을 서둘러 마무리한다.

② 시간 개념

- 변화하는 시간에 순간순간 대응해 나간다.
- 급박하고 긴급한 상황에 잘 대처해 나간다.
- 진행하던 업무나 계획 변경을 기꺼이 수용한다.
- 자유롭고 열정적으로 그리고 즉흥적으로 시간을 활용한다.
- 반드시 오늘 처리하지 않아도 되는 상황이라면 내일의 시간을 활용한다.

3 여유로운 유형＝토(土)

(1) 조직 형태의 중요성(토 유형이 추구하는)

- 조직원과 조직 이외의 업무 관련자들과의 관계에 치중하다 보니 중요한 업무에 집중하지 못할 수 있다는 것을 강조하고 숙지시켜야 한다.
- 대인관계와 업무의 분담과 분배를 적절히 통제해야 한다.
- 조직의 팀원들과의 관계소통에 탁월한 능력이 있지만, 상대방이 자칫 너무 낙천적이고 쾌락적으로 느낄 수 있다.
- 「집중적으로 소통하고 관계할 사람」과 「적당히 관계하고 소통할 팀원」을 통제할 필요가 있다.

(2) 조직의 가치와 목표(토 유형이 추구하는)

① 가치

- 사람과 사람 사이의 조화, 소통, 융합하는 관계를 추구하고, 그로 인한 조직의 활성화에 가치를 두고 있다.

② 목표

- 관계의 소통, 팀워크의 활성화, 평화로운 업무환경.

(3) 선호 경향과 시간 관리(토 유형이 추구하는)

① 기질

- 사람들과의 관계에 초점을 맞추느라 늘 시간이 없고 바쁘다.
- 업무나 일은 사람들과의 관계 속에서 만들어진다고 생각한다.
- 다양한 사람들과 소통하고 관계를 맺어가며 즐겁고 행복한 낙천적 기질을 발휘한다.
- 특별한 경우를 제외하고는 여유롭게 포용하고 수용하며 사람들과의 관계를 확장시킨다.

② 시간 개념

- 업무나 일처리보다는 사람들과 관계를 맺고 소통하는 데 시간을 쓰는 것이 편하다고 생각한다.
- 시간은 한정되어 있기 때문에 몇몇 사람과 관계를 맺는 것보다는 수많은 다양한 사람들과 교류하는 것이 좋다.
- 사람과의 만남이 많아 시간이 없고 바쁘다.
- 시간은 움직이고 활동하며 교류하는 과정에서 쪼개어 사용한다.

4 완벽한 유형=금(金)

(1) 조직 형태의 중요성(금 유형이 추구하는)

- 섬세하고 디테일한 업무환경의 조직을 중요하게 생각한다.
- 구체적이고 사실적인 업무환경의 조직을 지향한다.
- 분석적이고 통계적인 업무환경의 조직을 지향한다.
- 금(金) 유형에게는 거시적이고 미래적인 프로젝트를 숙지하도록 강조해야 한다.
- 금(金) 유형에게는 외향적이고 홍보적인 업무환경을 더욱 개발하도록 강조해야 한다.
- 금(金) 유형에게는 직무의 전문성을 갖고 체계적인 업무환경을 위해 노력해야 한다.
- 금(金) 유형에게는 팀워크의 인간적 욕구와 요구를 들어줄 수 있는 여유를 가지도록 독려해야 한다.

(2) 조직의 가치와 목표(금 유형이 추구하는)

① 가치

- 다른 사람들이 업무에 충실하고 일에 전념할 수 있도록 엄격하게 지시하며 통제하는 시스템을 구축하는데 가치를 둔다.

② 목표

- 계획적, 단계적, 현실적, 실제적, 경제적, 실리적, 결과적.

(3) 선호 경향과 시간 관리(금 유형이 추구하는)

① 기질

- 주어진 일은 완수할 때까지 쉴 틈 없이 몰입하여 추진한다.
- 업무와 일, 그리고 시간은 나에게 매우 중요하다.

- 약속을 지키지 않는 사람은 매우 불쾌하고 다시 만나고 싶지 않다.
- 사람의 관계보다 업무나 일이 중요하다.
- 미래의 설계보다 현실에 충실해야 한다.

② 시간 개념

- 업무나 일을 진행할 때 휴식으로 시간을 빼앗기는 것은 허락하기 어렵다.
- 휴가, 휴식, 오락 등 휴식으로 배당된 시간은 의미 없다고 판단한다.
- 계획이나 업무에 몰입하여 시간을 쪼개어 사용해도 바쁘다.
- 여유 있게 기다리는 것은 화가 나고 답답하다.
- 주어진 시간에 업무나 일을 완성해야 한다는 강박증이 있다.
- 시간을 계획적으로 배분한다.
- 시간은 현재와 같다. 그러므로 현재의 일에 충실해야 한다.
- 현재 해야 할 일은 어떤 일이라도 해야 한다.

---

5   생각하는 유형=수(水)

(1) 조직 형태의 중요성(수 유형이 추구하는)

- 안정적이고 전통적인 업무환경의 조직을 중요하게 생각한다.
- 거시적이고 미래에 관심이 큰 업무와 환경의 조직이어야 한다.
- 수리적이고 효율적인 분석이 가능한 조직이어야 한다.
- 사무적이고 안전한 조직이어야 한다.
- 수(水) 유형에게는 현재는 안정성을 원하고 미래는 희망을 바라는 모습에서, 현재 열정적이고 체계적인 업무를 완수해야 한다는 것을 독려해야 한다.
- 수(水) 유형에게는 걱정과 불안에서 벗어나 편안한 마음, 평정심을 유지하는 마음을 가지도록 독려해야 한다.

(2) 조직의 가치와 목표(수 유형이 추구하는)

① 가치

- 문제와 갈등을 명확하게 파악하는 능력이 뛰어나 안전하고 안정적인 조직을 만들기 위해 노력한다.

② **목표**

- 새로운 아이디어와 창의성으로 제품을 개발하고 미래를 전망한다.
- 사업을 개척하거나 아이디어의 현실화에 두려움이 있어, 생각과 실현 사이에 큰 괴리가 있다는 단점이 있다.

(3) 선호 경향과 시간 관리(수 유형이 추구하는)

① **기질**

- 지적인 업무를 선호한다.
- 정보를 수집하고 사색을 주로 한다.
- 생각하는 과정에서 걱정도 많지만 아이디어도 만들어낸다.
- 생각하는 시간, 창의성을 발휘하는 시간이 필요하다.
- 안정되고 안전한 환경 속에서 업무나 일을 진행하는 것을 좋아한다.

② **시간 개념**

- 업무나 일을 집중해서 실행하다가 그 흐름에서 이탈한 적이 많다.
- 시간이 흘러가는 것을 매우 불안해하고 초조해한다.
- 계획적이고 체계적으로 시간을 분배하지만, 중요한 문제가 발생하면 중간에 변경할 수도 있다고 생각한다.
- 상사나 조직의 시간 분배나 그 과정이 나의 시간에 영향을 많이 미친다고 생각한다.
- 시간을 개념적인 것 이상으로는 생각하지 않는다.

DAY

29

오행의 직무 역량 3 —
오행의 직무 역량 목표와 문제 해결

TODAY'S POINT

오행의 직무역량과
그에 따른 문제 해결 능력을 학습한다.

**눈 덮인 알프스 산맥에서 조난 당한 헝가리 정찰대,
피레네 산맥 지도로 살아 돌아오다**

노벨 생리·의학상을 수상한 얼베르트 센트죄르지*가 직접 경험한 일화이다.

제1차 세계대전 때 알프스에 주둔하던 헝가리군 소대장이 눈과 얼음으로 덮인 황무지로 정찰대를 파견했다. 파견하는 날부터 내리던 폭설이 이틀간 지속되어, 정찰대는 길을 잃고 말았다. 모두 불안하여 안절부절못하던 그때, 대원 중 한 명이 주머니에 들어있던 지도를 찾아냈다. 그 지도 덕분에 대원들은 진정이 되었고, 눈보라 속에서 지도에 의지하여 무사히 돌아올 수 있었다.

폭설 속에서 돌아오지 못할 것 같았던 대원들이 돌아오자 소대장은 기뻐하며 어떻게 귀환할 수 있었냐고 물었고, 대원들은 지도를 건네며 "이 지도 덕분에 폭설 속에서도 무사히 돌아올 수 있었습니다."라고 했다. 지도를 받아들고 유심히 보던 소대장은 깜짝 놀랐다. 그 지도는 알프스 산맥이 아니라, 알프스 산맥으로부터 1,000km나 떨어진 피레네 산맥의 지도였기 때문이다. 정찰대는 전혀 엉뚱한 피레네 산맥의 지도를 가지고 알프스 산맥에서 조난되었다가 돌아왔던 것이다.

조직이론 분야의 석학 칼 웨익(Karl Weick)은 위의 일화를 다음과 같이 분석했다. "길을 잃었을 때는 어떤 지도라도 쓸모가 있다. 지도는 출발점을 제공한다. 아무리 낡고 쓸모없이 보이는 전략이나 계획일지라도, 사람들이 무엇을 해야 할지 움직이도록 도와줄 수는 있다. 설령 잘못된 결정이라 하더라도 아무런 결정도 하지 않는 것보다는 낫다. 출발점이란 출발 전에는 중요하지만 일단 활동을 시작하면 부차적인 요소가 된다."

폭설의 험난한 상황 속에서도 살고자 움직인 사람들은 무사히 살아 돌아왔다. 사주팔자를 상담 받기 위해 상담실을 찾는 내담자(來談者)들 중 많은 이들이 본인의 삶은 폭설의 험한 상황이라고 생각하고 있다. 따뜻하고 희망적인 상담을 통해 그들이 자신의 미래를 위해 적극적으로 움직일 수 있도록 돕는 사주명리학자가 되기를 바란다. 정찰대의 생명을 구한 저 지도처럼, 우리 사주명리학자들이 사주 상담을 오는 내담자들에게 희망적인 미래로 향하는 길을 안내하는 지도가 되어주길 간절히 바란다.

* 1893년 9월 16일 헝가리 출생의 미국 생화학자. 생물학적 연소(영양소의 산화 과정), 비타민C와 푸마르산의 접촉작용에 대한 발견으로 노벨 생리·의학상을 수상했다.

DAY 29 >> 오행의 직무 역량 3 —
오행의 직무 역량 목표와 문제 해결

오행의 직무 역량의 목표와 문제 해결 방법

1 배려하는 유형=목(木)

목(木) 유형	목표 설정	환경 적응	잠재 심리
	• 가능성을 추구한다.	• 사람들의 욕망과 열정을 이해하고 배려하는 환경에 적응한다.	• 통찰적, 감성적, 열성적, 배려적, 인간적인 심리를 갖고 있다.
	잠재 역량	문제 해결	직업적성분야
	• 사람들의 마음을 읽고 통찰하며 소통하는 능력. • 사람들의 마음속 욕망을 이해하는 능력.	• 결과가 지닌 가치의 중요성보다 과정의 중요성을 인식하면서, 개인적인 능력을 이끌어주고 통찰하여 문제 해결을 도모한다.	• 교육, 문학, 봉사, 사회과학, 사회복지, 상담, 심리치료, 연구, 의료, 인사경영, 인사관리, 정신의학, 종교

2 특별한 유형=화(火)

화(火) 유형	목표 설정	환경 적응	잠재 심리
	• 사실성을 추구한다.	• 사람들의 관심사와 자유로운 열망을 보상하는 환경에 적응한다.	• 친절한, 열정적, 낙천적, 쾌락적, 모험적, 섬세한 심리.
	잠재 역량	문제 해결	직업적성분야
	• 사람들의 관심사를 끌어내고 그들을 실질적인 이익으로 도움을 주는 능력. • 사람들이 열정과 창조력을 발휘할 수 있도록 소통하는 능력.	• 즐거운 과정, 즐거운 결과의 중요성을 모두 다룰 수 있게 한다. • 개인적인 상황도 파악하여 문제해결을 도모한다.	• CEO, NGO, 감독, 강연, 교육, 교직, 디자인, 문학, 봉사, 사무, 영업, 예술, 운동, 이벤트, 인사관리, 종교, 판매, 패션.

3　여유로운 유형=토(土)

	목표 설정	환경 적응	잠재 심리
토(土) 유형	• 가능성과 사실성, 이 양면성을 모두 추구한다.	• 사람들과 어울려 관계를 맺고, 소통하면서 평화로운 분위기를 만들어가는 환경에 적응한다.	• 관계적, 소통적, 낙천적, 배려적, 평화적인 심리.
	잠재 역량	**문제 해결**	**직업적성분야**
	• 사람들과 관계를 맺고 어울리고 소통하는 능력. • 사람들의 마음을 읽고 배려하고 평화를 찾는 능력.	• 사람과의 관계에서 자연스럽게 과정과 결과를 얻을 수 있고, 서로의 소통과 관계 속에서 문제를 해결한다.	• 건축, 교육, 상담, 실내인테리어, 심리치료, 영업, 외교, 토목, 통역, 판매.

4　완벽한 유형=금(金)

	목표 설정	환경 적응	잠재 심리
금(金) 유형	• 사실성을 추구한다.	• 사람보다 일에서, 사실과 경험을 바탕으로 현실을 파악하는 환경에 적응한다.	• 사실적, 실질적, 분석적, 계획적, 현실적, 완벽한, 과업지향적인 심리.
	잠재 역량	**문제 해결**	**직업적성분야**
	• 일에서 과업을 완벽하게 수행하는 능력. • 계획이나 준비 단계에서 사실과 객관성을 유지하는 능력.	• 준비, 원인, 결과에 대해 철저히 세밀하게 체계적으로 객관적 분석을 통해 문제를 해결한다.	• 건축, 공학, 기계, 기술, 법, 사업, 생산, 응용, 컴퓨터, 통계, 행정, 회계.

5 생각하는 유형=수(水)

	목표 설정	환경 적응	잠재 심리
수(水) 유형	• 가능성을 추구한다.	• 이론적이고 분석적으로 일을 발달시키는 환경에 적응한다.	• 논리적, 분석적, 환상적, 미래적, 예측적인 심리.
	잠재 역량	**문제 해결**	**직업적성분야**
	• 업무나 일에서 다양한 패턴을 활용하여 이론적 기술적으로 분석하는 능력. • 사람에게 협력적이고 안정적인 환경으로 정착시키는 능력.	• 준비단계부터 결과까지 원인, 과정, 결과가 가치있고 가능성이 있는지에 대해 통찰하며, 객관적이고 이론적으로 문제를 해결한다.	• 경제, 관리, 금융, 기술, 문학, 물리, 법학, 수학, 순수과학, 엔지니어, 연구, 음악, 전산, 정보통신, 컴퓨터, 통계, 회계.

조직의 구성

1 배려하는 유형=목(木)

- 조직의 구체적인 이론을 내세우지 않고 강조하지도 않으며, 조직원들의 개인적인 각자의 능력을 인정하고 그들의 목표에 관심이 크다.
- 조직에서의 관심사는 인간에 대한 사랑, 인간의 성장, 개인적인 자유를 통해 인간이 갖고 있는 욕구와 욕망, 소망을 충족시킬 수 있는 목표를 설정하여 그것을 완성하려고 조직이 존재한다고 본다.
- 조직은 중심 리더가 존재하지 않거나 존재하더라도 탄력성 있게 각자의 능력을 발휘하고, 직위와 서열에 묶이지 않는 수레바퀴 같은 조직 구조를 선택한다.
- 조직은 자유롭게 분권화되고, 신축성 있는 이상적인 조직 형태를 수용한다. 조직원들은 권위나 규칙에 구애받지 않고 자유롭게 의사소통하면서 이상주의적 유기적인 소통 관계를 만들어가는 조직을 구성한다.

2 특별한 유형=화(火)

- 조직의 구성은 논리적이면서 이상적인 일반 조직 구성과는 무관하고, 구체적인 세부사항에 관심이 있지만 규칙에는 관심이 없는, 그리고 자신이 좋아하는 사람들과의 인간관계에 중심을 두는 특징이 있다.
- 업무나 일에 있어서 구체적이고 현실적인 사업 환경과 인간관계에 관심이 있다.
- 조직에서 개개인의 자유로운 업무환경을 만들고, 따뜻하고 인정이 있는 가족 같은 분위기로 이끌어간다. 그러면서도 업무에 관해서는 성과 위주의 보수체제를 주장하는 특징이 있다.

3 여유로운 유형=토(土)

- 이상적인 조직은 구성원들 간에 원활한 소통이 이루어지고 원만한 관계가 체계적으로 갖추어진 후에 업무를 수행해야 한다.
- 조직의 리더는 매우 부지런하고 바쁘게 업무를 분석하고 준비하는 것과 동시에 조직의 구성원들을 만나고 소통하면서 그들의 생각과 의견을 듣는다. 다만 구성원들의 생각이나 의견을 듣는다고 해서 모두 수용하는 것이 아니고, 자신의 생각과 의견을 전적으로 고집하는 경우도 많다. 특히 구성원들이 자신들의 의견을 강력하게 주장하거나 욕구와 욕망을 요구할 때는 확고한 거부 의사나 무관심한 모습으로 방치해 버리기도 한다.

4 완벽한 유형=금(金)

- 이상적인 조직은 현실적, 실제적, 관료적, 전통적인 안정된 조직이다. 경제적, 계획적, 구체적으로 세부적인 업무를 지시하고, 물질적 이익에 초점을 맞춘 작업활동을 통해 완벽한 통제와 확실한 일의 구체성을 중시한다.
- 맡겨진 일은 정확하게 분석하고 파악해 빈틈없이 수행되기를 강요한다. 그 결과에 대해서는 확실하게 책임져야 한다.
- 조직의 리더는 권위적이어서 규율과 권위 체제가 확립되어 있고 엄격한 구조적 계층을 선호한다.

- 리더의 입장에서는, 구성원들은 조직의 목적을 위해서 존재하는 것이지 구성원 개인의 요구를 충족시키기 위해 존재하는 것이 아니라고 생각한다.
- 기술이나 기계적 역량이 주요 관심사이고, 구성원들이 세심하고 완벽하게 일하도록 독려하고 조직의 질서와 안전을 최우선으로 관리하는 리더의 지도력을 발휘한다.

5   생각하는 유형=수(水)

- 이상적 형태의 조직은 광범위하고 확장성은 있지만, 큰 틀 안에서는 권위를 내세우지 않는 각 개인의 역할이 주어지는 업무환경을 원한다.
- 전통적이면서 일반적인 문제와 보편적인 개념에 관심을 갖고 조직의 구성원들에게 섬세하게 지시하지는 않지만, 일반적 보편적 업무지시를 통해 벅찬 업무환경이라고 느끼게 한다.
- 이상적이면서 거시적인 문제해결 방식이나 업무처리 방식을 활용하고, 새로운 도전과 구체적 계획적인 목표를 성취하며, 새로운 목표를 창조해내고 결과를 만들어낸다.

조직의 구성원이 되기 위해 준비해야 할 마음가짐

1   배려하는 유형=목(木)

- 목(木)의 리더와 함께 일하기 위해 준비해야 할 마음가짐은 사람다움과 인간애이다.
- 리더는 업무나 일, 환경이나 관심사를 어떤 문제로부터 구성원의 심리적 욕구로 변화시킨다. 리더는 "업무가 잘 진행되고 있습니까?"가 아니고, "하시는 일의 환경을 어떻게 느끼고 계신가요?", "당신은 만족스럽습니까?"라는 식의 질문을 할 것이다.
- 이 타입의 리더는 '인간은 자신들이 진정 원하는 것을 할 때 세상은 점차 발전할 수 있고, 그럴 때 어떤 환경이나 어떤 일이 자연스럽게 완성된다'고 생각한다. 리더가 구성원의 의견을 듣고 수긍할 때 자신도 발견하지 못하던 내재된 놀라운 역량을 발견할 수 있고 타인의 역량도 발견하게 된다.
- 대화를 통해 리더의 따뜻하고 배려 있는 인간다움을 느끼면서, 구성원 스스로 업무에 대한 능력이 매우 뛰어나고 중요하다는 자신감이 생기기 시작한다.

- 화(火)의 리더와 함께 일하기 위해 준비해야 할 마음가짐은 열정, 어울림, 신선함 그리고 논리성이다.

- 화(火)의 리더와 대화를 나누어보면, 별 가치도 없어 보이는 이야기를 장황하게 늘어놓거나 어떤 이야기를 흥분한 상태에서 열변을 토하는 모습을 보게 될 것이다.

- 화(火) 리더의 이야기를 듣다 보면 대화 중에 다음과 같은 중요한 대화 포인트를 찾을 수 있다.

  "당신은 구성원들과 업무를 함께 하는 것이 재미있습니까?"

  "당신의 의견은 중요할까요?"

  "무엇을 하고 있는지 관심을 가져도 될까요?"

  "당신은 다른 사람의 열정과 다양한 상상력을 어떻게 수용해야 할까요?"

3 **여유로운 유형=토(土)**

- 토(土)의 리더와 함께 일하기 위해 준비해야 할 마음가짐은 관계의 소통과 여유로운 평화이다.

- 리더는 사람들과 원활하게 관계를 맺고 원만하게 소통하는 것이 중요하다. 다양한 사람과 관계를 맺고 낙천적으로 미래를 희망하는 것에서 평화로움을 느낄 것이다.

  "당신은 당신과 함께하는 사람들이 누구인지 알고 있습니까?"

  "당신은 구성원들과 대화나 마음을 주고 받고 있습니까?"

  "당신은 구성원들이 하고 있는 일이 무엇인지 알고 있나요?"

  등의 리더의 대화 포인트를 찾을 수 있다.

- 토(土) 리더와 업무를 추진하면서 업무 대화보다 사람 관계에 대한 대화가 많다는 것에 적응해야 할 것이다.

- 토(土)의 리더는 사람과의 관계가 원만할수록 일의 결과가 좋아질 거라고 생각하기 때문에 그들의 리더십을 이해해야 한다.

4 **완벽한 유형=금(金)**

- 금(金)의 리더와 함께 일하기 위해 준비해야 할 마음가짐은 비판적이고 원칙적인 완벽주의다.
- 금(金)의 리더는 냉정하고 냉철하게 차가운 인상으로 다가온다. 그러면서 일에 대해서만 관심이 크고 완벽한 일처리를 강요한다.

  "당신의 업무 추진 방식에 빈틈을 없애라."

  "당신이 진행하는 업무 추진에 들어가는 비용이 얼마입니까?"

  "당신의 업무에 대해서 분석해 보았습니까?"

  "당신의 업무가 결과로 나타날 때 만족스러운 결과가 있습니까?"

  등의 질문에 직면하게 된다.

- 구성원 나름대로 열심히 하고 있는 업무에 대해서도 리더는 냉철하게 비판하고, 그런 비판을 들으면 구성원은 일에 대한 열정과 용기가 좌절되고 혼란스럽고 당황하게 된다.
- 그러나 그들의 리더쉽을 따른다면 구성원의 약점이나 빈틈이 채워지고 아이디어가 현실적으로 확실하게 구체화되어 좋은 결과를 얻을 수 있다.

5 **생각하는 유형=수(水)**

- 수(水)의 리더와 함께 일하기 위해 준비해야 할 마음가짐은 구성원의 생각이나 아이디어 등에 기본적으로 의문을 갖고 리더가 접근한다는 것이다. 확신을 갖고 있는 생각이나 아이디어에 대해서도 계속적으로 「왜?」 라는 질문을 던지기 때문에 생각이나 아이디어를 인정받지 못한다고 느낄 것이다.

  "당신의 아이디어는 논리적입니까?"

  "당신의 아이디어는 믿을 수 있습니까?"

  "당신의 아이디어는 너무 평범하지 않습니까?"

  라는 식의 질문을 자주 받을 것이다.

- 수(水) 리더는 아주 먼 미래에 대해 관심을 갖고 일을 진행시키므로 현재의 모습에 대해서는 만족하지 못한다.
- 수(水) 리더의 복잡한 상상력과 혼란스러운 업무처리 과정 때문에 구성원의 아이디어가 아무 쓸모없어 보이겠지만 시간이 지나면 새롭게 태어나기도 한다.

리더의 타입과 리더의 장점과 단점

1 배려하는 유형=목(木)

(1) 목(木) 리더의 타입

- 목(木) 리더는 다른 사람들과 함께 어울리기를 좋아하고, 열정으로 새로운 계획을 시작하며, 다른 사람들의 재능을 파악하여 성장시키는 사람이다.

- 표현의 자유, 생각의 다양성, 창의성 등을 보여주는 조직을 만들려고 노력한다.

- 조직이나 다른 사람에게 동기를 부여하고 열정을 일으키며, 그들의 자아 실현 욕구와 성장 욕구를 자극하고 지지해주는 능력이 있다.

- 조직의 목표를 달성하기 위해 구성원의 욕망, 욕구, 재능 등의 잠재 능력을 최대한 발현시켜 효율적으로 활용할 때 자기의 노력이 완수되었다고 생각하는데, 그 과정에서 변화를 이끌고 성장시키는 조언자, 멘토로서의 역할을 한다.

- 목(木) 리더는 자기의 과거에 대해서는 반성할 것이 많고 실수투성이라는 부정적, 염세적인 생각이 크다. 그러나 미래에 대해서는 매우 낙관적이고 이상적인 세상을 꿈꾸는 사람으로, 인간의 풍요로운 삶이나 조직 구성원의 복지와 같은 문제를 끊임없이 생각하고 준비한다.

- 구성원의 능력이 성장하는 데 가치를 두고 끊임없이 연구하고 노력하는 자기의 열정이 구성원에게 감사함으로 받아들여질 때 희열을 느끼고, 자신의 희생이 그들을 행복하게 한다고 굳게 믿는다.

- 다만, 상대를 의식하여 인정받고자 하는 지나친 희생이 자신의 한계를 벗어나서 허탈감으로 찾아올 수 있다는 것을 명심해야 한다.

- 구성원의 성장과 안정, 복지에 몰입하기 때문에 세부적인 업무 추진과 시간을 조절하지 못하고 적당히 넘어가는 경향이 있다.

(2) 목(木) 리더의 장점과 단점

장점	단점
• 다른 사람의 역량과 재능을 파악하고 이끌어내는 능력이 뛰어나다. • 조직의 변화를 언제 시도해야 하는지를 파악하는 능력이 뛰어나다. • 다른 사람의 생각, 아이디어, 창의성, 창조성 등을 기꺼이 받아들인다. • 평범하지 않고, 비논리적이며, 전통적이지 않은 것에 개방적이고 포용적이다. • 조직 구성원을 위한 삶의 질 향상, 문화생활 증진, 복지문제 해결 등 배려와 사랑을 적극적으로 실현한다. • 조직이나 프로젝트에 새로운 변화를 시도하고 새로운 방법을 시도하는 등 열정과 활기를 일으키기 위한 노력이 많다. • 사람다움, 아름다움, 균형 잡힘, 함께 나눔 등에 관심이 크다. • 프로젝트에 다양한 방법을 시도하고 탐색한다. • 규칙 없이 자유로운 분위기에서 업무를 완수하는 것에 문제가 없다. • 구속과 규율이 적은 편안한 업무환경을 만든다.	• 상상력, 아이디어, 창의력 등 여러 방면에 뛰어나 현실적이지 못한 경우가 있다. • 새로운 계획과 미래에 대한 설계에 몰입하다가 현재 해야 할 일을 간과하는 경우가 있다. • 억압된 업무환경이나 자유로운 창의력을 인정하지 못하는 조직을 답답해하고, 업무능률이 떨어진다. • 다른 사람의 성장과 역량 발휘에 신경쓰다가 정작 자기의 역량을 제대로 발휘하지 못하는 경우가 가끔 있다.

(3) 목(木) 리더의 환경과 구조

원하는 환경과 구조	원하지 않는 환경과 구조
• 창조적인 아이디어를 존중해주고 인정해주는 환경. • 꿈과 이상적인 업무환경을 인정해주는 환경. • 자유로운 작업 환경과 인간적 교류와 소통이 보장되는 환경. • 자신의 계획과 목표를 조직에서 수용하는 환경. • 규칙이나 전통에 얽매이지 않는 환경. • 인간적인 복지와 대우가 보장되는 환경. • 조직 구성원의 역량을 인정하고 성장시켜줄 수 있는 환경.	• 기계적으로 업무가 쉴 틈 없이 돌아가는 환경. • 강압과 지시가 반복되는 환경. • 인간에 대한 애정이 전혀 없는 환경. • 새로운 변화가 없고 과거를 답습하는 환경.

(1) 화(火) 리더의 타입

- 화(火) 리더는 대인관계 지향적이다. 사람과의 관계를 좋아하고 서로 어울리는 일을 한다.
- 열정적이고 우호적이며 따뜻하고 조화로운 사람이기에, 아랫사람과 개인적으로도 전문적으로도 상호작용과 끊임없는 지원을 하는 타입이다.
- 직원들과 유기적인 관계를 맺고, 원만하게 소통하며, 충성과 화합을 중요시하고, 욕망과 욕구 그리고 불평 같은 개인적인 문제를 경청하는 등 인간적인 가족 같은 환경을 유지한다.
- 주변 사람들과 매우 친밀한 관계를 이끌고, 새로운 사람과도 쉽게 접근하여 가까워진다.
- 주변 사람들과 아랫사람의 감정을 쉽게 파악하여, 욕구·욕망·소망 같은 사회적인 상황, 정신적인 욕망, 그들의 문제 상황 등을 적극적으로 수용하는 관계를 지향한다.
- 업무 과정이나 성과에 대한 고마움을 즉각적으로 표현한다.
- 직원들의 긍정적인 모습을 보고 그들의 가장 좋은 모습, 가장 능력 있는 모습을 찾아내서 상대가 생각하는 것보다 더 적극적이면서도 과도하게 칭찬과 인정으로 피드백을 주고받는다. 그러나 그런 생동감 있고 적극적이면서 열정적인 피드백은 리더의 주관이 많이 개입되기 때문에 조직에서 무시되는 경향이 있다.
- 직원이나 다른 사람들이 열정적 적극적인 지지를 보내기 때문에 그들한테 칭찬과 인정을 받으려고 구성원을 칭찬하고 인정하면서 내면의 잠재된 억압이나 우울을 해결하려고 한다. 칭찬과 인정을 얻지 못하거나 공격을 받았다고 느끼면 바로 실망하고 즉각적으로 상대를 공격으로 몰아간다.
- 원만한 대인관계와 생동감 넘치고 즉각적인 추진력으로 일의 진행속도가 매우 빠르다.
- 순간적인 판단으로 감정과 분위기, 작업환경을 분석하여 그 느낌을 토대로 빨리 결정하고 행동에 옮긴다.
- 직원이나 다른 사람의 삶, 그리고 자신의 욕구와 욕망, 소망에 대해 민감하게 반응하고 대처한다. 다만, 즉흥적 결정, 감정적 대응 등 빠르고 신속한 과정을 추구하다보니 오히려 문제가 커진다는 것을 명심해야 한다.
- 갈등이나 문제 상황이 발생하면 곧바로 해결하려고 노력하는데 지체되면 금세 포기하고, 갈등이나 문제 상황이 자연스럽게 사라지기를 바라면서 무시하고 시간을 허비한다.
- 긴 시간이 걸리더라도 적극적으로 해결하려고 하지 않고 일찍 포기하기 때문에 작은 갈등과 문제가 더 크게 확대된다.

- 직원이나 조직의 다른 사람과 끊임없이 소통하여 판단하고 결정하는 과정에서 그들을 참여시키려고 끊임없이 노력한다.
- 판단과 결정 과정에서 많은 사람들이 함께하기를 기대하고, 다른 사람들을 옹호하고 격려하면서 집단의 단합과 합리적인 결집을 이끌어내려고 한다.
- 조직 구성원이 업무나 프로젝트에 함께 동참하여 화합하면서 낙천적이고 즐겁게 일을 진행하는 것에 관심이 많고 그런 조직문화를 만들어가는 능력이 있다.
- 갈등이나 문제 상황을 적당히 타협하지 않고 즉각적으로 신속하게 대응하면서 타협과 중재를 하는 뛰어난 재능이 있다.
- 협상력과 대인관계가 현실적이고 감각적이어서, 조직의 갈등과 문제를 낙관적이고 긍정적인 대인관계를 통해 해결하는 것이 최선의 방법이라고 확신하고 밀고 나간다.
- 조직 구성원 중 감정에 충실하고 솔직하게 표현하는 사람을 좋아하고 그들과 즐겁고 화목하게 일하는 것에 조직의 가치를 두고 있다. 때문에 그들의 욕망과 욕구에 대해 바르게 파악하여 적극적으로 도와주고 지지한다.

(2) 화(火) 리더의 장점과 단점

장점	단점
• 열정적이고 낙관적이다. • 일을 신속하게 하고 추진력이 있다. • 조직의 사람들을 격려하고 재촉하고 지지한다. • 경청과 공감을 잘하고 협상과 타협을 한다. • 빠르고 적극적으로 대인관계를 한다. • 사회성이 뛰어나 사람들한테 관심이 많다. • 조직 구성원을 도와주고 지원하는 데 적극적으로 노력한다. • 자신의 생각이나 감정을 드러내고 표현한다. • 생동감 있고 응집력 있는 조직을 구성하는 능력이 있다. • 조직 구성원의 노력에 대해 칭찬과 격려를 수시로 표현한다.	• 지나치게 감정적이어서 다른 사람들에게 쉽게 상처받는다. • 칭찬과 비판에 민감하다. • 억압과 비판에는 즉각적으로 감정을 폭발한다. • 다른 사람의 표정이나 감정에 민감하게 반응한다. • 조직 구성원과의 관계에서 객관적이지 못하다. • 자신의 신념이나 생각을 즉흥적으로 바꾼다. • 윗사람이나 조직에 자신의 감정을 숨기고 아부하기도 한다. • 상대의 감정에 지나치게 편승하여 이끌리는 경우도 있다.

(3) 화(火) 리더의 환경과 구조

원하는 환경과 구조	원하지 않는 환경과 구조
• 조직 구성원의 화합과 협력이 존재하는 환경. • 함께 일하면서 조직의 팀워크가 잘 맞는 환경. • 자신의 의견이나 생각이 가치 있다고 인정하는 환경. • 자신의 성과와 공헌에 대해 조직이나 상사가 칭찬, 표창으로 인정하는 환경. • 아랫사람이 자신을 상사가 아닌 가족처럼 인정하는 환경. • 소통하고 대화하며 구성원의 피드백이 원활한 환경. • 낙천적 낙관적이며 자유로운 업무 환경.	• 기계적이고 비인간적인 환경. • 억압하고 통제하며 간섭하는 환경. • 업무나 일을 구성원과 함께 못하고 혼자 해야 하는 환경.

3 여유로운 유형=토(土)

(1) 토(土) 리더의 타입

• 토(土) 리더는 업무와 일에 적극적으로 소통하고 조직 전체의 의견을 수용하려고 노력한다.

• 조직에서 서로 대화하고 의견을 주고받는 토론을 선호한다.

• 조직원 누구와도 자연스럽게 대화를 이끌어나가고 편안한 환경을 만든다.

• 조직원이 자신의 의견을 강하게 주장할 수 있는 조직을 만든다.

• 조직이 어려운 상황에 처해도 긍정적인 마인드로 슬기롭게 잘 대처한다.

• 적극적이고 활발한 성향으로 조직의 구성원들에게 긍정적인 에너지를 준다.

(2) 토(土) 리더의 장점과 단점

장점	단점
• 소통을 자유롭게 할 수 있는 편안한 환경을 만든다. • 꾸준히 지속적으로 발전하도록 인내한다. • 업무나 일에 긍정적인 태도로 일한다. • 자유로운 대화와 토론 환경을 조성한다. • 어려운 상황이 닥쳐도 긍정적이고 희망적으로 대처한다. • 사람과 사람 사이에 소통하고 좋은 관계를 형성하는데 윤활유 역할을 한다. • 주변에 특별히 적을 만들지 않으려고 노력한다.	• 솔직하게 자기 감정을 드러내지 않고 감춘다. • 무슨 생각을 하는지 알 수 없다. • 늘 밝고 친절하지만 속마음을 알기 힘들다. • 겉으로는 긍정적인 수용으로 대답하지만 자신의 생각을 관철한다. • 고집이 세고 자기 생각에 은근히 집착한다. • 자신이 속으로 생각한 일에 대해서는 어떤 상황에도 관찰시키려는 고집이 있다.

(3) 토(土) 리더의 환경과 구조

원하는 환경과 구조	원하지 않는 환경과 구조
• 평화로운 작업 환경. • 원활한 소통 구조의 환경. • 원만한 대인관계의 작업 구조 환경. • 갈등을 빠르게 해결하는 작업 환경. • 시간에 쫓기지 않는 작업 환경. • 여유로운 목표가 설정된 환경. • 인내력과 끈기 있는 작업 환경. • 역동적이고 행복한 작업 환경.	• 조직원들끼리 침묵으로 일관하는 작업 환경. • 소통과 대화가 없는 구조의 환경. • 타인의 의견을 수용하지 않는 작업 환경. • 드러내고 자기 생각을 고집하는 작업 환경. • 여유 없이 쫓기는 작업 구조의 환경. • 노력하지 않고 쉽게 포기하는 환경.

4 　완벽한 유형=금(金)

(1) 금(金) 리더의 타입

• 금(金) 리더는 어떠한 업무나 일을 직접 실행하는 사람이다.

• 업무 계획이 명확하고 목표가 정해진 환경, 단계적인 절차와 시간 규칙도 정해져 있는 환경에서는 현실적이면서 사실적인 근거에 의해 판단하고 실행하는 규칙 지향적, 행동 지향적, 시간 지향적 타입이다.

• 업무를 실행하는 일 지향적인 사람이면서 그 결과를 반드시 완수해야 하는 과제 지향적인 성

향으로, 과거로부터 내려오는 표준 작업절차에 따라 진행하는 것을 편안하게 생각한다.

- 일과 사람을 따로 분리하여 일을 완수하는 과정에서 개인적인 관계는 배제하고 정해진 절차 · 시간 · 규칙 등에 따라 최대한 효율적이고 신속하게 노력한다.
- 열심히 일하지 않는 사람, 감성에 호소하는 사람, 자유로운 사람은 화가 나고 참기 어렵다.
- 조직의 명령체계, 전통적인 표준작업 절차 등 자신이 생각하는 업무에 대해 일방적으로 판단하고 그 판단을 확고하게 명령하며 지시사항을 전달한다.
- 정확하고 확실한 조직의 위계질서 안에서 과제를 완수해 나가는 것이 편하고 안정감이 있다.
- 조직이나 윗사람이 요구하는 것, 해야 할 업무, 목표 완수 시기와 방법 등 구체적이고 명확하게 전달받는 것을 좋아하는데, 특히 문서로 지시받는 것이 일을 효율적 실질적으로 할 수 있다고 생각한다. 자신도 아랫사람에게 원하는 것을 단호하고 공정하며 명백하게 지시한다.
- 업무 계획부터 과정, 마감까지 철저하게 정해진 스케줄에 따르고 진행 과정을 쉽게 파악할 수 있도록 기록하는 경우도 많다.
- 아랫사람을 다룰 때는 개인 감정을 배제한 채 엄격하고 단호하게 과제 지향적으로 다룬다.
- 공정하고 규칙적인 계획 아래 업무와 휴식이 주어지고, 업무 중에는 휴식이 없으며, 휴식 중에도 업무에 몰입하는 경우가 종종 있다.
- 아랫사람들은 배려와 관심을 갖고 보살피는 사람이 아니라 매우 냉정하고 일 지향적인 사람으로 판단한다. 그래서 고민을 의논하는 경우도 적고 자신도 아랫사람이 찾아오는 것을 그리 달가워하지 않는다.
- 개인적인 삶과 업무적인 삶을 철저하게 양분하고, 매사에 공정하게 일을 처리하는 사람으로 평가받는다.
- 완벽하고 정확하며 체계적으로 일을 하려는 욕구와 욕망에서부터 업무를 시작한다.
- 조직은 고정화 조직화 되어 있고, 미리 정해진 계획에 따라 반복적으로 연습하고, 단계적 세부적으로 효율적인 지시를 한다.
- 단정한 태도로 언어 표현은 적지만, 예의 바르고 절제하는 모습과 안정감이 있다.
- 사무실에서는 사무적이고 능률과 과업 지향적이어서 따뜻함이나 인간적인 배려는 없다. 직선적이고 원칙과 절차에 따르며, 현실적 실질적 효율적으로 능률 있는 과업을 요구하고, 그 요구에 따르는 것을 좋아한다.
- 기획, 계획, 조직화, 품질관리, 검수를 하는 직업이 맞고, 세부사항을 전달하는 지시자가 제격이다. 즉, 과제를 수행하기 위해 정해진 계획과 표준절차가 있으면 그것을 정확하고 엄격하게 지시하고 위임한다.

• 섬세하고 세부적인 사항에도 관심이 있어서 업무에 빈틈이 없다. 업무 실행을 실패하거나 규칙을 위반할 경우에는 엄격하게 비판하고 벌칙을 주며, 성공한 업적은 공정하게 보상하도록 일 처리를 한다.

(2) 금(金) 리더의 장점과 단점

장점	단점
• 효율적이고 능률적이다. • 현실적이고 실질적이다. • 업무를 조직화하고 지시하며 완성하는 능력이 뛰어나다. • 업무 조직을 조직화하고 정해진 계획에 따라 운영한다. • 객관적이고 논리적이며 공정한 판단을 한다. • 개인적이지 않고, 정확하고 신뢰감이 있다. • 고용자, 관리자, 피고용자의 역할과 의무를 명확하게 구분한다. • 확신과 확고한 생각으로 행동한다. • 경험을 현실화하고 잘 활용한다. • 연습하고 경험한 일을 잘 수행한다. • 회사를 위한, 업무를 위한 사람에 가깝다.	• 권력적이고 지시적이다. • 직원의 욕구와 요구를 무시하는 경향이 있다. • 인간적인 배려가 부족하다. • 장기적인 계획을 잘 세우지 못한다. • 미래의 변화를 예측하지 못한다. • 업무과정에서 변화를 싫어하고, 변화가 생기면 직원의 불성실로 돌린다. • 일반적이거나 합의된 보편적, 집단적 판단을 이해하지 못하고 분노한다. • 자신의 생각과 계획, 지시대로 실천하지 않는 직원을 무시하는 경향이 있다. • 대인관계가 원만하지 못하다. • 일방적인 소통으로 직원들한테 피드백을 얻지 못한다.

(3) 금(金) 리더의 환경과 구조

원하는 환경과 구조	원하지 않는 환경과 구조
• 사실에 대해 접근하는 환경. • 정확한 세부사항을 강조하는 환경. • 명확한 지시가 이루어지는 환경. • 확실한 결과가 도출되는 환경. • 정확한 보고체계가 갖추어진 위계적인 명령 전달의 구조 환경. • 조직화 체계화된 작업 환경. • 필요한 모든 도구와 물품이 갖추어진 정돈된 작업 환경. • 준비, 계획, 마감시간, 관리 등을 한눈에 파악할 수 있는 구조화된 체계적인 환경. • 업적에 대한 구체적인 보상구조가 있는 환경. • 피드백이 많이 필요 없는 구조의 환경.	• 실행할 수 없는 이론적이고 가설적인 구조의 환경. • 규칙이나 절차가 확립되지 않은 구조의 환경. • 합리적이지 못하고 체계화되지 않은 구조의 환경. • 판단을 결정하는 체계가 구조화되지 않고, 중심부의 영향을 강하게 받아 지배받는 환경. • 목표는 있는데 측정할 수 있는 목적이 없는 환경. • 결과와 생산이 없는 과정 지향적인 환경. • 현재보다 미래에 대한 계획이나 생각을 중시하는 구조의 환경. • 합리적 타협적으로 판단을 결정하는 환경. • 보상이 없는 구조의 환경. • 친밀한 대인관계, 상호작용의 환경.

5 생각하는 유형=수(水)

(1) 수(水) 리더의 타입

• 수(水) 리더는 조직의 모든 일에 신중하고 생각이 많으며 조심성이 강해서, 프로젝트를 맡으면 다양하게 여러 방법으로 시뮬레이션을 해보고 다양한 정보를 수집하며 끊임없이 연구하여 마지막까지 고민을 거듭한 후에 완성한다.

• 과거에 대한 반성도 많이 하지만, 현재에서는 실수하지 않으려고 매우 조심스럽게 행동하며 현재에서 자신의 위치를 지키려고 끊임없이 노력한다.

• 미래에 대해서도 매우 신중한데, 안전함을 유지하는데 두려움이 있어 자신이 맡은 일에 대한 인정 욕구가 강력하다. 타인과 비교하는 것을 불안해하고, 타인의 능력과 실력이 뛰어나면 자칫 조직에서 도태될까 걱정한다.

• 조직에서 인정받기 위해 최선을 다하고 끊임없이 공부하고 연구한다.

• 아랫사람이 자신에게 충성하면 적극적으로 감싸주고 이끌어주는데, 주장이 강하거나 능력이 너무 뛰어나면 부담스러워 자신의 라이벌로 생각하고 거리를 두는 경우가 많다.

• 자신의 능력을 인정받지 못하는 불안한 시기일 때는, 능력 있는 부하나 다른 부서 동료에 대해 자신도 모르게 험담이나 안 좋은 말을 하는 경우가 종종 있다.

(2) 수(水) 리더의 장점과 단점

장점	단점
• 머리가 좋고 기억력이 뛰어나서 조직에서 정보수집원의 역할을 한다. • 상사의 생각이 무엇인지 끊임없이 연구하여 상사의 의사를 잘 분석한다. • 급하게 서두르지 않고 신중하게 처리하는 능력이 뛰어나다. • 하나의 일에 여러 방법을 활용하여 실수를 줄이려고 노력한다. • 상상력과 아이디어가 뛰어나 조직원에게 방향을 찾아주는 데 도움을 준다. • 조직에 대한 충성도가 뛰어나 헌신적인 업무 능력을 발휘한다. • 완벽한 일처리를 추구하여 꼼꼼하고 디테일한 업무 능력을 발휘한다. • 과거에 경험했던 과정을 정확하게 되살려내는 능력이 있다. • 평소에 성실하게 연구하기 때문에 문제가 발생하면 즉시 능숙하게 대안을 찾는다.	• 너무 많은 생각과 아이디어, 정보가 있어 하나로 집중시키지 못한다. • 아직 발생하지 않은 실패에 대한 두려움으로 조직원을 피곤하게 한다. • 새로운 상상력으로 계속 변화와 변동을 일으켜 자칫 다른 방향으로 빠지기 쉽다. • 신중하고 걱정이 많아 자신만의 정보를 조직에 공유하지 않아 업무 효율성이 떨어진다. • 어려운 상황에 직면하면 안절부절 못하고, 문제가 발생하면 책임을 회피하거나 아랫사람에게 책임을 떠넘기는 성향이 있다.

(3) 수(水) 리더의 환경과 구조

원하는 환경과 구조	원하지 않는 환경과 구조
• 안전과 안정이 보장된 환경. • 조직이 맡은 일의 결과가 자신에게 보상이 되는 구조의 환경. • 과거 경험의 결과와 비슷한 업무가 반복되는 환경. • 위험성이 크지 않은 업무 환경. • 일상적이고 평범한 업무 환경. • 직원들의 업무 분담이 잘 이루어져 있어 자신에게 책임이 집중되지 않는 환경. • 조직원 간의 소통이 잘 되고 자신의 의견이 잘 수용되는 환경.	• 자신이 맡은 일보다 큰 책임을 져야 하는 환경. • 안전성과 안정성이 떨어지고 위험성이 큰 환경. • 자신이 맡은 일의 결과에 따라 회사 운영이 좌우되는 환경. • 회사에서 중요한 책임이 부여되는 환경. • 일의 분담이 잘 이루어지지 않은 환경.

DAY
30

학습 총정리

K-POP 스타의 분석

방탄소년단, 블랙핑크, 뉴진스 _ 인기살의 도화살, 해외 왕래의 역마살이 함께하다

방탄소년단(BTS)은 2013년 6월 13일 데뷔한 빅히트뮤직 소속의 7인조 보이그룹으로 국내외 신인상을 휩쓸었다. 이후 세계적으로 열풍을 일으키며 명실상부 한국을 대표하는 최정상 그룹이자 「21세기 팝 아이콘」으로 우뚝 섰다. 미국 빌보드, 영국 오피셜 차트, 일본 오리콘을 비롯해 아이튠즈, 스포티파이, 애플뮤직 등 세계 차트 정상에 올랐고, 음반 판매량, 뮤직비디오 조회수, SNS 언급 지수 등에서도 독보적인 기록을 세웠다.

블랙핑크(BLACK PINK)는 2016년 8월 8일에 데뷔한 YG엔터테인먼트 소속 4인조 다국적 걸그룹이다. K-POP 3세대 대표 아이돌 그룹이자, 미국 빌보드와 일본 오리콘 등의 차트에 오르는 기록을 세우는 한편 해외 언론에도 자주 등장하는 세계적인 영향력을 행사하고 있는 월드스타 걸그룹이다.

뉴진스(New Jeans)는 2022년 7월 22일 데뷔한 ADOR 소속의 5인조 다국적 걸그룹이다. 독특한 컨셉과 그룹이 추구하는 음악에 완벽하게 들어맞는 음색을 통해 뉴진스만의 스타일을 유지하고 있다. 멤버들의 뛰어난 춤 실력으로 4세대 아이돌 그룹 최상위권에 속하는 걸그룹으로 자리매김했으며, 음원과 음반 판매 부분에서 기록을 세워가고 있다.

방탄소년단, 블랙핑크, 뉴진스 멤버의 신살 분석

	방탄소년단	블랙핑크	뉴진스
신살	역마살 10개 도화살 5개 명예살 8개	역마살 4개 도화살 4개 명예살 5개	역마살 8개 도화살 3개 명예살 7개

방탄소년단, 블랙핑크, 뉴진스 멤버의 월지(계절) 분석

월지(계절)		방탄소년단	블랙핑크	뉴진스
봄	寅 卯 辰	제이홉 슈가	로제 리사	다니엘, 혜인
여름	巳 午 未			해린 민지
가을	申 酉 戌	정국 RM 지민		하니
겨울	亥 子 丑	진 뷔	지수 제니	

방탄소년단, 블랙핑크, 뉴진스 멤버의 일간 분석

- 갑(甲) 일간에 태어난 멤버가 4명으로 제일 많다.
- 을(乙) 일간에 태어난 멤버가 3명으로 다음을 차지한다.
- 병(丙) 일간, 무(戊) 일간, 신(辛) 일간이 2명씩이다.
- 정(丁) 일간, 기(己) 일간, 임(壬) 일간은 1명씩이다.

일간	방탄소년단	블랙핑크	뉴진스
갑(甲)	진	지수, 로제	해린
을(乙)	제이홉, 뷔		다니엘
병(丙)	정국		민지
정(丁)	지민		
무(戊)		리사	하니
기(己)	슈가		
경(庚)			
신(辛)	RM		혜인
임(壬)		제니	
계(癸)			

방탄소년단, 블랙핑크, 뉴진스 멤버의 오행 분석

- 방탄소년단은 7명으로 연월일 6개의 천간지지와 결합하여 총 42개이다.
- 블랙핑크는 4명으로 연월일 6개의 천간지지와 결합하여 총 24개이다.
- 뉴진스는 5명으로 연월일 6개의 천간지지와 결합하여 총 30개이다.

오행	방탄소년단(42개)	블랙핑크(24개)	뉴진스(30개)	총 96개
목(木)	개수 11개 점수 10개	개수 6개 점수 5개	개수 6개 점수 7개	개수 23개 점수 22개
화(火)	개수 6개 점수 7개	개수 4개 점수 4개	개수 6개 점수 6개	개수 16개 점수 17개
토(土)	개수 11개 점수 10.5개	개수 7개 점수 4개	개수 9개 점수 8개	개수 27개 점수 24.5개
금(金)	개수 6개 점수 5.5개	개수 1개 점수 1개	개수 6개 점수 6개	개수 13개 점수 12.5개
수(水)	개수 7개 점수 8개	개수 6개 점수 7개	개수 3개 점수 3개	개수 16개 점수 18개

DAY 30 >> 학습 총정리

DAY 1, DAY 2, DAY 3, DAY 4, DAY 5, DAY 6

• 학습 목표

① 오행 목(木), 화(火), 토(土), 금(金), 수(水)의 성격 특성을 분석하고 있다.

② 각 오행의 발달, 과다(태과다), 성격과 각 오행의 유명 인물의 일화를 함께 함으로써 오행의 특성을 조금 더 재미있게 이해하도록 하였다.

③ 각 오행의 발달의 특성 과다(태과다)의 특성을 반드시 암기해야 사주 상담을 쉽게 이끌어갈 수 있다.

• 학습 체크

① 다음 오행의 발달과 과다(태과다)의 성격을 생각나는 대로 키워드를 적어보자.

	오행	K E Y W O R D
발달	목 (木)	
	화 (火)	
	토 (土)	
	금 (金)	
	수 (水)	

오행		KEYWORD
과다 **(태과다)**	**목** **(木)**	
	화 **(火)**	
	토 **(土)**	
	금 **(金)**	
	수 **(水)**	

② 오행의 발달과 과다(태과다)의 성격 키워드를 10개씩 막힘없이 썼다면 다음을 진행하자. 오행의 성격 키워드가 잘 생각나지 않는다면 다시 DAY 1~DAY 5를 읽어보자.

③ 오행의 성격 학습이 완성되었다면 갑목(甲木), 을목(乙木), 병화(丙火), 정화(丁火), 무토(戊土), 기토(己土), 경금(庚金), 신금(辛金), 임수(壬水), 계수(癸水)의 성격 장점과 단점을 분석하여 완벽하게 학습해 놓아야 한다.

④ 천간(天干) 갑(甲) 을(乙) 병(丙) 정(丁) 무(戊) 기(己) 경(庚) 신(辛) 임(壬) 계(癸) 10개는, 일간에 있을 때 가장 작용력이 크고 성격도 가장 강력하게 작용한다. 일간을 중심으로 하는 천간 10자를 모두 학습했다면 DAY 6의 「오행(五行)의 비화(比和), 상생(相生)과 상극(相剋)」의 내용을 암기한다. 이 내용은 계속 나오기 때문에 당장 암기하는 것이 중요하다.

오행의 비화(比和)	① 목(木)이 고립되었으면 목(木)이 필요하다. 목(木)이 없으면 목(木)이 필요하다.
	② 화(火)가 고립되었으면 화(火)가 필요하다. 화(火)가 없으면 화(火)가 필요하다.
	③ 토(土)가 고립되었으면 토(土)가 필요하다. 토(土)가 없으면 토(土)가 필요하다.
	④ 금(金)이 고립되었으면 금(金)이 필요하다. 금(金)이 없으면 금(金)이 필요하다.
	⑤ 수(水)가 고립되었으면 수(水)가 필요하다. 수(水)가 없으면 수(水)가 필요하다.

오행의 상생(相生)	목생화(木生火) : 목(木)은 화(火)를 생한다. 화(火)가 고립되면 목(木)이 필요하다.
	화생토(火生土) : 화(火)는 토(土)를 생한다. 토(土)가 고립되면 화(火)가 필요하다.
	토생금(土生金) : 토(土)는 금(金)을 생한다. 금(金)이 고립되면 토(土)가 필요하다.
	금생수(金生水) : 금(金)은 수(水)를 생한다. 수(水)가 고립되면 금(金)이 필요하다.
	수생목(水生木) : 수(水)는 목(木)을 생한다. 목(木)이 고립되면 수(水)가 필요하다.

오행의 상극(相剋)	목극토(木剋土) : 목(木)은 토(土)를 극한다. 토(土)가 과다하면 목(木)으로 극(剋)해 준다.
	토극수(土剋水) : 토(土)는 수(水)을 극한다. 수(水)가 과다하면 토(土)로 극(剋)해 준다.
	수극화(水剋火) : 수(水)는 화(火)을 극한다. 화(火)가 과다하면 수(水)로 극(剋)해 준다.
	화극금(火剋金) : 화(火)는 금(金)를 극한다. 금(金)이 과다하면 화(火)로 극(剋)해 준다.
	금극목(金剋木) : 금(金)은 목(木)를 극한다. 목(木)이 과다하면 금(金)으로 극(剋)해 준다.

DAY 7, DAY 8, DAY 9, DAY 10, DAY 11, DAY 12

• 학습 목표

① 천간(天干)과 지지(地支) 중 먼저 천간(天干)을 학습한다.

② 천간(天干) 갑(甲) 을(乙) 병(丙) 정(丁) 무(戊) 기(己) 경(庚) 신(辛) 임(壬) 계(癸)를 자세하게 학습한다.

③ 전체 내용이 모두 중요하기 때문에 반복해서 읽어야 하지만 키워드는 확실히 외워야 도움이 된다.

• 학습 체크

① 천간 키워드를 생각나는 대로 10개 정도 적어보자.

	KEYWORD
갑(甲)	
을(乙)	
병(丙)	
정(丁)	
무(戊)	
기(己)	
경(庚)	
신(辛)	
임(壬)	
계(癸)	

② 천간 키워드를 10개씩 막힘없이 썼다면 다음 학습으로 넘어가고, 5개 이하로 썼다면 다시
DAY 7 ~ DAY 12를 공부하자.

· 학습 목표

① 지지(地支)에 대한 분석이다.

② 지지(地支)는 천간(天干)보다 다양한 분석의 틀이 존재한다. 지지에는 신살(神殺)이 있고, 하루가 있고, 계절이 있고, 오행이 있다. 다른 학습일보다는 섬세하고 꼼꼼하게 공부해야 한다.

· 학습 체크

① 지지(地支)의 절기, 시간, 색, 방향, 물상, 지장간, 월오행, 음양, 심리, 키워드 등을 적어보자.

	KEYWORD
자(子)	
축(丑)	
인(寅)	
묘(卯)	
진(辰)	
사(巳)	

오(午)	
미(未)	
신(申)	
유(酉)	
술(戌)	
해(亥)	

② 위의 표를 막힘없이 작성했다면 다음 학습으로 넘어가고, 생각이 잘 나지 않는다면 다시 DAY 13~DAY 18을 공부하자.

DAY 19

• **학습 목표**

① 지지(地支)의 물상(物象)을 학습한다.

② 이 학습 내용은 가벼운 마음으로 읽었으면 좋겠다. 자세한 이론은 저자의 『사주명리학 물상 론분석』을 참고하기 바란다.

• 학습 목표

① DAY 20 음양(陰陽)과 오행(五行)의 이해, DAY 21 고립(孤立)의 이해, DAY 22 건강 분석은 반복 학습해야 한다.

② 특히 DAY 22의 학습에서 건강 분석을 자세히 다루는데 아주 중요하다.

③ 저자의 핵심 이론 중 하나가 고립 이론과 태과다 이론이다. 사주명리학에서 사주 상담에 긴요하게 사용되는 매우 중요하고 특별한 이론이다.

④ DAY 23, DAY 24의 투파이론과 물상이론이 결합된 병존(竝存)·삼존(三存)·사존(四存) 이론은 다양한 사주명리학 이론에 관심 있는 학습자에게는 흥미로운 내용이 될 것이다.

DAY 25, DAY 26

• 학습 목표

① 직접 사주 상담에 활용할 수 있는 실제의 신살 이론을 특별히 소개한다. 반드시 반복 학습이 필요하다.

DAY 25	DAY 26
천간합(天干合) 지지합(地支合) 지지삼합(地支三合) 지지방합(地支方合) 형(刑) 천간충(天干沖) 지지충(地支沖) 백호대살(白虎大殺) 괴강살(魁罡殺) 양인살(羊刃殺) 천문성(天門星)	도화살(桃花殺) 명예살(名譽殺) 역마살(驛馬殺) 귀문관살(鬼門關殺) 복덕수기(福德秀氣) 금수쌍청(金水雙淸) 목화통명(木火通明)

② 신살에는 약 500여 개의 종류가 있다.

③ 부정적인 신살은 400여 개가 넘고, 긍정적인 신살은 50여 개가 조금 넘는다. 이렇게 긍정적인 신살보다 부정적인 신살이 압도적으로 많은 이유는 사이비들이 겁주고 협박하여 굿이나 부적을 강매하는 데 필요했기 때문이다. 대부분 인생에 굴곡이 많은 사람들이 철학관, 점집

에 찾아온다. 인생에 위기가 닥쳤을 때 가기 때문에 모든 사주가 부정적 신살로 이루어진 것처럼 나쁜 이야기만 해도 상담이 맞는 것처럼 생각되었다.

④ 그러나 현대에 와서는 상담하면서 자신을 돌아보고 현재를 어떻게 살 것인가를 찾고자 가기 때문에 삶이 잘 풀리는 사람도 많이 간다. 그래서 부정적인 신살로 상담하다가는 오히려 맞지 않는 상담으로 망신을 당할 수 있다.

⑤ 저자의 이론에서는 실제 현장에서 사용 가능한 신살과 임상에서 타당성이 있는 신살만 엄선하여 설명한다. 또 신살에 부정적 신살, 긍정적 신살이 따로 있는 것이 아니고, 긍정적 부정적 내용이 동시에 있으므로 장점을 잘 살리면 긍정적인 삶을 살고, 단점으로 가면 부정적인 삶을 살게 된다. 그러므로 신살의 장점을 살리는 데 노력해야 한다.

DAY 27, DAY 28, DAY 29

• 학습 목표

① 현대심리학에서 많은 부분을 차지하고 있는 직무 역량에 관한 학습이다.

② 직장이나 단체 등 조직에서 구성원이 지닌 직무 역량에 따라 일의 성과가 달라진다. 어떤 알맞은 자리에 배치하고, 어떻게 잠재적 직무 역량을 최대한 발휘시키는지에 따라 결과가 달라지기에 심리학, 경영학 분야에서 활발하게 연구하고 있다.

③ 현장에 적용하는 코칭의 활성화가 현대에 와서 급속히 많아졌기 때문에, 직무 역량을 발휘할 수 있는 환경을 만드는 것이 조직에서 하나의 대안으로 발전하였다.

④ 직무 역량을 오행의 특성을 활용하여 분석하고 체계화시켰는데 아직은 시작 단계이지만 앞으로 더 많은 연구와 토론을 통해 동양의 학문들이 사회 현장에서 인간에게 도움이 되는 현실적인 학문으로 발전해나가길 간절히 바란다.

DAY 30

• 학습 목표

① 전체 내용을 반복 학습하는 복습의 날이다. DAY 1부터 꾸준히 학습해 온 독자분이라면 사주 명리학 입문 과정부터 초급 완성 과정까지 마치게 된다.

② 초급이론이라고 해서 전문가 과정, 상담가 과정에서는 사용하지 않는 기초라고 생각하면 안 된다. 초급이론 과정을 정확하게 학습해 놓으면 전문가, 상담가 과정에서 매우 유용하게 사

용할 수 있다.

③ 입문 과정과 초급이론 과정을 학습하는 이 책을 통해 오행의 성격, 오행의 심리, 오행의 건강, 신살의 성격, 신살의 특성, 오행의 직업, 신살의 직업 등 인간의 다양한 삶을 분석할 수 있게 된다. 인간의 성격, 심리, 특성, 건강, 직업 등을 분석할 수 있다면 이는 실전 상담에도 적용된다.

④ 오행은 태과다 · 과다 · 발달 · 고립 · 무존재 등 5가지로 분류할 수 있다. 태과다 사주는 목태과다 · 화태과다 · 토태과다 · 금태과다 · 수태과다가 있는데, 이 모든 태과다가 존재하는 사람은 누군가의 지배나 지시를 받는 조직생활을 적응하기 힘들고, 자신의 조직을 직접 이끄는 독립적이고 자유로우며 명예로운 일이나 전문직이 잘 어울린다.

⑤ 과다의 사주는 지나친 업무와 너무 타이트한 조직생활은 적응하기 힘들다. 어느 정도 자유를 보장해주는 직장이나 자신이 조직을 이끄는 일, 전문직이 잘 어울린다. 때문에 어느 정도 자유로운 교수, 연구원, 공장장, 선생님, 공무원 등의 직업이 맞는다.

⑥ 발달 이하만 존재하는 사주의 주인공은 안정적이고 안전하며 수동적이고, 조직에서 일사분란하게 움직이는 조직 생활이 어울린다.

⑦ 오행의 태과다 · 과다 · 발달 그리고 발달 이하만 있다면 일간과 계절을 통해서 한 사람의 성격과 심리 등을 분석할 수 있다. 성격을 알면 직업적성을 알 수 있다. 오행의 태과다 · 과다 · 발달 등을 통해 직업적성을 분류할 수 있다.

⑧ 오행을 통한 건강 분석은 오행의 태과다와 오행의 고립을 가장 먼저 분석해야 한다. 태과다와 고립이 있다면 태과다한 오행과 고립된 오행의 건강을 미리 조심하고 예방을 위해 노력해야 한다. 오행을 통한 건강 분석이 70% 정도 차지하고 음양을 통한 건강 분석이 30% 정도 차지한다. 건강도 육체적 건강과 정신적 건강으로 나누어 분석할 수 있다.

⑨ 이 세상에서 귀하게 살아가는 한 사람의 존재를 만드는 성격과 직업적성, 건강 등을 오행을 통해 설명할 수 있다는 것이 얼마나 위대하고 감동적인 일인지를 느끼면서 공부했으면 한다.

30일에 마스터하는
사주명리학
초급

글쓴이 ㅣ 김동완
펴낸이 ㅣ 유재영
펴낸곳 ㅣ 주식회사 동학사
기획 · 편집 ㅣ 이화진
디자인 ㅣ 임수미

1판 1쇄 ㅣ 2023년 11월 22일
1판 3쇄 ㅣ 2025년 1월 20일

출판등록 ㅣ 1987년 11월 27일 제10-149

주소 ㅣ 04083 서울 마포구 토정로 53 (합정동)
전화 ㅣ 324-6130, 324-6131 / 팩스 ㅣ 324-6135
E-메일 ㅣ dhsbook@hanmail.net
홈페이지 ㅣ www.donghaksa.co.kr
www.green-home.co.kr

ISBN 978-89-7190-873-0 03180